汉语方言语法研究丛书

顾问　邢福义　张振兴

主编　汪国胜

大冶方言语法研究
增订本

汪国胜◎著

中国社会科学出版社

图书在版编目（CIP）数据

大冶方言语法研究／汪国胜著．—增订本．—北京：中国社会科学出版社，
2023.6

（汉语方言语法研究丛书）

ISBN 978 – 7 – 5227 – 2203 – 0

Ⅰ.①大… Ⅱ.①汪… Ⅲ.①赣语—语法—方言研究—吉安 Ⅳ.①H175

中国国家版本馆 CIP 数据核字（2023）第 123080 号

出 版 人	赵剑英
责任编辑	张　林
责任校对	李　莉
责任印制	戴　宽

出　　版	中国社会科学出版社
社　　址	北京鼓楼西大街甲 158 号
邮　　编	100720
网　　址	http://www.csspw.cn
发 行 部	010 – 84083685
门 市 部	010 – 84029450
经　　销	新华书店及其他书店

印刷装订	北京君升印刷有限公司
版　　次	2023 年 6 月第 1 版
印　　次	2023 年 6 月第 1 次印刷

开　　本	710×1000　1/16
印　　张	21.5
字　　数	343 千字
定　　价	119.00 元

凡购买中国社会科学出版社图书，如有质量问题请与本社营销中心联系调换
电话:010 – 84083683

总　序

20 世纪 80 年代以来，随着汉语方言研究的拓展和深化，方言语法的研究越来越受到学界的关注和重视。这一方面是方言语法客观上存在着不同程度的不容小视的差异，另一方面是共同语（普通话）语法和历史语法的深入研究需要方言语法研究的支持。

过去人们一般认为，跟方言语音和词汇比较而言，方言语法的差异很小。这是一种误解，它让人忽略了对方言语法事实的细致观察。实际上，在南方方言，语法上的差异还是不小的，至少不像过去人们想象的那么小。当然，这些差异大多是表现在一些细节上，但就是这样一些细节，从一个侧面鲜明地映射出方言的特点和个性。比如，湖北大冶方言的情意变调，① 青海西宁方言的左向否定，② 南方方言的是非型正反问句，③ 等等，这些方言语法的特异表现，既显示出汉语方言语法的丰富性和复杂性，也可以提升我们对整体汉语语法的全面认识。

共同语语法和方言语法都是对历史语法的继承和发展，它们密切联系，又相互区别。作为整体汉语语法的一个方面，无论是共同语语法还是历史语法，有的问题光从本身来看，可能看不清楚，如果能将视线投向方言，则可从方言中获得启发，找到问题解决的线索和证据。朱德熙和邢福义等先生关于汉语方言语法的许多研究就是明证。④ 由此可见方言语法对于共同语语法和历史语法研究的重要价值。

---

① 汪国胜：《大冶话的情意变调》，《中国语文》1996 年第 5 期。

② 汪国胜：《从语法角度看〈现代汉语方言大词典〉》，《方言》2003 年第 4 期。

③ 汪国胜、李曌：《汉语方言的是非型正反问句》，《方言》2019 年第 1 期。

④ 朱德熙：《从历史和方言看状态形容词的名词化》，《方言》1993 年第 2 期；邢福义：《"起去"的普方古检视》，《方言》2002 年第 2 期。

　　本《丛书》由教育部人文社会科学重点研究基地华中师范大学"语言与语言教育研究中心"筹划实施并组织编纂，主要收录两方面的成果：一是单点方言语法的专题研究（甲类），如《武汉方言语法研究》；二是方言语法的专题比较研究（乙类），如《汉语方言疑问范畴比较研究》。其中有的是国家或教育部社科基金项目的结项成果，有的是作者多年潜心研究的学术结晶，有的是博士学位论文。就两类成果而言，应该说，当前更需要的是甲类成果。只有把单点方言语法研究的工作做扎实了，调查的方言点足够多了，考察足够深了，有了更多的甲类成果的积累，才能更好地开展广泛的方言语法的比较研究，才能逐步揭示汉语方言语法及整体汉语语法的基本面貌。

　　出版本《丛书》，一方面是想较为集中地反映汉语方言语法的研究成果，助推方言语法研究；另一方面是想为将来汉语方言语法的系统描写做点基础性的工作。《丛书》能够顺利面世，得力于中国社会科学出版社张林编辑的全心支持，在此表示衷心的感谢。《丛书》难免存在这样或那样的问题，盼能得到读者朋友的批评指正。

汪国胜

2021 年 5 月 1 日

目　　录

第 1 章　导语

1.1　大冶方言

1.1.1　方言归属

大冶地处湖北省东南部。根据《中国语言地图集》关于汉语方言的划分，大冶方言属于赣语的大通片。江西是赣语的中心，大冶说赣语，这跟大冶来自江西的移民不无关系。老辈人曾有一个说法，把做生意叫作"过江西"，这反映了大冶跟江西的历史渊源。当然，大冶处于汉语南北方言（官话和非官话）的过渡地带，临近江淮官话区和西南官话区，自然会受到它们的影响，多少会吸纳一些它们的成分。比如，北部的汪仁、罗桥、还地桥一带，普遍存在 ʯ 类韵，这当是鄂东江淮官话渗透的一种结果。

1.1.2　内部差异

大冶的区域范围不大，但方言的内部差异不小。正如赵元任等《湖北方言调查报告》所言，"大冶城内的话跟乡间的不一致"，"歧异似乎很不小"。其实，不光是城里话跟乡下话不一致，就是乡镇之间也有区别，一听话音就能辨出说话人属于哪一乡镇。大冶有句"九板十三腔"的俗话，这是人们对大冶话复杂性的概括表述。上袁和下袁是两个同姓的村子，位于桃花湖（垦区）的两岸，分属于陈贵镇和罗桥街办。仅仅一湖之隔，两村的话音就不相同，下面这段顺口溜，夹杂着用两村的话来说（每句的前四字用上袁话，后三字用下袁话），就反映了它们之间的语音差异：

上袁妇女到下袁，

soŋ³³ yɛ̃³¹ fu³³ ȵy⁵³ to³⁵ xɑ³³ ʮÃ³¹，

搭船去看划龙船。

tɑ¹³ tɕʻyɛ̃³¹ tɕʻi³⁵ kʻɛ̃³⁵ xuɑ³¹ laŋ³¹ tɕʻʮÃ³¹．

走到园头落大雨，

ze⁵³ tɔ³⁵ kʻɔŋ³⁵ tʻe³¹ lo¹³ tʻa³³ ʮ⁵³，

赶紧回去割茗藤。

kɛ̃⁵³ tɕʻian⁵³ xuai³¹ tɕʻi³⁵ ko¹³ se³¹ tʻÃ³¹．

根据语音上的差异，大冶方言大体上可以分为 5 片。

（1）东片。以城关为代表。今天看来，城关话也不太单纯，反映在语音上，我们所调查的发音人对有些字的发音不太稳定。这种不稳定说明，城关话正处于一种变动之中。由于普通话的影响，要想听到纯而又纯的城关话，别说是年轻人，就是在老年人中也不容易。

（2）北片。包括汪仁、罗桥、金山店、还地桥、保安（北部），以汪仁为代表。主要特点：①有 ʮ 类韵。比如，"雨"读 ʮ⁵³，"缺"读 tɕʻʮa¹³，"云"读 ʮan³¹。但靠近东片的区域，ʮ 开始慢慢淡化和模糊。比如，临近城关的张麒村，ʮ 的卷舌就没那么突出和明显，介乎 ʮ 和 y 之间，近似于 ɥ。②有 ɚ 韵，"二"读 ɚ³³，"儿、而"读 ɚ³¹，"耳"读 ɚ⁵³。③没有 z 声母，东片读 z 母的字，北片都读零声母。比如，"人"读 ʮan³¹，"热"读 ʮa¹³，"然"读 ʮɛ̃³¹。

（3）中片。包括金湖、陈贵、灵乡、茗山、保安（南部），以金湖为代表。金湖虽临近城关，但金湖话跟城关话有明显的区别。①金湖话声母分尖团。比如，精 tɕian³³ ≠ 经 can³³，奖 tɕiɔŋ⁵³ ≠ 讲 cɔŋ⁵³，秋 tɕʻiau³³ ≠ 丘 cʻau³³。城关话里，"精"和"经"、"奖"和"讲"、"秋"和"丘"分别同音。②有鼻化音的 ĩ 韵。比如，"边"读 p ĩ³³，"剪"读 tɕĩ⁵³，"线"读 çĩ³⁵。城关话里，三字都读鼻韵尾的 in 韵。③没有 iu 和 in 韵，这两韵的字分别读 iau 和 ian。比如，"留"读 liau³¹，"秀"读 çiau³⁵，"酒"读 tɕiau⁵³；"林"读 lian³¹，"新"读 çian³³，"兵"读 pian³³。城关话里，"留秀酒"都读 iu 韵，"林新兵"都读 in 韵。

（4）西片。以金牛为代表。主要特点是，声调的调值跟其他各片不同，去声为"214"的降升调，入声为"35"的中升调。比如，"世界"读 $sη^{214}$ ka^{214}，"六月"读 lau^{35} $yε^{35}$。在城关和金湖，"世界"读 $sη^{35}$ ka^{35}，"六月"读 lau^{13} $yε^{13}$。

（5）东南片。包括大箕铺、殷祖、刘仁八，以大箕铺为代表。主要特点：①"兵、并、病、平、命、明、钉、听、领、令、精、井、轻、请、星、醒"等城关话属 in 韵、普通话属 iŋ 韵的字读成 iÃ 韵，比如，兵 $piÃ^{33}$、听 $t'iÃ^{33}$、星 $çiÃ^{33}$。②"冷、生"等部分城关话属 ε 韵、普通话属 eŋ 韵的字读成 Ã 韵，比如，冷 $lÃ^{53}$、生 $sÃ^{33}$。此外，还有个别字读音特殊，看不出什么规律，比如，"活"读 $uε^{13}$。

方言各片内部并不是整齐划一的，往往会有些参差。比如，中片的保安就有 ɯ 韵，"而、耳、日"在镇府旁边的唐家庄和牛山村都读 ɯ。西片的金牛，有的将"精、星"读成 iÃ 韵，将"冷、生"读成 Ã 韵，这一点跟东南片相似。各片之间出现语音特点上的交叉，这是正常的。事实上，方言的分片没有绝对的界限。

方言各片之间的差异不仅仅表现在语音上，词汇和语法上也有或多或少的反映。比如亲属称谓。在大冶，要问"爷"的指称对象，要问"母亲"怎么称呼，都不太好回答，因为各地说法不一。在金湖，"爷"有的用来称叔叔，有的用来称父亲，还可以用来称女性，至于用来指祖父，那是受了普通话的影响。金山店亲姐姐叫"妖 $tɑ^{35}$"（应带"女"旁）；汪仁亲嫂子叫"姐"，房头的或村里的非亲嫂子才叫"大"；金湖则是把亲嫂子叫"大"。"母亲"的叫法更是五花八门，有的叫"嬷 me^{53}"，有的叫"母 m^{53}"，有的叫"伊 i^{33}"（可写作"姨"），叫"妈"是用的普通话说法。又比如人称代词。第三人称单数，城关和金湖说 $k'e^{31}$，汪仁说 $k'a^{31}$，大箕铺说 $tç'i^{31}$。当然，这些形式其实来源相同（可写作"佢"或"渠"），只是因为语音的演变，让人感觉到说法不一样。疑问代词，用来问人物、时间、地点、方式，城关和金湖分别说"哪个 $lɑ^{53}$ ko^{35}""哪帽早 $lɑ^{53}$ $mɔ^{33}$ $tsɔ^{53}$""哪低 $lɑ^{53}$ tai^{33}""什抹 $sη^{33}$ $mɑ^{13}$"，大箕铺分别说"么人 man^{551}""么帽早 mo^{53} $mɔ^{33}$ $tsɔ^{53}$""么□ mo^{53} $tç'iau^{53}$""何低 xo^{31} tai^{33}"。这些语法上的差异其实也可以说是词汇上的差异。

总体来说，大冶方言的内部差异主要表现在语音上，词汇差异不大，语法差异很小。

1.2 研究内容

关于研究内容，需要说明三点。

第一，本书并不是对大冶方言语法的全面考察，主要考察的是一些词法问题。当然，有的问题也涉及句法，比如第6章的"倒"字，就涉及句式。关于句法方面的研究，待整理后另行出版。

第二，本书是关于词法方面的一些专题考察，并不是系统的研究。有的考察的是某类词，比如第8—11章；有的是一些特殊的语法成分，比如第3—4章。

第三，本书的内容都以单篇论文的形式在期刊上发表过。个别章节的部分内容有点交叉或重复。比如第7章的"在里"和"过来"就与第15章"语法札记"的内容有点重复，但第15章是先发表的，第7章在内容上有所拓展和深化，可以参见，相互补充。

本书每章前面加了一段"提要"，方便读者了解该章的基本内容。

1.3 语料来源

本书的语料均取自笔者的母语金湖话，大多是笔者通过实地调查采录的，也有些是自拟的。金湖属于大冶的一个街道，靠近城关（主城区）。语法上金湖话跟城关话是基本一致的，跟其他乡镇比较，差异也很小。金湖话语法可以反映大冶方言语法的基本面貌。

顺便说明，书中的语法例句一般不注音，只有第13章"情意变调"因为涉及音变，例句做了注音。例句难懂的，后面附有普通话翻译。其他方面的体例问题，均随文说明。

第 2 章 语缀[*]

提要 大冶话的语缀包括前缀、后缀和中缀。前缀有九个：阿、初、第、老、小、细、经、好、难；后缀主要有"子、儿、首、头、头子、家、耐、漏、回子、伙子、个、手、把、法、法子、相、得、气、巴、溜、露"等；中缀有三个：肌、裸、啊。本章分三个部分，分别从构词能力、语法意义以及语法功能等方面对这三类语缀逐一进行了说明。

2.0　引言

语缀的定性，现在人们通常是依据两个标准：其一，语缀是一种虚语素，表示抽象的语法意义，标明词的语法功能；其二，语缀是一种定位语素，或居词头（前缀），或接词尾（后缀），或嵌词中（中缀）。不过，就前一标准来说，各家在对意义虚实的具体把握上可能有些出入。语素的虚实本来就是个程度问题，有的语素意义已经完全虚化，这是典型的语缀；有的在意义上还没有完全虚化，这是所谓的类语缀。本书语缀的收录采取了一种"宽容"的态度，即兼容了典型语缀和一部分类语缀，原则上对它们也不作区分。出于以下几点考虑，有些语缀本书没有收录：（1）构成状态形容词的语缀数量较大而大多能产性很低，"了""过"[①]很能产却与动态相关，情况复杂，我们打算分别另文讨论，这里只收录了前者中能产性稍高一点的"巴""溜"和"露"。（2）"的""个"和"倒"也很能产，因已有专文作过描写，[②]可以参

见，这里不再赘述，只对"个"的用法作点补充。③带"者""员""性""化"等后缀的某些词，大冶话里偶尔也有人（主要是读书人）用到，但很不普遍，而且严格说来，这些成分是从普通话进入的，不是方言的固有成分，这里暂不收录。将来的发展，由于普通话的强大影响，这些成分也许会被方言完全吸收。

本章按前缀、后缀、中缀的顺序分节，对各个语缀的语法意义和具体用法分项进行描写，有关问题的说明备列于各语缀的最后。引例除了需要白读或读音比较特殊的，在初次出现时加注音标外，一般不注音。声调只标调类，不标调值。大冶话的调类和调值为：阴平［33］，阳平［31］，上声［53］，去声［35］，入声［13］。轻声调两个：［3］和［·|］。文中还采用了以下符号："～"表示所论语缀，"X"表示被附成分，"＿＿"表示白读音，"〜〜"表示同音字，"□"表示有音无字，"＊"表示某种说法不能成立。被附成分有的是自由的，是成词语素，有的是粘着的，是不成词语素，但如果不是必要，我们对此一般也不作区分。从性质上看，被附成分有的是名词性语素，有的是动词性语素，有的是形容词性语素，为行文简便，分别只称名语素、动语素和形语素。文中语料主要取自笔者的母语金湖话。金湖靠近大冶城关。

2.1　前缀

大冶话的前缀有九个，它们是：阿，初，第，老，小，细，经，好，难。

2.1.1　阿［ŋɑ³³］

加在表亲属关系的名语素前边，构成亲属称谓词，但不能产，只有"～爹祖父｜～母［m⁵³］祖母｜～公夫之父｜～婆夫之母"四个词。其中"～爹、～母"既可用于面称（常后带语气词"欸［·e］／［e⁵³］"），也可用于背指，含有尊敬意味；"～公、～婆"则只能用于背指，不能用于面称，不带感情色彩：～爹欸，你［ŋ⁵³］歇下［xɑ³］啦｜我～爹今儿［tɕaŋ³³］不在屋我爷爷今天不在家｜她［k·e³¹］跟她～婆搞不好。又，"阿"所附着的"爹、婆"是自由的，可单独用来称呼，但"婆"单称时是指"高祖母";"公、母"是不自由的,不能单独用来指称。

2.1.2　初［ts·au³³］

加在数词"一"至"十"的前边,表示农历每个月的前十天: ～一｜～六｜～十｜年～三拜家［kɑ³³］婆_{年大年初三给外婆家拜年}｜五月～五是端阳节。

2.1.3　第［t·ai³³］

加在数词和"尾"前边表示序数:～一｜～二｜～尾。"～尾"表示最后,可受"最"修饰。句中由"第"所构成的序数词后边通常要用量词,但在语意明确的情况下也可以省去不用:他把～三页书撕了｜我带［ta³⁵］这还是～一回喫螺蟹［xa⁵³］_{螃蟹}｜带回考试他得了全班～一(名),我只得了个～五(名)。

2.1.4　老［lɔ⁵³］

本调上声,作前缀时通常变读为阳平。

2.1.4.1　加在"大、幺、几"和"二"至"十"的前边表示排行:～大｜～二｜～幺｜～几｜我家～二学木匠,～三学砌匠,～大做农业｜你算～几啦,跑来管我。"～几"用于反问,带有轻蔑意味。

2.1.4.2　加在少数表示动物的名语素前边,表示凶猛或可憎:～虎｜～鼠。

2.1.4.3　加在少数表示亲属称谓的名语素(a)和其他一些名语素(b)的前边,构成称谓词或普通的表人名词:a.～弟｜～妹｜～表｜～公｜～婆｜～爷｜～伯_{兄弟之岳父};b.～师｜～乡｜～板｜～百姓。其中"弟、妹"可以独用,加"老"带有亲昵色彩;"爷""伯"独用分别是指叔父(也有人用来称父亲)和伯父,与"～爷、～伯"所指不同;"～公、～婆"通常是用于背指:我～妹在城关读小学｜他～婆长倒蛮好看｜他百谜不做,乱日坐倒跟那［la³⁵］～爷果低_{他什么都不做,整天坐着像个老爷一样}。

2.1.4.4　加在单音节的姓氏前边,表示对年长的熟悉的人的称呼。"老"的这种用法最活跃:～张｜～李｜～王｜～陈｜～赵｜大［t·a³³］

家约倒想到你漏合一顿大家约定想到你家吃一顿。

2.1.5　小［ɕie⁵³］

加在单音节的姓氏前边，用来称呼年轻人：～袁｜～周｜～汪｜～吴。

2.1.6　细［sai³⁵］

加在变调名词的前边，表示小称：～锅［uo³³⁻⁵⁵³］｜～罐［kuɛ̃³⁵⁻⁵⁵³］｜～桌［tso¹³⁻⁵⁵³］｜～碗［uɛ̃⁵³⁻³¹］。名词的这种变调不是因音节连读而发生的，而是为表达语法意义而使用的。变调的形式视名词的本调而定：阴、去、入三声字变作一种高平降调553，上声字变为阳平，阳平字名词不能直接变调。③"细"变调加在本调名词前边，也表示小称：～钟［sai³⁵⁻⁵⁵³ tsaŋ³³］｜～壶［sai³⁵⁻⁵⁵³ xu³¹］｜～井［sai³⁵⁻⁵⁵³ tɕian⁵³］｜～凳［sai³⁵⁻⁵⁵³ tɛ̃³⁵］｜～尺［sai³⁵⁻⁵⁵³ tsʅ¹³］。"细"如果以本调形式用在本调名词前边，在意义上则是跟"大"相对的，它是起一种区别作用，不是表示小称，不能算前缀：～包［sai³⁵ pɔ³³］｜～牛［sai³⁵ ȵau³¹］｜～孔［sai³⁵ kʰaŋ⁵³］。

2.1.7　经［tɕan³³］

加在及物动词前边，构成形容词，表示"经得起"或"可以长久使用"等意思。下面例词中只有"～饿"是一例外，"饿"是不及物的：～用｜～洗｜～穿｜～煮｜～戴｜～看｜～揉｜～打｜～分｜～搞｜～冻｜～嚼｜～泡｜～盖｜～晒｜～烧｜～刷｜～拉｜～蘸｜～花｜～输｜～饿。"经"的能产性较强，由它所构成的形容词在句中往往是作谓语，前边常受"蛮、总个非常、几"等程度副词和否定副词"不"的修饰：带样个茶叶蛮～泡｜炭蛮～烧，稻草不～烧｜钱真不～花个｜呢子大衣几～穿啰。

2.1.8　好［xɔ⁵³］

本调上声，但通常变读为阳平。它一般加在单音节动词前边，构成形容词，表示声音、味道、感觉等的效果好。在句中常作谓语，也作定语、补语；可受程度副词和否定词"不"修饰：～喫丨～闻丨～玩丨～过［k*u*³⁵］舒服丨～受丨～想丨～困 夹［k*a*³³］剪本来蛮～用个，把被他借［t*ɕ*ia³⁵］去［t*ɕ·*i³⁵］搞倒不～用了丨鲫鱼汤～喝得很丨你真～困，快喫中饭了还不起来丨领子和衫袖口个气色不～闻丨她结婚买了好多～看个衣裳丨她唱歌唱倒真～听丨带件事搞倒我心里蛮不～想。在上列"～喫"等说法中，"好"和动词结合紧密，凝成一个词，但下面说法中"好"和动词结合得不是很紧，带有临时组合的性质：～裁丨～教丨～演丨～捆丨～借丨～编；尤其是"好"用在双音节动词的前边：～解释丨～交代丨～消化丨～安排丨～管理，就更不像是一个词了。这些说法中"好"都是表示"容易"的意思，与"好喫"中"好"的意思也不一样，我们不认为它是前缀。

2.1.9 难［l *ã*³¹］

加在单音节动词前边，构成形容词，表示声音、味道、感觉等的效果不好。语义上跟"好"相对，用法上跟"好"相同，但在能产性上不及"好"，所能构成的形容词有限：～听丨～看丨～闻丨～过不舒服丨难受丨你唱歌～听死了丨头毛蓄倒蛮～看。下面说法中"难"表示"不容易"，和动词结合得也不是很紧，是一实语素，不是前缀：～配丨～脱丨～抄丨～找。

2.2 后缀

大冶话的后缀主要有：子，儿，首，头，头子，家，耐，漏，回子，伙子，个，手，把，法，法子，相，得，气，巴，溜，露。

2.2.1 子

作为后缀的"子"，大冶话里有两个：一读上声［ts*ŋ*⁵³］，记为"子₁"，一读轻声［ts*ŋ*³］，记为"子₂"。它们都是名词标记，但具体所能附着的成分不一样。一般来说，能附"子₁"的不能附"子₂"，能附"子₂"的不能附"子₁"。也有个别两可的情况，但所附不同，意思上不一样。如"日子₁"是指日期、时间（指天数）、生活：结婚要看个好日～｜丽芳很有些日～有到学_{上学}了｜他两口子日～过倒蛮不错个；"日子₂"指白天：他日～睏醒_{睡觉}，夜［ia³³］子做事。又如：滚子_{1滚珠}；滚子_{2碾轧器具}。"子₁""子₂"还可以连用。

2.2.1.1　子₁

主要附在名语素后边，构成表物或表人名词：a. 雹～｜沙～｜谷～｜稗～｜棋～｜腰～｜卵～_{睾丸}｜狮～｜扣～｜窗孔～_{窗条}｜石头～｜眼睛～_{眼珠}｜算盘～；b. 戏～_{戏曲演员}｜厨～_{厨师}。a组是表物名词，后两例还可以说成"眼睛珠～｜算盘珠～"，意思不变，但加上"珠"后，后缀就不能再用"子₁"，而要改用"子₂"。b组是表人名词，这类词不多。下面例词中"子"是实语素，不是"子₁"：天～｜君～｜弟～｜孝～｜分～｜原～。

2.2.1.2　子₂

附在名语素、动语素和形语素后边，构成人物名词或时间名词。能产性很强。

2.2.1.2.1　附在名语素后边。这类词最多，可以分五组来说明。a. 瓶～｜凳～｜坛～｜篮～｜位～｜领～｜肠～｜鸡～｜汗衫～｜汗夹～_{背心}｜耳巴～_{耳光}｜絮褥～_{夹有棉花的尿片}｜带皮～_{海带}｜官墨烟～_{灶头的烟灰}｜嘴皮～｜窗帘～｜灯泡～｜竹篙～｜表带～；b. 褂～｜袄～｜袄～｜镜～｜椅～｜屉～｜筷～｜棍～｜珠～｜板～｜链～｜渣～｜胡～｜菇～｜兔～｜鸭［ŋa¹³］～｜猴～｜燕～｜雀～｜鲢～｜愚～_{草鱼}｜疤～｜疖～｜瘌～_{瘌痢头}｜膀～｜舅～｜巷～｜轿～｜瓢～｜橘～｜桃～｜李～｜叶～｜豆～｜款～｜谜～_{谜语}；c. 门～｜路～｜门路～｜口～｜月～｜炮～_{鞭炮}｜要～｜胆～｜面～｜点～｜空～｜里～｜缸头～；d. 起［tɕʻi³³］早头～｜中时头～｜下昼头～｜上春头～｜夜～｜今年～｜明年～｜后年～｜去年～｜前年～｜来年～｜往年～｜三四月～｜七八月～｜上十月～｜月头～｜月尾～；e. 个～｜条～｜片～｜样～｜本～｜格～｜块～｜箱～｜盒～｜篓～｜筒～｜盘～｜袋～｜架～。a组"X"是成词语素，后边带"子"和不带"子"，意义无变化，用法也相同，但带"子"在说法上要显得轻松些，所以用的时候更多，特别是做介词宾语的时候，更倾向于带"子"。b组"X"是不成词语素，"子"只是起词化的作用，也不改变意义，这类词数量较大。c 组 "X" 大都是成词语素，带 "子" 后改变意义，转指另一事物。d 组 "X" 都是时间名词，跟 a 组一样，带 "子" 和不带 "子"，意义和用法也没有区别。e 组 "X" 也是成词语素，独用时只作量词，带 "子" 后前七例成为名词，后七例因与容器有关，可兼作名词和量词。

2.2.1.2.2　附在动语素后边：a. 罩～｜绷～｜刷～｜磨～｜塞～｜套～｜凿～｜卡～｜夹～｜起～｜钳～｜剪～｜刨～｜闩～｜铲～｜垫～｜拍～｜锤 [tɕ·y³¹] ～钩～；b. 引～｜包～｜摊～；c. 骗～｜贩～｜拐～｜探～｜缺 ～上唇残缺的人。a 组表工具；b 组表对象；c 组表施事，含贬义。

2.2.1.2.3　附在形语素后边，主要构成表人名词：聋～｜瞎～｜哑 [ŋɑ⁵³] ～｜疯～｜麻～｜跛～｜驼 ～背驼的人 ｜咢 ～结巴 ｜混 [xuan⁵³] ～傻子｜呆～｜哈 [xɑ⁵³] ～傻子｜胖～｜矮～｜长 ～高个子 ｜痞～｜油～｜老 ～父亲, 叔父, 气愤或玩笑时的自称 ｜尖～｜圆 ～丸子 ｜乱～。上列例词只有后两例不是表人的。除 "老～、尖～" 外，表人名词都是指病态或品行不好的人，带有贬低的色彩。

2.2.1.2.4　此外，还有一些 "X" 比较特殊：鞋拖 ～拖鞋 ｜脚印～｜手笼 ～手套 ｜颈箍～｜急性～｜红喜 ～婚事 ｜白 [p·e³³] 喜 ～丧事 ｜反手刴 ～左撇子 ｜手肚 [tau³⁵] 拐 ～胳膊肘儿 ｜牛鼻乐 ～喜吹牛皮的人 ｜凌 [lan³³] 冰掉～。这些词除了前两例，"X" 都是粘着的，不能单说。

2.2.1.3　子₁子₂

附 "子₁" 的词有的还可以在后边再附上 "子₂"，构成 "子₁""子₂" 连用的形式。这类词并不多，连用和单用在意思和用法上也没有什么出入：雪～～｜沙～～｜银角～～硬币｜豆腐～～油豆腐。

2.2.2　儿

这是唯一的不成音节的后缀，只需在 "X" 的韵母后边加上 [ɻ]，但往往伴随着音节的变调。④ "儿" 能产性强，可以附在多类实词后边，表示各种不同的语法意义。下面是 "儿" 所能附着的词类及其表达的意义和用法上的特点。

2.2.2.1　附在名词后边，表示小称或/和爱称：a. 院～｜索～｜

罐~丨酒泡~丨短裤~丨巷道~丨拖拉机~；b. 刀~丨狗~丨猪~丨山~；c. 嘴~丨手~丨猫~丨外甥~丨外甥妖~外甥女。a组特指同类中小的事物，不附"儿"则泛指整类事物，也可单指同类中大的事物。与a组稍有不同的是，b组不附"儿"只指同类中大的事物，而不表示泛指。如"刀~"是指小的刀子，"刀"是指大的刀子，两者区别是很清楚的。c组除了表示小称意义外，还带有一种喜爱的感情色彩。

2.2.2.2 附在叠连的各项单音动词后边，表示动作的交替进行：a. 说说~唱唱~丨挖挖~铲铲~丨切切~剁剁~丨跕跕~ 徛［tɕ·i³³］徛~丨坐坐~困困~；b. 进进~出出~丨喝喝~吐吐~丨拆拆~搭搭~丨上上~下下~丨收收~晒晒~。a组叠连的两项动词在意义上是相类的，附"儿"表示"时而AA，时而BB"（A、B代表前后动词）的意思；b组叠连的两项动词意义相反，附"儿"表示"A了又B，B了又A"的意思。它们在句中都只作谓语：他说说~唱唱~，大家听倒蛮有味个丨我看倒他挖挖~铲铲~，一个人在里平屋基丨他喝喝~吐吐~，哪低是真想喝啦。

2.2.2.3 附在AA（重叠）式和Ac（附缀）式形容词后边：a. 大大~丨旧旧~丨老老~丨热热~丨贵贵~；b. 光溜~丨干蹦~丨白露~丨红合~丨辣霍~。a组AA附"儿"，表示程度不适中，有"A了点儿"的意思，它们在句中通常是带"的"作谓语；b组Ac表义都是积极的或中性的，附"儿"是加深/表示喜爱的感情色彩，它们可以后带"的漏"作谓语、补语，或带"的个"作定语：带件大衣大大~的，你穿不合身丨顶楼蛮事静安静，就是到了七八月子热热~的丨细伢［ŋai³¹］个脸光溜~的漏，摸倒好舒服丨金针黄花晒倒干蹦~的漏丨辣霍~的个菜蛮去［tɕ·i³⁵］饭下饭。

2.2.2.4 附在量词（主要是物量词）后边：a. 条~丨里~丨节~丨根~丨斤~丨粒~丨盒~；b. 套套~丨本本~丨笔笔~丨样样~丨篇篇~。a组单个量词附"儿"，主要是表示量少；b组重叠量词附"儿"，用作主语是表达喜爱的感情，用作状语（带"的"）是缓和说话的语气：我帮了他一天，他就给了我两盒~烟丨他那屋下［u³³xɑ³³］村子只有几家~人家丨你收藏个带些邮票套套~都蛮珍贵丨字要笔笔~的写好，莫马马虎虎的漏。

2.2.2.5　下列时间名词中，"儿"是"日"的变音：昨～｜今～｜明～｜后～｜老后～｜前～｜先［ςi^{35}］前～。

有些名词可以附"儿"，也可以附"子"，但意思有区别。附"儿"表示特指（同类中小的事物），附"子"表示泛指，有的还发生转指。下面例词中的"子"都是"子$_2$"：

猫儿｜鸡儿｜索儿｜裤儿｜帽儿｜桌儿｜袱儿｜路儿｜缸儿

猫子｜鸡子｜索子｜裤子｜帽子｜桌子｜袱子｜路子｜缸子

"路儿"特指小路，"路子"转指门路。"缸儿"是指底小口大，用来装水、谷等东西的陶器：水缸儿；"缸子"主要是指搪瓷杯子：洗嘴缸子，也指用来装糖等食品的玻璃缸儿：糖缸子。

大冶话的"儿"与北京话的"儿"也有点不一样。北京话里，"儿"主要是作为一种词汇（构词）手段，当然也有的表达小称、爱称等语法意义；大冶话里，"儿"既是词汇手段，有些成分不附"儿"不能成词，但更主要的是作为一种语法手段，以表达某种语法意义。再从"儿"的分布范围看，大冶话也比北京话要广些。

2.2.3　莇［sau⁵³］

附在动语素和形语素后边，构成抽象名词，表示值得、合算等意思。所附"X"既可以是单音节的，也可以是双音节的；所附形语素一般是带有积极意义的形语素。能产性强，但有的在结构的凝固性上相对地要差一些：看～｜治～｜想～｜打～｜喫～｜喝～｜说～｜谈～｜听～｜讲～｜向～指望搞～｜做～｜挖～｜抹～｜补～｜玩～｜诊～｜（班）上～｜（田）插～｜读～｜（亲戚）走～｜喜～｜亲～｜商量～｜指望～｜检查～｜表扬～｜团结～｜接交交往～｜积极～｜高兴～｜神气～｜谦虚～｜过细～｜客气～。"莇"缀词通常作宾语，在陈述句中用法也较单纯，一般是用在下面两种格式中，Ⅰ式是否定式，Ⅱ式是肯定式，用于否定式的时候更多：

Ⅰ．名＋冇得＋么＋X莇　　Ⅱ．名＋还有＋点儿＋X莇

"名"也可以是具有名词性质的代词，有时还是一带有指称性的谓词性词语。Ⅰ式"么"有时也不用，不用"么"语气上更肯定一些：厂里连倒两个月冇发工资了，带个班冇得么上～｜大来看细时，带伢将

来冇得么向～｜他作报告罗肌罗嗦的漏，真冇得么听～｜带普牌乱七八糟的漏，真冇得抹～｜他带个人太尖微<small>小气</small>，贪小便宜了，冇得接交～｜带个片子还有点儿看～｜苕壳子<small>红薯片</small>炒倒脆蹦的漏，还有点儿喫～。下面是一些用于疑问句的例子：考大学果难，带个书还有么读～个吗［ma³］｜带冇得喫～，那冇得喫～，那是谜才有喫～欸［e³］｜带件事还有冇得商量～欸｜不过多发了百把块钱个奖金，有点儿谜个高兴～欸。

2.2.4　头［t·e³¹］

附在名语素、动语素或形语素后边，构成具体名词或抽象名词。

2.2.4.1　附在名语素后边：a. 石～｜木～<small>木材，棺材</small>｜骨～｜罐～｜山～<small>大山，山墙</small>｜浪～｜板～<small>小木块</small>｜斧～｜锄～｜犁～｜墙～｜砖～｜布～｜裤～<small>短裤</small>｜桌背～<small>灶台</small>｜日～｜肩～｜眉～｜舌～｜指～｜指甲［ka¹³］～｜指枚～<small>指头</small>｜脚指～；b. 由～<small>借口，理由</small>｜线～<small>岔子，借口</small>｜风～｜派～｜劲～｜手～｜势～｜兴～｜气～｜钟～；c. 前～｜后～｜上～｜下～｜里～｜外～｜高～；d. 起早～｜上昼～｜中时～｜下昼～｜上春～｜；e. 角子～｜壹角～｜伍角～｜块子～｜两块～｜拾块～｜伍拾块～。a组"X"都是表示具体事物的，附"头"后构成具体名词；b组"X"大都也是表具体事物的，附"头"后则构成抽象名词；c组和d组"X"分别是表方位和时间的，附"头"后构成方位名词和时间名词；e组"X"都是表货币单位的，附"头"后表示整币。除b组外，这些附"头"的例词大多在意思上与被附成分"X"大体相同或相似。下面是例句：带座山～望倒比那座山～高｜走路不过细，把大脚指～踢出了血｜人在气～上免不了说出句把伤人个话，你莫见怪｜他蛮不讲理，总想秦<small>找线</small>～跟人家打架｜他住前～那栋，我住后～那栋｜高～东西都堆满了｜他每日起早～困倒不起来｜我驮<small>拿</small>一张壹佰块～跟他悄<small>换</small>了十张拾块～。

2.2.4.2　附在动语素后边：a. 念～<small>打算</small>｜来～<small>来历，来由</small>｜索～<small>可得的利益</small>｜赚～｜落～<small>赚头，可得的利益</small>｜对～；b. 看～｜想～｜盼～｜奔～｜干～｜听～｜唱～｜演～｜搞～｜学～｜喫～｜开～｜读～｜教～｜逛～。两组情况有点不一样。a组除了"对～"表人外，其余都是一般的抽象

名词，用法上跟一般名词相同，在句中作主语和宾语。b 组也是抽象名词，与 a 组不同的是，b 组中"头"的作用相当于"首"，表示对于某种行为的价值的一种评议，含"值得"的意思，这组词用法上也与"首"缀词相同（参见 2.2.3）。但"头"和"首"也有区别：首先，"首"的能产性更强，它所附的可以是单音节或双音节的动语素或形语素，能用"头"的地方一般都能用"首"；"头"则主要限于单音节的动语素，形语素及双音节动语素后边不大能用。其次，"首"比"头"更常见。看下面的例句：a. 先把工程预算一下，落 ~ 大咱〔xan⁵³〕就接，冇得么落 ~ 就算了 | 隔前他两个人是死对 ~ 以前他们两个是仇敌；b. 一个月一百块钱都赚不倒，冇得么搞 ~ | 大商店我看也〔ia⁵³〕就那个样子，冇得么逛 ~ | 今年厂漏个效益马马虎虎还可以，还有点儿盼 ~ | 光只叫我帮忙，到我有冇得想 ~ 哦〔o⁵³〕| 带两升田天干就冇得水〔cy⁵³〕，有点儿谜个插 ~ 欸这两分田天旱就没水，有什么可插的呢。

2.2.4.3　附在形语素后边，构成抽象名词或表人名词，能产性较差：甜 ~ | 苦 ~ | 滑 ~ | 老 ~。"滑 ~"既是抽象名词，也是表人名词，还兼形容词。这些词作为名词，在句中都是作主语、宾语：跟他几多年，甜 ~ 冇尝倒，喫个苦 ~ 真不少 | 敢在老子面前要滑 ~，也不看看老子是哪个 | 他是个有名个老滑 ~ | 他做事总个滑 ~。

"水 ~ | 车 ~ | 灯 ~ | 桥 ~"等词中，"头"意义实在，不是后缀。

2.2.5　头子〔tˑe³¹tsʅ³〕

在"头"的 2.2.4.1 用法中，有些词后边还可以附上"子"，构成"X 头子"的形式。"头子"可以看作复合语缀或语缀连用。下列例词跟只带"头"的词比较，意义上和用法上都没有什么分别：布 ~ | 裤 ~ | 衫袖 ~ 袖口 | 房 ~ 宗族 | 毛 ~ 婴儿 | 角子 ~ | 块子 ~ | 起早 ~ | 中时 ~ | 上春 ~ | 风 ~ | 气 ~ | 兴 ~ | 带条裤 ~ 你穿只怕细细儿的这条短裤你穿可能小了点儿 | 热世界中时 ~ 热煞人夏天中午热死人 | 莫管了什谜都放在桌背 ~ 了别不论什么都放在灶台上。

2.2.6　家〔kɑ³³〕

附在名语素或形语素后边，构成人称代词（a）或表人名词（b）：

a. 自［tsʅ³¹］～｜大～｜人～｜他蛮不会顾自～｜人～个事我管不了；

b. 细儿~指男性｜妖儿~指未婚女性｜女儿～｜伢儿~多指男性少年｜后生~指青壮年｜亲［tɕĩ³⁵］～｜老［lɔŋ⁵³］～｜他漏一屋个细儿~他家全是男的｜后生~有个是力气｜女儿~个事不好多问。"老～"是对老人的尊称，在面称时，常在前边用上"你"或在后边带上语气词"楼［·le］"，使说话的语气显得更为亲切；在背指时，为使指称明确，常在前边用上限定性成分：他老～｜你父老～。"家"表示有专长或从事专门活动的人：画～｜作～｜外交～｜收藏～。这类词有些读书人或年轻人有时也用，但看得出是受普通话的影响，老辈人则习惯于用方言的说法（如"画画个"）。而且这类词中，"家"一律文读作［tɕɑ³³］。

2.2.7　耐［la⁵］

附在人称代词和表人名词后边，表示复数。具体有两种情况。①附在人称代词后边，作用相当于北京话的"们"：我～｜你～｜他～｜咱～｜他是咱～学堂子学校个老师。②附在表人名词（包括亲属称谓词、人名、普通的表人名词等）后边，作用相当于北京话的复数后缀"他·们"：阿爹～｜大妖~大嫂他们｜细老子~小叔他们｜表妹～｜舅爷~舅舅他们｜贤君～｜谭萧～｜海燕～｜老师～｜师傅～｜主任～｜木匠～｜国强~还在厂漏打球｜四奶～上街去玩去了｜你去找张经理~来开会。"耐"所附的表人名词一般是双音节或多音节的。亲属词如果是单音节，往往要在前边用上作为限定性成分的人称代词（需变读为阴平）或人名：你伊［ŋ⁵³⁻³³ i³³］～你母亲他们（＊伊～）｜他父［k·e³¹⁻³³ fu³³］～（＊父～）｜丽华个妹～（＊妹～）｜海河个弟～（＊弟～）。只有"娘、婶、伯"等有时例外，可以单独附"耐"：娘～｜婶～｜伯～。其实，就是附"耐"的双音节亲属词也有的前带限定性的代词或人名：我丈老岳父~｜咱姑爹姑夫~｜红梅个姐夫～；只是在具体语境中因所指对象明确，大多省去不用。单音节人名（不带"姓"）附"耐"，往往要在名后凑上一个无实在意义的音节，通常是用"楼"和"子₂"：海楼～（＊海～）｜旭楼～（＊旭～）｜英子～（＊英～）｜发子～（＊发～）｜燕子/楼～（＊燕～）。

2.2.8 漏 $[le^3]$

附在单数人称代词和名词后边。

2.2.8.1　附在单数人称代词后边，与代词一起修饰亲属称谓词，表示领属，作用相当于北京话的"的"。这时代词都需变读为阴平：我 $[ŋo^{53-33}]$ ~伊丨他~父丨你~弟丨咱~姨爹姨夫丨他~媳 $[ɕi^{35}]$ 妇蛮会做人家持家。

2.2.8.2　附在单数人称代词、亲属称谓词和表人名词后边，构成表物名词（有时也用作处所），表示"家"的意思：我~丨你~丨他~丨咱~丨家公~外公家丨四奶~丨三爷~三叔家丨义贵~丨召良~丨刘老师~丨张医生~丨隔壁~邻居家，此例例外，"隔壁"不是表人的丨我~还有买电视丨通屋下都怕他~整个村子都怕他家丨文华在良元~玩了一上昼丨你把桌子搬到细老子~去。

2.2.8.3　附在时间名词后边，还是构成时间名词，表示"……的时候"的意思：日~丨夜~丨上春头~丨下冬底~丨下昼黑~丨中时头~丨五六月~丨八九月~丨年头~丨年尾~丨年中~丨他日~困醒，夜~抹牌丨现在记账，到下冬底~一起结算丨中时头~日头总个晒人。

2.2.8.4　附在表物名词后边，构成处所名词，表示"……里/上"的意思：屋~丨礼堂~丨嘴~丨袋子~丨桌子~丨楼~丨心~丨手~丨灶下~有得人厨房里没有人丨锅~烧倒水丨他困在沙发~丨屉子~个钱你驮了吧。

2.2.9 回子 $[xuai^{31} tsɿ^3]$

附在表亲属关系的名词后边，表示具有某种亲属关系的人。其能产性有限。句中，"回子"构成的名词前边往往要用上作为限定性成分的人称代词或人名：父子~丨父女~丨娘儿~丨妯娌~丨兄弟~丨姊妹~丨你娘儿~想不想去啦丨把海洲兄弟~叫来。大冶话里还有"父子两个、姊妹几个"之类的说法，这些说法跟"父子~"等说法有些相似，有时可以替换：我怕你父子两个/回子；但它们并不完全等同。前者重在说明具有某种亲属关系的人的数量，后者重在说明某些人之间所具有的某种亲属关系。下面 a 句中是要强调"数量"，"三个"不宜换用"回子";b 句、c 句是要强调"关系","回子"也不宜换用"三个/几个",尤其是 c 句：a. 他兄弟三个一个都有考上大学；b. 妯娌～莫搏嘴吵嘴；c. 咱耐是兄弟～，兄弟～要放好［xɔ³⁵］顺和睦点儿。

2.2.10 伙子［xo⁵³tsᴀ³］

附在表人或表亲属关系的名词后边，表示某一类（具有某种共同职业、特征或关系）人：砌匠～｜木匠～｜司机～｜裁缝～｜老师～｜学生～｜师傅～｜徒弟～｜干部～｜青年～多指男性｜细伢～｜伢儿～多指男性少年｜姑娘～｜兄弟～多指大体同龄的男性青少年｜姊妹～多指未婚女性青年｜师傅～都选我当车间主任｜结婚个那天我想把姊妹～都邀来玩下子。"兄弟～""姊妹～"不同于"兄弟回子""姊妹回子"，后者是指具有同胞亲属关系的人，前者是指具有共同特征（同性、同龄）的人，他们之间并不具有同胞亲属关系。

2.2.11 个［ko³］

"个"是与北京话"的"字相当的语法成分。关于"个"的功能分布情况，我们在第三章作了描述，这里只从构词的角度对"个"的用法作点补充。"个"常常附在动语素（往往是一动宾组合）后边，构成表人名词。北京话里的一些表人名词大冶话里（除了有些读书人和年轻人）一般是不用的，尤其是老辈人，而是采用由"个"构成的方言说法。这些说法不是一种临时的组合，而是结构相对凝固的词：讨米～乞丐｜演戏～演员｜打电影～放映员｜接生～接生员｜卖票～售票员｜卖东西～售货员｜做工～工人｜做庄稼～农民｜开车子～司机｜做生意～商人｜当兵～军人｜送信～邮递员｜□白［tsʻo¹³ pʻe³³］～小偷｜剃头～理发师｜画画～画家｜算命～｜卖票～还有来，车子不能开｜他父是开车子～，他伊是演戏～｜一个当兵～跟个送信～不晓得［pia¹³］（合音）为谜争起来了。

2.2.12 手［sau⁵³］

用法上可分三种情况。

2.2.12.1 附在动语素或形语素后边，构成表人名词，多指擅长某种技能或做某种事情的人：帮～｜助～｜打～｜扒～｜对～｜新～｜老～｜生～｜熟～｜高～｜好～｜凶～｜扒～只要是捉倒了就免不了臭打一顿｜走象棋你肯定不是他个对～｜老～也有走手个<u>帽早</u>老手也有失手的时候｜做庄稼是把好～，做生意他不效不行。大冶话里，"手"的能产性不及普通话，像普通话里"能～｜名～｜硬～｜选～｜射～｜突击～"这些词大冶话里就不大说。此外，普通话里"手"还可以附在名语素后边：国～｜歌～｜旗～｜舵～｜水～｜炮～｜鼓～｜敌～｜神枪～｜拖拉机～。这种情况在大冶话里也是很少见的，上列例词中只有"敌～"一词是说的，其他的都不大说。

2.2.12.2　附在动语素后边，构成工具名词：扶～｜拉～｜摇～｜扳～。

2.2.12.3　附在"左、右、上、下"等方位词后边：左～｜右～｜左右～｜上～｜下～｜上下～。"左～、右～"表示方位，"左右～"指得力的助手：左～坐倒个女老货儿左边坐着一位老太太｜他住三栋四门二楼右～｜你是厂长个左右～，不能走。"上～、下～"表示位置，用来区别酒席上位置的尊卑：位置较尊的一侧为"左～"，较卑的一侧为"右～"；也用来区别赌（打牌、打麻将等）桌上的位置：以某人为基点，按顺时针方向，在其前者为"上～"，在其后者为"下～"，并由此义引申为表示处于上、下位置的人。"上下～"是"上～"和"下～"的合称，"下～"还有助手的意思。下面是例句：细伢满月喫席面，家婆堂子要坐上～小孩满月吃酒席，外婆家（的客人）要坐上位｜今儿真倒霉，碰倒个糊涂冲［ts'aŋ³⁵］子个下～，见牌就喫｜昨儿下昼一场牌，月华和胖子坐我个上下～｜你当厨子，我做你个下～。"插～｜放～｜还～｜走～｜棘～｜顺～"等词中，"手"意义实在，不是语缀。

2.2.13　把［·pa/pa⁵³］

附在量词或位数词后边，表示概数。"把"后边常常出现名词等中心语成分，这时"把"读轻声［·pa］；但如果名词等成分已在上文出现，后边则出现空位，这时"把"读本调［pa⁵³］。

2.2.13.1　附在量词后边。可以分为五组来说明：a. 盒～｜条～｜

碗～｜筒～碗十个为一筒；b. 根～｜个［ko³⁵］～｜件～｜间～；c. 趟～｜次～｜回～｜阵～；d. 斤～｜尺～｜里～｜升～；e. 天～｜夜～｜年～。a 组量词和 b 组量词稍有区别。a 组可以作集合量词，b 组是个体量词。如，烟二十根为一盒，十盒为一条，"盒、条"是集合量词，"根"是个体量词。集合量词附"把"，表示数在"一"左右；个体量词附"把"，表示的数通常为"一"，但带有估量的语气，往往含量少的意味。这两组后边都可以出现名词，当然也可以空位：带样个袜子我看块～钱就能买一双｜他病好些了，饭也能喫碗～了｜办公室漏留个～人就有够了，其余个都去听报告｜毯子平常盖个时候不是蛮多，买个床～就有了。c 组量词是动量单位，表数与 b 组相同，与 b 组不同的是，"把"后不出现中心语成分：天还早，大家还挑个趟～｜家婆漏我一年要去个回～。d 组量词是度量衡单位，表数与 a 组相同，不同的是，d 组后边既可以出现名词，也可以出现度量形容词，两者还可以同现，形前名后，中间要用"个［ko³］"：他漏五个人喫饭，一餐要煮升～米｜到县城还有里～路｜水井要打丈～深，浅了水不好｜山头漏个雪只怕有尺～厚｜我买了几条斤～重个鱼｜我在组合柜四边做了寸～宽个花边｜电线用倒只剩米～了。e 组量词是时间单位，附"把"也是表示数在"一"左右。当它们用来表示时间本身的量（多少）时，后边可以出现名词；当它们用来说明动作持续的时间（多久）时，后边不出现中心语成分。"月"与"天、夜、年"同类，但不能附"把"，只能用"个～月"的形式来表示概数：只要大家齐心，年～工夫就可以把本赚回来｜我再等天～走｜个～月工夫他就把屋做起来了。

2.2.13.2　附在位数词后边：百～｜千～｜万～，表示接近于某个位数，或在某个位数左右，后边常出现量词或量名结构，有时也出现空位。"十"与"百、千、万"同类，但后边不能附"把"，而要用"来"表示概数，并且后边一定要跟量词或量名结构：今儿生意蛮好，一天就卖了百～件｜种得好，一斗亩田一年收个千～斤谷冇得问题｜带幢屋只怕要值万～哟｜我口［kʻɛ̃³³］养了十来只鸡。

"把"不管是后附于量词，还是后附于位数词，都可以在后边再连用"两 X"，构成"X～两 X"的格式，表示概数，一般指在"一"和"两（二）"之间，有时也指在"两"左右：他一年总要买套～两套新衣裳｜他现在蛮有钱，送个百~两百对他算不了谜。

2.2.14　法［fɑ¹³］

附在动语素后边，构成抽象名词，表示见解或方法：看~｜想~｜说~｜提~｜搞~｜做~｜诊~｜种［tsaŋ³⁵］~｜教~｜改~｜叫~｜想~是不错，就是怕搞不起来｜细伢是要管，可你带种管~不对头｜黄豆明年子换种种~，看收成好点儿不。

2.2.15　法子［fɑ¹³tsʅ¹³］

有两种用法，能产性都较强。

2.2.15.1　附在动语素后边，构成动词，表示行为的方式。在疑问句中作谓语，或在陈述句中作"晓得"之类动词的宾语，并且前边需用表方式的指示代词"什抹（子）怎么/么样怎样"：走~｜修~｜摆~｜开~｜骑~｜洗~｜写~｜挂~｜裁~｜分~｜带张牌什抹打~呢｜西装什抹裁~懈［xa³⁵］｜电视机么样开~哟｜带笔账咱跟他么样算~呢｜带着棋我来告教你么样走~｜我晓得么样走~，不要你告｜螺蛳田螺不晓得什抹舞［u⁵³］~弄好喫。

2.2.15.2　附在形语素后边，构成形容词，表示性状的程度。在句中作谓语或补语，前边需用表程度的指示代词"果个这么"，后边要带"的"：红~｜亮~｜痒~｜高~｜硬~｜贵~｜痞~｜着真~认真｜阔气~｜作孽~可怜｜热燥~｜顽皮~｜后生~年轻｜好看~｜块把钱个礼他都舍［sa⁵³］不得送，果个小气~的｜他带个人说话果个绵邪~啰唆的｜大礼堂装修倒果个漂亮~的｜他姜现在变倒果个等老~讨嫌的｜连警察也敢打，你什抹果个糊涂~的欸｜带身衣裳什抹子破倒果个快~的欸。

"法子"也可以说成"法"，意思上没有什么差异，但"法子"更为常用。当作为一个独立的词来用的时候，"法子"是名词，不是语缀：他个~蛮多｜大家都想想~。

2.2.16　相［ɕiɔŋ³⁵］

用法有两种。

2.2.16.1 附在形语素（a）和少数表人（b）及表物（c）的名语素后边，表示一种性状或某种样子，意义大多是消极的：a. 忙～｜懒～｜泼～｜急～｜凶～｜狠～_{吝啬}｜菊～_{高傲的样子}｜糊涂～｜折磨～_{可怜的样子}｜着急～｜好［xɔ³⁵］喫～｜龌龊～｜积极～｜赖皮～；b. 哈巴～｜混［xuan⁵³］子～｜呆子～｜痞子～｜油子～｜泼妇～｜细伢～；c. 福～｜土～｜眼～_{表情，态度}｜鬼～。c组是名词，在句中作主语、宾语：你那副土～人家会看不起｜他从来有个好眼～。a组、b组是形、名兼类词，但形、名两种不同的词性在使用频率上是不平衡的。用作形容词的时候较多，在句中充当谓语、补语，前边一般要用指示代词"果个"，区别于一般形容词的是，它不大能受程度副词修饰；用作名词的时候较少，在句中主要是充当宾语，前边一般要用"副、个"等量词：连大人你也敢骂，果个混子～｜他约倒三个四个乱日_{整天东游西荡的}，果个油子～｜他喫起席面来不兴停筷子，果个好喫～｜你通身蹿倒果个龌龊～｜有当倒几天官，就变倒果个菊～｜我见不得他那副作孽～｜他不管对哪个都是个凶～。

2.2.16.2 附在单音节动语素后边，构成名词，表示动作的姿态。也多用于消极方面，能产性有限：坐～｜站～｜喫～｜困～｜哭～｜笑～｜坐有得个坐～，站有得个站～，真有告得_{真没教养}｜他个喫～也是太难看了，怪不得人家说他｜我看倒他那副笑～就头痛。

2.2.17 得

"得"有两个：一读入声［ta¹³］，二读轻声［ta³］，但习惯上人们都写作"得"。为了区别，我们把［ta¹³］和［ta³］分别记为"得₁"和"得₂"。

2.2.17.1 得₁
附在单音节动语素后边，构成动词或形容词。能产性强。具体说来，主要有五种情况。

2.2.17.1.1 构成动词，表示估价，有"值得"的意思。在句中作谓语：带个工程接～_{值得接}｜带件衣裳买～｜带门亲戚走～｜带种干部当～｜现在裁缝蛮赚钱，我看带种手艺学～｜带笔生意做～，不会亏本。

2.2.17.1.2　构成动词，表示评议，表达一种满意的情绪，有
"好"的意思。在句中也作谓语：羊肉不是蛮腥，还喫 ~ 还好吃｜带段布
看 ~｜落了点儿雨，地不是蛮硬，还算犁 ~｜带回买个炭还烧 ~｜纯谷
酒喝 ~｜带乘裁缝机子还用 ~｜你带乘脚踏车子还骑 ~｜带支毛笔软溜
的漏，写 $[\text{çia}^{53}]$ ~ 。

2.2.17.1.3　构成动词，表示有资格做某事，有"可以"的意思。
在句中作谓语：他是我个学生，他个事我管 ~有资格管｜带乘脚踏车子是
公家个，我也骑 ~可以骑｜带屋也有我一份，你住 ~，我也住 ~｜他
□ $[\text{k·ɛ̃}^{33}]$ 个女儿他嫁 ~，咱管不了｜带是我私人个屋，我卖 ~ 。

2.2.17.1.4　构成动词，也有"可以"的意思，但这里是表示可
能。在句中作谓语，也可带"个"作定语：带样个菇子喫 ~，不会闹
人这样的蘑菇可以吃，不会毒死人｜谷黄个差不多的了，我看割 ~ 了｜顿长了
个药还喝 ~ 吧放久了的药还可以喝吗｜他说 ~ 一口标准个普通话｜他写 ~ 一
手好字｜说 ~ 个话我都说了｜卖 ~ 个东西我一宗都不留。

2.2.17.1.5　构成形容词，表示某方面能力强或特点突出，有
"能"的意思，但多带贬义。在句中通常是作谓语，有时也作补语；常
受"蛮、总个"等程度副词修饰：他蛮喫 ~ 很能吃，一餐喫七八两个帽
早时候也有｜他办事最拖 ~ 了｜他总个做 ~｜他一管嘴蛮说 ~｜带伢儿
哭 ~ 哟｜他蛮□ $[\text{k·u ã}^{53}]$ ~ ，一□ $[\text{k·u ã}^{53}]$ 就是一上昼他很能聊天，一
聊就是一上午｜我带一向儿变倒总个困 ~ 我这一段时间变得非常能睡。

2.2.17.2　得₂

附在动词、形容词后边，标志后接补语成分：长 ~ 好看｜跑 ~ 真
快｜走 ~ 远远的｜把锅烧 ~ 红红的｜莫过去，那位子地方危险 ~ 很｜我
带一向儿忙 ~ 跳脚｜那个老几拐 ~ 痛那个家伙坏透了。

2.2.18　气 $[\text{tç·i}^{35}]$

附在形语素或名语素后边，构成形容词（a）或名词（b），表示某
种品性或情况。能产性有限。作为形容词，大多带有贬义，在句中主要
作谓语、补语、定语，常受程度副词修饰，一般不作状语；作为名词，
在句中只作主语、宾语：a. 老 ~｜古 ~｜索 ~小气｜阔 ~｜洋 ~｜俗 ~｜
土 ~｜景 ~｜蛮 ~形容做事硬拼｜恶 ~形容凶狠｜假 ~形容高傲，待人不诚恳｜

□［ŋa³³］～娇气｜ 菊 ～形容自高自大｜ 腐 ～形容头脑不清醒，常指打人不知轻重或鲁莽行凶｜飞 ～形容轻浮，野性大｜大 ～慷慨，不吝啬｜客 ～｜秀 ～｜带几宗家业家具太古 ～了，我不要｜他做事总个蛮 ～｜你看他穿倒几洋 ～哟｜他姜变倒飞 ～倒不得了｜不管是哪个都不喜他带种索 ～个人｜太土 ～个衣裳他不爱敬喜欢穿；b. 名 ～｜色 ～颜色｜勇 ～｜才 ～｜骨 ～｜福 ～｜运 ～｜脾 ～｜带件褂子色 ～蛮好｜你真有福 ～个。下列名词中"气"是实语素，不是语缀：腥 ～｜油 ～｜香 ～｜毒 ～｜风 ～｜力 ～｜声 ～｜口 ～。

2.2.19　巴［pa³］

附在单音节的名语素和形语素后边，构成具体名词（a）和状态形容词（b）。形容词不能直接进入句子，必须后带"的/的漏"才能在句中作谓语、补语，或带"的个"作定语：a. 尾 ～｜土 ～｜泥 ～｜锅 ～｜嘴 ～｜哈 ～傻子｜他有得事了在里玩土 ～｜他一张嘴 ～总个会说；b. 厚 ～｜大 ～｜肉 ～形容厚实｜像 ～相像｜干 ～｜紧 ～｜皱 ～｜酽 ～酽酽的，稠稠的｜结 ～形容口吃的样子｜饭干 ～的漏，实在喫不下去｜裤子紧 ～的漏，穿倒不舒服｜他说话结 ～的漏，听倒急煞人｜粥煮倒酽 ～的喫了才经饿｜他学卓别林学倒像 ～的漏｜我喜欢厚 ～的个布。

2.2.20　溜［ŋau³⁵］

附在形语素后边，构成状态形容词。都可以儿化并变读为高平降调［553］，表达一种喜爱的感情色彩：壮 ～｜软 ～｜光 ～｜滑 ～｜干净 ～｜肉 ～肥肥的，胖胖的，此例例外，"肉"是一名语素｜轻飘 ～。除后一例外，"X"都是成词语素，但后附"溜"后反而变得不自由了，必须再后附"的"或"的个""的漏"，才能进入句子充当谓语、定语或补语：把猪□［kʻɛ³³］倒壮 ～的，指望多卖几个钱｜馍馒头软 ～的漏，真好喫｜光溜的个萝卜，要买个快来买哟｜垫被床单洗倒干净 ～的漏。"轻飘 ～"有点特殊，通常是附"的"作状语：果点儿生活我轻飘 ～的做完了这么点儿活儿我（可以）很轻松地做完。

2.2.21　露［lau³⁵］

附在形语素后边，构成状态形容词。同"溜"一样，也可以通过儿化变调表达喜爱的感情，用法上也跟"溜"相同：新~｜花~_{形容颜}色错杂、鲜艳｜白~｜滚~_{热热的}｜□［uo¹³］~_{烫烫的}｜爆~_{形容酥脆、松}_软｜新鲜~｜白花~｜菜果_{油条}固炸_{倒泡}~的才好喫｜水□［uo¹³］~的漏，脚泡倒真好过_{舒服}｜滚~的个汤，赶快喝，不是_{不然}就冷了｜他一直是坐办公室个，蓄倒白~的漏。

2.3　中缀

大冶话里中缀只有三个：肌，裸，啊。它们的能产性都不是很高。

2.3.1　肌［tçi³］

也有人说成"陋［le³］"，用在部分双音节形容词中间，构成"A肌AB"式。"肌"构成的形容词大多是表义消极的（a），也有少数中性和积极的（b）。它们通常是后附"的漏"作谓语、补语，作定语（附"的个"）、状语（附"的"）的时候很少。a. 等~等老｜耐~耐呆_脏｜促~促泡_{说谎，不诚实}｜狡~狡猾｜蛮~蛮气｜索~索气｜抽~抽掐［kʼɑ¹³］_{故意使坏}｜夹~夹生_{不易打交道，也指性情暴烈}｜马~马虎｜罗~罗嗦｜糊~糊涂；b. 客~客气｜着~着真｜过~过细｜规~规矩。下面是例句：做事莫蛮~蛮气的漏｜他那个人索~索气的漏，我懒得去求他的｜你带是起早换个裤子，还冇到下昼就蹝倒龌~龌龊的漏｜人还是老实点儿好，莫学倒狡~狡猾的漏｜马~马虎的个人不能做带种事｜他拉倒我罗~罗嗦的说了半天。

2.3.2　裸［lo⁵³］

主要用在双音节形容词中间。这涉及两类形容词：一类是 CA 式附缀形容词（a），一类是 AB 式复合形容词（b）。此外，还可以用在少数动词性的贬义俗语词中间（c）。"裸"所构成的形容词往往也是表义消极的。有的形容词本是积极的或中性的，用上"裸"，就变成消极的了：a. 急~湿｜绷~黄｜飘［pʼie³⁵］~轻｜津~咸｜漆~乌［u³⁵］｜杏~白；b. 麻~烦｜糊~涂｜作~孽｜责~用_{顶用，能干（用于否定式；不用}"裸"，则用于肯定式）｜扯~经（小孩）不乖｜披~霉_{倒霉}｜勤~快；c. 扯~

淡｜见～鬼｜出～奇｜飞～天｜起～底子_{嫌不好}。三组词在用法上还有些不一样。a 组是不自由的，进入句子需要附"个"，主要作谓语、补语和定语；b 组只能作谓语；c 组通常也作谓语，有时也附"个"作定语：带封糕飘～轻个，只怕里 [·n̠i] 度_{里面}有假哟｜毛头子个嘴唇冻倒漆～乌个｜一身衣裳淋倒急～湿个｜津～咸个菜，简直不能进口｜让果点儿细伢去开拖拉机，你真糊～涂｜去跟他带种冇良心的人帮忙，我冇得果勤～快｜你跟我走远点儿，莫在底_{这儿}扯～淡｜真是出～奇个事，起早放个东西下昼就找不倒了｜只有他一个人在屋子，东西不是他驮了飞～天啦_{东西不是他拿了才怪呢}。

2.3.3 啊 [·ɑ]

用在叠用的单音节动词中间，构成"A 啊 A"式，表示动作反复进行的情态。在句中总是带"的/的漏"作谓语：眨～眨｜挤～挤｜扭 [n̠au³⁵] ～扭｜跳～跳｜摇～摇｜动～动｜唱～唱｜最~～最_{尖叫}｜催～催｜他眼睛眨～眨的，不晓得他谜个意思｜只看倒他一个人在里蹦～蹦的，一下都不空_闲｜莫最~～最的漏，吵煞个人。

附注

①朱德熙先生是把表示动态的"了""过"看作动词后缀的（见《语法讲义》第 31 页）。我们也可以把它们看作动态助词。

②《大冶金湖话的"的""个"和"的个"》，《中国语文》1991年第 3 期；《大冶话的"倒"字及其相关句式》，《华中师范大学学报》（哲学社会版）1992 年第 5 期。

③④参见《大冶话的情意变调》。

第3章 "的""个"和"的个"*

提要 大冶方言（金湖话）里的"的 $[ta^3]$""个 $[ko^3]$"是跟北京话"的"字相当的两个后附语法成分。本章首先说明它们在分布及其与被附成分的整体功能上的对立："的"出现在形容词性词语、副词、拟声词和并立结构后头，组成谓词性结构，作状语、谓语、补语；"个"出现在名词、代词、动词、形容词及各类短语后头，组成名词性结构，作主语、宾语、定语、谓语。其次说明"的""个"的连用。最后说明大冶方言（金湖话）里其他的"的"字语法成分："果 $[\cdot ko]$"在功能分布上跟"的"相近；"奈 $[la^3]$"是"的"字的自由变体；"漏 $[le^3]$"在功能分布上同"个"互补。

3.0 引言

大冶方言（下称金湖话）里的"的""个"是跟北京话"的"字相当的两个后附语法成分。"的"读作 $[ta^3]$，"个"读作 $[ko^3]$。[①]本章首先说明"的""个"的分布及其与被附成分的整体功能，其次说明"的""个"的连用，最后说明金湖话里其他的"的"字语法成分。文中用例，本字未详的用同音字代替，初次出现时用波浪线"﹏﹏"注明（附缀用字不注）；无同音字可写的直接用音标记音，不加方括号；需要白读的，或读音比较特殊的，初次出现时也记上音标，加方括号。声调只标调类，不标调值。金湖话的调类和调值（轻声除外）是：阴平33，阳平31，上声53，去声35，入声13。

---

* 本章内容原载《中国语文》1991 年第 3 期。

3.1 的

3.1.1 "的"出现在形容词性词语、副词、拟声词和并立结构后头。

3.1.1.1 后头能出现"的"的形容词性词语有以下几类：

（1）一般双音节形容词。如：

大［t'a^{33}］胆　放心　过［ku^{35}］细　简单

（2）特殊形式形容词。这里所说的特殊形式形容词包括形容词的重叠形式和复杂形式、带附缀的形容词。这限于下面七种形式（大写的A、B代表词根，小写的c、d、e代表附缀）。除①⑥两式的少数词外，都是粘着的，后头一般都需带"的"。

①AA　慢慢　满满　细细　深深　长长

②Ac　气鼓　油滴　壮溜肥肥、胖胖　鞠腮骄傲　淡［pia^{53}］很淡　香喷［p'aŋ^{35}］　干绷［paŋ^{35}］很干

③Acc　文绉绉　皱巴巴　绿星星稍有点绿　软绵绵形容精神委靡，有气无力　醉醺醺

④Acde　糙不罗锯很粗糙　紧眉细研很节省　硬僵八斗形容做事手脚不灵活

⑤AAcc　疯疯癫癫　鼓鼓囊囊　密密麻麻　慢慢腾腾　松松垮垮

⑥AABB　随随便便　老老实实　客客气气　规规矩矩　痛痛快快

⑦A肌AB　扯［ts'a^{53}］肌扯筋（小孩）不乖　毛肌毛糙形容做事马虎粗糙　麻肌麻烦　皮肌皮气顽皮　快肌快帅形容做事利索

其中②式有的词可以说成③的形式，如"气鼓—气鼓鼓""油滴—油滴滴"。

（3）程度副词+形容词。如：

很快　蛮伤心挺可怜

3.1.1.2 能后附"的"的副词一般是AA式或可以按AABB式重叠的副词。如：

白［p'e^{33}］白　偷偷　足足　好生　急忙　陆续

3.1.1.3 能后附"的"的拟声词多为三音节和四音节的。如：

哗啦啦　咕噜 $[lau^{35}]$ 咕噜　唧唧喳喳　乒尖 $[p'oŋ^{33}]$ 浪

单音节能带的较少。双音节的一般不带，要带则要求同音。如：咕咕、砰砰。

3.1.1.4　并立结构是指由两个同类的词或同类的构造组成的联合短语。如：

三天两头　无缘无故　里里外外　一句一句　七门八路说话办事不诚实

3.1.2　"X＋的"（X 代表被附成分）一般不单说，在句中经常做状语。但除了①⑥式外，"特殊形式形容词＋的"一般不做状语。[②]例如：

大胆的去，看他 $[k'e^{31}]$ 能把你 $[ŋ^{53}]$ 么样

简单的说下 $[xɑ^{33}]$ 子简单的说一说

让我好好的想下子

明儿早早的起来，要赶火车明天早早的起床，要赶火车

随随便便的应付了事

冇 $[mɔ^{33}]$ 商量下子就糊 $[xu^{33}]$ 糊涂 $[t'au^{33}]$ 涂的买了

蛮加敬的接我去 $[tɕ'i^{35}]$ 做客挺客气的请我去做客

白白的丢了几块钱

好生/好好生生的坐倒

三天两头的跑来找我

无缘无故的发脾气

里里外外的扫了好几套里里外外的扫了好几遍

唧唧喳喳的说倒不搁落唧唧喳喳的说个不停

肚子咕咕的叫

"X＋的"还可以作谓语、补语，但在句法上有些限制，而且限于 X 是特殊形式形容词和部分并立结构。例如：

把水 $[ɕy^{53}]$ 池做得深深的，好多装点水

把牛肉切得细细的，免得煮不烂

带件衣裳花肌花气的，我不穿这件衣服花里胡哨的，我不穿

带块板子糙不罗锯的，要刨一刨

小王带几天气鼓鼓的，肯定又是讨了呕气

莫三心两意的_{别三心二意的}

带顶帽圈大大儿的_{这顶草帽大了点}

从上述例句看，"X＋的"直接作谓语或补语时，往往有表目的、结果或原因等的后续分句；除非是用在表劝阻的否定式祈使句中，或是用在表"过量"（X必须是"AA"的儿化形式）的句子里，如后两例。值得注意的是，"X＋的"作谓语时，前边一般不能加"是"，成为"是"字判断句（比较3.2.2"X＋个"作谓语）。只有表"过量"的句子能加，似乎是一例外：

带顶帽圈是大大儿的

但意思上，这里的"是"不是表判断的，而是表确信的语气，体现在语音上，"是"可以比通常读得重些长些。

3.2 个

3.2.1 "个"出现在名词、代词、动词、形容词及各类短语（除介宾短语外）后头。词或短语无论是名词性的还是谓词性的，附"个"后都成为名词性的。例如：

枞树个_{松木的}	三爷跟细老子个_{三叔和小叔的}
底个_{这里的}	立刻儿回个_{刚才回的}
喝个_{喝的}	做生意个_{做生意的}
弄个_{软的}	学堂分个_{学校分的}
讨力个_{不听话的}	穿龌龊了个_{穿脏了的}

"枞树个"指松木做的东西，"喝个"指喝的东西。其余类推。这里需要说明两点：

其一，后头能出现"个"的特殊形式形容词限于以下五种形式：

⑧cA　笔直　漆黑　绯红_{通红}　嘎白_{惨白}

　　　绷紧　铁硬　彻新_{崭新}　急湿_{透湿}

⑨c裸A　笔裸直　冰裸冷　飘［pʰie³⁵］裸轻

⑩cdA　笔监直　冰肌冷　漆抹黑

⑪cd裸A　笔监裸直　冰肌裸冷　漆抹裸黑

⑫cAcA　笔直笔直　冰冷冰冷　绯红绯红

其中⑧是基式，⑨—⑫都是⑧的派生式，但也不是⑧式中的每一个词都能派生出⑨—⑫的每一种形式来，派生关系并不严格整齐。⑩式中的 d 一般用"肌"，只有极少数词可以用别的字，如"笔监直""漆抹黑"，但它们也都可以用"肌"。

作为形容词的后附成分，"个"和"的"是对立的。即①—⑦式后头可以带"的"（见 3.1.1），一般不带"个"；⑧—⑫式后头则只能带"个"，不能带"的"。②式中有的词可以逆序为⑧的形式，如"香喷—喷香""干绷—绷干"。但成为⑧式后，也就只能带"个"。

其二，短语中"程度副词+形容词"后附"个"时，程度副词除了"蛮"，还可以是"闷_{非常}、好、顶"等，但不能是"很"，这跟"的"也是对立的：

蛮便宜个	蛮便宜的
闷重个	*闷重的
好作孽个	*好作孽的
顶大个	*顶大的
*很快个	很快的

"闷"只能修饰"长、宽、高、大、厚、深"等形容事物度量的形容词。"闷+度量形容词"也可以叠用，表明程度极深，带有夸张意味，如"闷长闷长、闷高闷高"。但不管单用还是叠用，都必须后附"个"，而"蛮（好、顶）+形容词"充当谓语、补语时（如"这本书蛮/好/顶便宜"），则可以不带。

3.2.2　功能上，"X+个"可以单说，在句中经常作主语、宾语、定语、谓语。作谓语时，"X+个"前边一般可以加"是"，成为表判断的"是"字句。例如：

单说　水泥个

　　　看闹热个_{看热闹的}

主语　讨米个饿不煞_{要饭的饿不死}

　　　做庄稼［ka³³］个蛮坐累_{种田的挺辛苦}

宾语　把个弄个_{我给我软的}

　　　我看见个卖 ka³¹ 条个_{我看见个卖麻花的}

　　　那个位子是对门那个屋下个_{那个地方是对面那个村子的}

定语　底个东西便宜，里个东西贵这里的东西便宜，那里的东西贵

　　　讨力个伢［ŋai³¹］哪个都不喜不听话的小孩哪个都不喜欢

谓语　眠床枞树个床松木的

　　　→眠床是枞树个

　　　裤头子彻新个短裤崭新的

　　　→裤头子是彻新个

　　　搏嘴蛮烧人个吵嘴挺丢人的

　　　→搏嘴是蛮烧人个

　　但"单数人称代词＋个"只能修饰非亲属称谓名词，不能用在亲属称谓名词前边作定语。比如，可以说"我个书"，但不能说"我个弟"。"单音形容词＋个"一般也不作定语。金湖话里，单音形容词往往是直接修饰名词，中间不用"个"。

　　"X＋个"还可以作补语，但 X 大都是形容词性词语，尤其是特殊形式形容词。例如：

菜炒倒个 pia⁵³ 淡个菜炒得太淡

路修倒笔监直个路修得笔直的

脸晒倒绯红绯红个脸晒得通红通红的

笔削倒个尖个笔削得尖尖的

水坝作倒闷高个水坝筑得挺高的

头毛剪倒蛮齐整个头发剪得挺整齐的

3.3　的个

　　从上面的说明中我们看到，"的""个"基本上是对立的。"的"的分布范围比"个"要小；"的"与被附成分在句中的活动位置也很有限，它要进入别的位置，就得在后边加"个"，造成"的个"的连用形式。"的个"连用主要有两种情形。

　　3.3.1　"X＋的"不能作主语或宾语，必须在后边加上"个"转化为名词性成分后，才能作主语或宾语。例如：

辣霍的个好

我最不喜鞠腮的个

萝卜要买光溜的个，糙不罗锯的个不好

"辣霍的个"是指辣辣的菜，"鞠腮的个"是指骄傲的人，它们在句中分别充当主语和宾语。

3.3.2 "X + 的"也不能直接作定语，作定语时，后头也要加"个"。例如：

光溜的个萝卜

干绷的个衣裳

油滴的个菜

长长的个脸

厚巴的个布 厚厚的布

方方正正的个桌子

3.3.3 此外，"X + 的"直接作谓语或补语，句法上是有一定限制的（参见 3.1.2），下面两种情况"X + 的"后边就需加"个"。

（1）"X + 的"做前分句的谓语或补语，与后分句对照着说明情况的变化时，后头要加"个"。例如：

他本来乖乖的个，你又去缠他 他本来乖乖的，你又去撩他

本来说得好好的个，又变卦了

他以前乱日东游西荡的个，现在规矩多了 他以前整天东游西荡的，现在规矩多了

他以前带不穿那不穿的个，现在管什谜都穿了 他以前这不穿那不穿的，现在不管什么都穿了

前一例"你又去缠他"意味着情况有了变化："他现在不乖了"。

（2）"X + 的"作谓语，说明一贯性行为时，后头也要加"个"，句中并出现"一直"之类时间副词。例如：

他一直油肌油气的个 他一直流里流气的

他做事一向马马虎虎的个

例中"X"前边还可以用"是"。

3.4 其他形式

金湖话里还有三个与北京话"的"字相当的后附语法成分：（1）

［·ko］"果"③，(2) ［le³］"漏"，(3) ［la³］"奈"。

3.4.1 果

"果"在功能分布上跟"的"有些相近；还可以跟"的"连用。

从分布看，能后附"果"的只有部分一般双音节形容词（a），少数①⑥式的特殊形式形容词（b）和并立结构（c），"动₁倒（宾）+动₂"格式中的前一动词（动₁只能是单音动词，例句见下）：

a. 假马假惺惺、客气　下泼卖力　慌张

b. 密密　过过细细

c. 前前后后　一五一十　一脚一脚

功能上，"X + 果"只能作状语，修饰动词性词语。而且，"X + 果"作状语时，动词后边不能出现表完成态的助词"了"，也不出现补语，倒是 X 前边可以出现表动作进行的时间副词"在"；句子的主语还须是施事，如果主语出现的话。例如：

假马果笑

下泼果做

密密果说不停地说

过过细细果洗

前前后后果看

一脚一脚果乃一步一步的爬

仰倒果喝仰着喝

够倒颈果望伸着脖子望

"X + 果"和"X + 的"都可以作状语，有些状位上的"的"可以直接换用"果"，但语意上有所区别。用"的"，只是客观地说明情况；用"果"，则偏重于描述动作进行时的情态。比较：

　　　　　　甲　　　　　　　　乙

（他）慢慢的跑　　　慢慢果跑

大声大气的哭　　　大声大气果哭

前例甲式是说明跑的速度慢；乙式是描述跑时不慌不忙、动作缓慢的情态。后例甲式说明哭的声音大，乙式描述敞开嗓门、嚎啕大哭的情态。

"果"有时可以连用在"X + 的"后头。例如：

慢慢的跑　　　　慢慢的果跑

一本正经的说　　一本正经的果说

具体到某一个"X + 的"后头能否加"果"，决定于 X 的语义，还与句式有关。X 可以表示情态的，并且不是用在祈使句或带"完成"义的陈述句中，后头就能加"果"，如上述两例；否则不能。例如：

早早的上班　　　　　　＊早早的果上班

好好的驮倒好好的拿着　　＊好好的果驮倒

"早早""好好"都不表情态，"的"后加"果"，句子就不成立。再比较：

a. 一口一口的喝

　　一口一口的果喝

b. 一口一口的喝，（莫急）

　　＊一口一口的果喝，（莫急）

c. 一口一口的喝完了

　　＊一口一口的果喝完了

"一口一口"本可以表示情态，所以 a 句中"的"后可以加"果"；但由于 b 句表示祈使，c 句带有"完成"义，受句式的限制，"的"后都不能加"果"。

3.4.2　漏

"漏"出现在单数人称代词后头。"X + 漏"只作定语，并只修饰亲属称谓名词，这刚好与"单数人称代词 + 个"作定语形成互补（参见 3.2.2）。而且，"漏"所附的单数人称代词都需变调，念作阴平。例如：

我漏伊我的母亲　　ŋo$^{53-33}$ le^3 i^{33}

你漏父你的父亲　　ṇ$^{53-33}$ le^3 fu^{33}

他漏爷他的叔叔　　kʻe$^{31-33}$ le^3 ie^{31}

咱漏爹咱的祖父　　xan$^{53-33}$ le^3 tɕi^{33}

当然，X 若是无须强调，例中的"漏"也可以不用，但如果说话人要特别强调 X 的指别作用，"漏"就不能省去。比如，媳妇说"我漏伊"往往是强调指生母，而非婆婆；如果不用"漏"就有歧义，可以是指生母，也可以是指婆婆，只有在一定的语境里才能确指。

"漏"也可以跟"的"连用。除了3.1.2所述情形外，"X＋的"一般是不直接作谓语、补语的，作谓语或补语时，总要再加上一个别的后附成分。或者加"个"（例见3.3.3）；或者加"漏"，如3.3.2中的"定·心"句如果变换为"主·谓"句，"个"就要换用"漏"：

光溜的个萝卜→萝卜光溜的漏

油滴的个菜→菜油滴的漏

厚巴的个布→布厚巴的漏

干绷的个衣裳→衣裳干绷的漏

长长的个脸→脸长长的漏

方方正正的个桌子→桌子方方正正的漏

再看补语的例子：

猪 kʻɛ̃³³ 倒壮溜的漏猪养得肥肥的

衣裳挨倒大窟窿小穿的漏衣服磨得大洞小洞的

地下把他挖倒包包凼凼的漏地下被他挖得坑坑洼洼的

这些例中的"漏"如果去掉，句子就难站住。

3.4.3　奈

"奈"是"的"的自由变体。在相同的语法环境里，它们可以自由替换，意义上没有什么差异。不过，日常口语中还是以用"的"为常，特别是当要强调X，并且说话较为缓慢时，更偏向于用"的"；只是在语速较快，或X无须强调时，才偏向于用"奈"。

附注

①金湖话里，"的"实际上文读是［tɕi³］，白读是［ko³］；"个"实际读［ko³⁵］。我们将［ta³］、［ko³］分别写作"的""个"，主要是考虑到与邻近方言的一致。又，"的"字语法成分在大冶境内并不一致，城关与金湖相同，但北部的还地桥镇、西部的金牛镇、南部的殷祖镇都只有一个，读［ko³］。

②⑤式"慢慢腾腾"是一例外，可以后附"的"做状语。

③［·ko］无本字、同音字可写，我们用"果"代替。"果"的实际读音为［ko^{53}］。

第 4 章　程度副词 "闷"[*]

提要　本章从组合能力、派生形式以及句法功能等方面说明大冶话里与普通话 "非常" 的意思相当的程度副词 "闷"。"闷" 只能修饰无标记的度量形容词，组成 "闷 X" 的基本形式；通过加缀或叠用，又可以派生出六种生动形式。功能上，"闷 X" 之类通常需附 "个" 后在句中充当谓语、补语、定语，有时也可作主语、宾语。

[man^{33}] 是湖北省大冶话里一个使用频率很高的程度副词，暂借同音字 "闷" 来表示。"闷" 意思上大致相当于普通话的 "非常"；有时读成去声 [man^{35}]，读去声时带点强调意味。"闷" 不但在所表示的程度级别上不同于 "蛮、几" 等程度副词，而且在用法上也很有特点。

4.1　组合能力

从组合能力看，"闷" 只能修饰形容事物度量的形容词，而且仅仅限于无标记成分 "长、宽" 之类，组成 "闷 X" 的形式（X 代表度量形容词），不能修饰有标记成分 "短、窄" 之类。请见下面例词（本章前面带 * 号的例词或例句都是大冶话不说的）。

闷长	*闷短	闷厚	*闷薄
闷宽	*闷窄	闷深	*闷浅
闷高	*闷矮	闷远	*闷近
闷重	*闷轻	闷大	*闷细

---

* 本章内容原载《方言》1992 年第 2 期。

"闷"前面不能直接用否定副词"不、冇"，这一点不同于"蛮、很、太、几"等程度副词。如：

| 不蛮厚 | ＊不闷厚 | 不太深 | ＊不闷深 |
| 不很重 | ＊不闷重 | 冇几高 | ＊冇闷高 |

4.2　派生形式

"闷 X"只是"闷"与度量形容词构成组合的基本形式，通过加缀、叠用等手段，还可以派生出生动形式。形式不同，在语意和色彩上都表现出明显的差异：

A. 闷 X	闷长	a. 闷裸 X	闷裸长
B. 闷肌 X	闷肌宽	b. 闷肌裸 X	闷肌裸宽
C. 闷肌闷 X	闷肌闷高	c. 闷肌闷裸 X	闷肌闷裸高
D. 闷 X 闷 X	闷深闷深		

添"肌"是增加语意程度，从 A 到 C 式，语意一式比一式深。D 为叠用形式，程度尤深，在表达上显得有些夸张。a、b、c 三式在语意上分别与 A、B、C 式相当，添"裸"是附加感情色彩，往往含有不恭敬、不喜欢或态度随便等意味，带点贬义，不加"裸"则是中性的。由于色彩不同，使用场合也就有所区别。在比较正规、庄重的场合，一般不大用 a、b、c 三式。

基本式"闷 X"除了可以同类叠用为"闷 X 闷 X"这种生动形式外，还可以异类连用为"闷 X 闷 Y"之类的形式，在句中充当一个成分。前者叠用是为了强调事物的度量，后者连用则是从不同的方面来说明某一事物的度量。生动式（尤其是 C、c 两式）一般不连用。能不能连用，表面上似乎是一种习惯，实际上是与音节的多少有关。

4.3　造句功能

句法功能上，"闷"所组成的各式通常不能直接充当句子成分，进入句子，往往需后附与北京话"的"字相当的语法成分"个"，组成"闷 X 个"之类的形式。这类形式多充当句子中的谓语、补语、定语，其中生动式作谓语和补语的情况更为常见。例如：

屋后底那口塘闷深个屋后面那口塘非常深

龟山电视塔闷高闷高个，竖上了半天云

汽车路现在已经修倒闷宽个了

他把头毛蓄倒闷肌闷裸长个他把头发留得非常长

闷远个路，我看下昼黑也赶不到路程非常远，我看傍晚也赶不到

他尽日抱倒一本闷厚个书，看倒舍不得搁落他整天抱着一本非常厚的书，看得舍不得放下

有的还可以作主语和宾语。例如：

带条闷大个还是你自家留倒喫啦，我驮条细鱼就有了这条大的还是你自己留着吃吧，我拿条小鱼就够了

闷厚个才经磨，太薄了穿不得一向儿就破了非常厚的才耐磨，太薄了穿不了多久就破了

我不想要带个闷重个，给我换个轻点个

他有点怪里怪气的，衣裳要穿闷长个，皮鞋要穿闷高个

"闷X"等可以不附"个"字而直接进入句子的，只有一种情况，就是当它作定语并且后接"一＋量词"的时候。有时候数词"一"省去不用，而只出现与被修饰的名词性成分相应的量词。例如：

乡里去年修了闷高（一）栋楼房

墙边独倒闷长闷宽（一）块板子墙边竖着非常长非常宽（一）块木板

几年有见，他长倒闷长闷大（一）个人了几年没见，他长成非常高非常大（一）个人了

当然，这种"一"量定语也可以移到"闷X"等格式的前边，但前移后，"闷X"等格式就必须后附"个"。如上述三例就变成：

乡里去年修了（一）栋闷高个楼房

墙边独倒（一）块闷长闷宽个板子

几年有见，他长倒（一）个闷长闷大个人了

如果数词不是"一"，那么，数量定语通常就只用在"闷X个"之类的前边。例如：

我搓了三根闷长个绳子—＊我搓了闷长个三根绳子

最后还需说明的是，"闷"除了客观说明事物的度量，表示"非常"的基本意思外，有时还表示"不合度"或"过量"，含有"太"

的意思。什么情况下含有后一层意思，要看说话人的主观情绪及前后语境。比较：

1a 带双暖鞋闷大个，只怕有四十多码这双棉鞋非常大，可能有四十多码

1b 带双暖鞋闷大个，我穿倒不合脚这双棉鞋太大了，我穿着不合脚

2a 他人长，所以才把眠床做倒闷高个他人高，所以才把床做得非常高

2b 我不喜欢困闷高个眠床我不喜欢睡太高的床

　　"闷"在两例 a 句中都只是客观地说明事物的度量情况（"棉鞋非常大""床非常高"），不带说话人主观上的某种评价，在 1b 中则是表示"不合度"（"鞋太大"），在 2b 中表示"过量"（"床太高"），这层意思是从具体的语境中体现出来的，显然反映了说话人对于事物度量的一种主观上的看法。

第 5 章 "很" 类程度副词 *

提要 "很" 类程度副词，是指表示程度高的一类副词。大冶话里的 "很" 类程度副词可以分为两组：（1）蛮、总个、很、老（"蛮"组）；（2）几、好（"几"组）。本章分别从语义、分布及功能等方面对这两组词进行了细致的比较。结果表明："蛮" 组词和 "几" 组词在语义的轻重、色彩和适用的句类上呈明显的对立状态；同组词内部在分布上也显示出好些对立的情形；从与被修饰成分的整体功能看，有的是高能型的，可以占据所有的句法位置，有的是低能型的，只能活动于少数的句法位置。

5.0 引言

所谓 "很" 类程度副词，是指大冶话里表示程度高的一类副词，包括 "蛮、总个 [ko³⁵]、很、老、闷、几、好" 等。其中有的是大冶话所特有的，有的虽非大冶话所特有，但在用法上与别的方言不很相同或很不相同。本章将它们分为两组：（1）蛮、总个、很、老；（2）几、好。在辨析语义的差异后，分别从分布和功能两方面进行比较说明。"闷" 本该归入一组，但因已有专章讨论，这里不再详述，只在比较中涉及。文中用例，本字未详的用同音字代替。除了需要白读的或读音比较特殊的，于初次出现时注上音标外，其他一律不注。大冶话有五个声调（轻声除外）：阴平 33，阳平 31，上声 53，去声 35，入声 13。

---

* 本章内容原载《语言学通讯》1992 年第 3—4 期、1993 年第 1—2 期。

5.1 蛮、总个、很、老

5.1.1 意义上，这组程度副词（下称"蛮"组词）虽都表示程度高，大体相当于普通话的"很"，不过比较起来，"总个"在所表程度上要比"蛮、很、老"稍高一点，比较下面两例：

他［k'e³¹］个子蛮高

他个子总个高

后例用"总个"就比前例显得强调一些，意思上进了一层。

它们意义上的区别主要还是表现在色彩上。

（1）"蛮、总个、老"是口语词，书面上或在比较庄重、正式的场合很少用或绝不用。"很"则书面语色彩较浓，虽然口语中也用，但其活动范围及使用频率远不及"蛮"和"总个"（参见 5.1.2）。

（2）"蛮、总个、很"是不带感情色彩的中性词。有时用"蛮、总个、很"的句子也带有某种感情色彩，但这是跟说话人的主观态度及被修饰成分的语义相关，与这些副词本身没有必然联系。"老"则常带说话人不喜爱或不合意的感情色彩。例如：

他把头毛蓄倒老长老长个，难看死了他把头发留得很长很长，难看极了

她个眼［ŋÃ⁵³］睛毛长倒蛮长个，看倒蛮不舒服她的眼睫毛长得很长，看着很不舒服

她个眼睛毛长倒蛮长个，看倒蛮舒服

前两例明显地表达出说话人一种不喜爱的感情态度，因而例中"老"和"蛮"可以互换（后分句"蛮"不能换"老"与分布有关，参见 5.1.2）；后一例表达出说话人一种喜爱的感情态度，例中"蛮"就不能换用"老"。

5.1.2 从分布看，"蛮"组词可以跟形容词及动词语组合，还可以跟否定副词连用，但在具体分布上又有差别。

5.1.2.1 修饰形容词

形容词可以分为两类。一类是一般形容词，如"酸、饱、乖、白［p'e³³］净、清楚"等；一类是特殊形式（生动形式）形容词，如"密密、爽爽快快、油滴、冰冷、干巴巴、慢腾腾、花里胡哨、流肌流

气"等。

"蛮"和"总个"可以修饰一般形容词（下称形容词），无论是单音节的还是双音节的；不能修饰特殊形式形容词。例如：

蛮/总个高　　　　蛮/总个胖　　　　蛮/总个紧

蛮/总个圆　　　　蛮/总个硬　　　　蛮/总个辣

蛮/总个难　　　　蛮/总个富　　　　蛮/总个聪明

蛮/总个稳当　　　蛮/总个忠厚　　　蛮/总个便宜

蛮/总个客气　　　蛮/总个大方　　　蛮/总个孤单

蛮/总个齐整

除第一例外，上述其余各例中的"蛮/总个"都不能替换为"老"。"老"的分布范围很小，它只能跟"高、长、远、早"等有限的几个单音节形容词组合。除"早"外，这些形容词都是形容事物度量的无标记成分[①]。这种情况有点类似于"闷"，"闷"也只能修饰形容事物度量的无标记成分"高、长、远、大、宽、厚、深、重"等。

"很"由于书面语色彩较浓，因而老年人（尤其是从未离开过家乡的老年人）的口语里一般是不大用来修饰形容词的。至于青年人或读书人的话语中有时形容词前边用"很"，显然是受普通话语法的影响。

5.1.2.2　修饰动词语

5.1.2.2.1　"蛮"和"总个"能够修饰心理活动动词和部分能愿动词。例如：

蛮/总个喜喜欢　　　蛮/总个想　　　　蛮/总个怕

蛮/总个欠想念　　　蛮/总个担心　　　蛮/总个讨厌

蛮/总个佩服　　　　蛮/总个重视　　　蛮/总个会

蛮/总个愿意　　　　蛮/总个情愿

还可以修饰动词短语。这包括如下三种情况。

①动+宾。例如：

蛮/总个伤脑筋　　　蛮/总个花工夫

蛮/总个有本事　　　蛮/总个讲干净讲卫生

蛮/总个要面子　　　蛮/总个占位子占地方

"蛮/总个"在这里都是修饰整个动宾短语，这跟在上面单纯地修饰动词很不一样。上面的动词也还可以带宾语，但即使带上宾语，通过下面的比较变换，我们仍然可以认为，"蛮/总个"在前两例中修饰的只是动词，而在后两例中修饰的是整个结构：

（我）蛮/总个喜面_{面条}→面（我）蛮/总个喜

（他）蛮/总个会跳舞→跳舞（他）蛮/总个会

（带事）蛮/总个伤脑筋→*脑筋（带事）蛮/总个伤

（眠床）蛮/总个占位子→*位子（眠床）蛮/总个占

有些能愿动词，如"能、敢、肯"，是不能够单独受"蛮/总个"修饰的，但后边带上一个动词，说成"能说、敢闯、肯帮忙"之类后，就能够被修饰了。这也属于①类情况，如果我们把这类能愿短语也看作动宾短语的话②。

②动 + 得/不 + 补。例如：

a. 蛮/总个哭得凶　　蛮/总个管得宽　　蛮/总个晒得干

　　蛮/总个跑得快　　蛮/总个捏得紧　　蛮/总个举得高

　　蛮/总个跳得远　　蛮/总个长得白　　蛮/总个扫得干净

b. 蛮/总个划得来　　蛮/总个闲得住　　蛮/总个看得起

　　蛮/总个舍不得　　蛮/总个看不惯　　蛮/总个忙不赢

　　蛮/总个想不开　　蛮/总个靠不着 [ts'o³³]

③动 + 得/不 + 补 + 宾。例如：

蛮/总个放得落心　　蛮/总个沉得住气

蛮/总个舍得起本　　蛮/总个信不过 [ku³⁵] 心

蛮/总个喫不得苦　　蛮/总个拿不定主意

还应说明几点：

（1）"蛮/总个"所能修饰的三种动词短语，动词大都是单音节的，结构一般都比较简单，除②a 外，其余各组中有些还是带有熟语性的固定说法。

（2）②a 都是一种临时的动补组合，补语都是形容词。这种动词短语方言里最多，它们大都没有相应的否定说法，如不能说"蛮/总个管不宽"；但它们都可以变换为"动 + 得 + 蛮/总个 + 补"的形式，意思上完全相同。例如：

蛮/总个晒得干→晒得蛮/总个干

蛮/总个跑得快→跑得蛮/总个快

（3）②b 和③类有肯定和否定两种相对应的说法，但这种对应不是很平衡的。大体来说，肯定式往往有相应的否定式，而否定式却不一定都有相应的肯定式，如大冶话里就没有"蛮/总个忙得赢""蛮/总个拿得定主意"的说法。而且它们的补语大都不是形容词，它们也没有②a那种相应的变换式。③

5.1.2.2.2　动词和 5.1.2.2.1 中三种动词短语前边，大冶话里一般是不用"很"的。有人用"很"，但这在乡里人听来，总感到"乡味"不足，带点"外来气息"。倒是后带数量词的动词短语前边可以用"很"，但却不能用"蛮"和"总个"。这类动词短语，细分起来也有三种情况。

①动 + 了/过 + 物量 + 宾。例如：

很喝了几泡酒　　　　很花了几块钱　　　　很连做几件衣裳

很请过几桌客　　　　很落过几场雨　　　　很挖过几口井

②动 + 了/过 + 动量 + 宾∥动 + 了/过 + 宾 + 动量。例如：

很敲 [kʻɔ³³] 了几下门　　很做了几回媒　　很结过几次婚

很跑过几趟上海　　　　很看了小王几眼　　很打过他几回

③动 + 了/过 + 时量 + 宾∥动 + 了/过 + 宾 + 时量。例如：

很困了一会儿 [xaŋ⁵⁵³]④醒　　很讲了（一）阵话

很学了一向儿 [ɕiɔŋ⁵⁵³] 木匠　　很卖过几天鱼

很做过几年生意　　　　　　很陪了他一会儿

这类动词短语中的数量词都是表示的一种不定量。动词后的宾语有的是隐现自由的，特别是在特定的语境中，它们出现的位置跟它们所表示的对象有关。如果是表人代词或名词，通常是出现在数量词前面，如果是表物名词，通常是出现在数量词后边。动词后的"了"也可以移到宾语后边，或在宾语后边再用一个"了"，如"很喝（了）几泡酒了"，不过这样在意思上有所不同。有的动词前边还可以加入心理动词和能愿动词"想、能"等，但后边不再出现"了/过"，如"很想/能喝几泡酒"。

5.1.2.2.3　"老"不能修饰动词语，下面的组合虽然都是成立的：

（站在里那里）老等　　（心里）老想倒　　（开会）老迟到

老看不起人　　　　　老爱开玩笑　　　　老买不起电视

　　但这里的"老"都不是程度副词，而是时间副词，表示"一向、一直"的意思，可以替换为"老是"。

5.1.2.3　连用否定副词

　　"蛮"组词所能连用的否定副词有两个："不"和"冇〔mɔ³³〕"。连用的位置也有两个：一是用在否定副词后边，形成"不/冇＋程度副词＋X"的格式（下称Ⅰ式，"X"代表被修饰成分）；二是用在否定副词前边，形成"程度副词＋不＋X"的格式（下称Ⅱ式）。⑤不过，这只是就大体而言，实际上，"蛮"组各词对这两种格式的具体反应是很不一样的。

　　5.1.2.3.1　"蛮"可以进入Ⅰ式。请看例子：

a. 不蛮重　　　　　不蛮冷　　　　　不蛮红　　　　　不蛮差

　　不蛮贵　　　　　不蛮心健健康　　不蛮勤快　　　　不蛮暖爽暖和

　　不蛮自由　　　　不蛮方便

b. 不蛮喜　　　　　不蛮怕　　　　　不蛮了解　　　　不蛮会

　　不蛮愿意　　　　不蛮受欢迎　　　不蛮划得来　　　不蛮放得落心

c. 冇蛮着真认真　冇蛮过细　　　冇蛮下泼卖力　冇蛮重视

　　由于否定副词的参入，"蛮"的组合能力（即分布范围）就受到一定的限制。a组中X是形容词，形容词可以自由地跟"不蛮"组合。b组X是动词语。能在5.1.2.2.1中跟"蛮"组合的动词语不一定都能跟"不蛮"组合，其中有些是可以说出原因的，如②a"哭得凶"一类、②b"舍不得"和③"信不过心"一类不能组合，是因为前一类本来就没有相应的否定说法（参见5.1.2.2.1），后一类本身就是一种否定式。还有些不能组合的，现在看来规律性不强，似乎是与表达的习惯有关。c组为"冇蛮X"，能够跟"冇蛮"组合的成分很少，而且能组合的大多是表情态的形容词和表心理活动的动词。

　　"总个、很、老"都不能进入Ⅰ式。大冶话里是没有"不总个重""不很请了几桌客""不老远"之类说法的。至于能说"老不相信人""老不会做庄稼〔kɑ³³〕"，是因为这些说法中，"老"是时间副词，而不是程度副词。

　　5.1.2.3.2　"蛮"和"总个"可以进入Ⅱ式。例如：

a. 蛮/总个不自在　　蛮/总个不耐烦　　蛮/总个不服气

b. 蛮/总个不爱惜　　蛮/总个不信任　　蛮/总个不情愿

从类上说，能够在"蛮/总个不 X"中占据 X 位置的只有形容词（a 组）以及部分心理动词和能愿动词（b 组），动词短语原则上不能进入。[⑥]就是上述几类词，也并不是都能无条件地进入 X 位置的，里面情况比较复杂，需要详细考察。但有两点这里是可以说一说的。

其一，表示褒义或积极意义的形容词可以进入 X 位置，表示贬义或消极意义的形容词不能进入。比较：

蛮/总个不高兴　　　　　　　*蛮/总个不伤心

蛮/总个不老实　　　　　　　*蛮/总个不狡猾

蛮/总个不安全　　　　　　　*蛮/总个不危险

蛮/总个不干净　　　　　　　*蛮/总个不耐呆脏

蛮/总个不走运　　　　　　　*蛮/总个不避霉倒霉

蛮/总个不热心　　　　　　　*蛮/总个不冷淡

从音节角度考察，能进入 X 位置的单音节形容词又比双音节形容词的比例要小得多。我们对《现代汉语八百词·附录》"形容词生动形式表·表一"中所列的单音节形容词逐一作了检验，除了下面"其二"所述情况外，能够进入 X 位置的只有"光、好、红、紧、烂松软、亮、粘［tsɛ̃³³］、平、齐、甜、稳、响、正、直、准、熟知道得很清楚"等。

心理动词同样也受这条规则的制约。例如：

蛮/总个不相信　　　　　　　*蛮/总个不怀疑

蛮/总个不赞成　　　　　　　*蛮/总个不反对

其二，有标记或表量小的度量形容词可以进入 X 位置，无标记或表量大的度量形容词不能进入。但这条只适合于"蛮不 X"，对"总个不 X"来说，度量形容词都不能进入。比较：

蛮不细[⑦]　　　　*蛮不大　　　　*总个不细/大

蛮不近　　　　　　*蛮不远　　　　*总个不近/远

蛮不早　　　　　　*蛮不晚［ŋÃ³⁵］　*总个不早/晚

蛮不慢　　　　　　*蛮不快　　　　*总个不慢/快

以上两点体现了Ⅱ式中"蛮/总个不"对 X 的语义上的选择性。但我们又注意到，这种语义上的选择也不是很严格的，其中还存在着一些两可（a）和两不可（b）的情况。例如：

a. 蛮/总个不大方_{自然，不怯生}　*蛮/总个不怕人_{胆小，怯生}

b. *蛮/总个不富　*蛮/总个不穷

　　*蛮/总个不忙　*蛮/总个不闲

"很"和"老"不能进入Ⅱ式。如不能说"很不敲了几下门""老不早"。

　　5.1.3　本小节说明"蛮"组词的句法功能。单从"蛮"组词本身的句法功能看，除了"很"还可以作补语（如"好得很"）外，其他的都只能作状语，情况比较单纯，不必讨论。这里主要考察它们与被修饰成分的整体功能，这样更能显示出它们在用法上的差异。为了说明方便，我们把"蛮"组词跟被修饰成分所构成的组合分别记为"蛮 X""总个 X""很 X""老 X"。"蛮 X"和"总个 X"包括与否定副词的连用形式。

　　5.1.3.1　"蛮 X"可以作谓语、补语、定语、状语。例如：

谓语　带件衣裳蛮经穿

　　　他看倒还蛮后生_{他看上去还挺年轻}

补语　砖码倒蛮高_{砖堆得很高}

　　　大路修倒蛮平展

定语　四川人喜喫蛮辣个东西

　　　我看带的确［k'o¹³］是件蛮加难_{为难}个事

状语　他蛮爽快的答应了我个要求

　　　你交代个生活_{活儿}他蛮快就搞完［xuɛ³¹］了

需要指出的是：

　　（1）"蛮 X"主要是在陈述句中作谓语和补语，并且后边往往还可以附加与北京话"的"字相当的语法成分"个"［ko³］。[8]如上面作谓语的两例就可以说成：

　　→带件衣裳蛮经穿个

　　→他看倒还蛮后生个

　　用"个"和不用"个"，句子基本意思相同，但用"个"后表明所述情况确信无疑，语气上显得更肯定一些。"蛮 X"作为谓语、补语，也可以用在疑问句中，但不能在祈使句中出现。如果要把"蛮 X"作谓语或补语的陈述句改成祈使句，"蛮"就要相应地改用"太"或

"闷"。如：

你蛮贪玩→＊你莫蛮贪玩→你莫太贪玩了

砖码倒蛮高→＊莫把砖码倒蛮高→莫把砖码倒闷高个

（2）"蛮X"作定语都要后附"个"字。可以不附"个"的只有两种情况：一是当"X"为"多"的时候，二是"蛮X"后跟"一"量定语（数词"一"有时省去，只出现与名词相应的量词）。例如：

屋里放倒蛮多板子_{屋里放着很多木板}屋里放倒蛮多板子屋里放着很多木板

他去年盖了蛮漂亮（一）栋楼房

蛮新（一）本书把_被他撕倒有剩几页了

（3）"蛮X"作状语时，如果"X"是双音节形容词或多音节的动词短语，后边就必须附"的"［·ta］，如上面作状语的前一例。再看两个动词短语的例子：

那［la^{35}］个姑娘伢［ŋai^{31}］蛮有礼貌的给老人让位_{让座}

钱不够，她只好蛮舍不得的把大衣还给了营业员

如果"X"是单音节形容词，情况就要复杂一些。有的必须附"的"（a），有的不能附"的"（b组），有的虽不能附"的"，但要求后跟"才、就"等时间副词（c组）。比较来说，c种情况少些，b种情况尤少。

a. 细胖子蛮乖的跟我玩了一天

他蛮气的坐在里不做声_{他很生气地坐在那里不吭声}

b. 别看他带个人平时蛮好对付，碰到加难个事情才不好招呼

他孤单单的一个老人生活，日子蛮难打发

c. 昨夜［ia^{33}］我蛮晚才困醒_{昨天晚上我很晚才睡觉}

今起［tɕ'i^{33}］早我蛮早就起来了_{今天早晨我很早就起床了}

"蛮X"后附"个"还可以作主语和宾语。当作主语、宾语时，整个结构就是名词性的，相当于一个表具体人、物的名词。例如：

主语　冇得么学问个不想请，蛮有学问个又请不来

他喜个是橘子，蛮酸个他也［ia^{53}］喫

宾语　我穷惯了，不想去［tɕ'i^{33}］巴结那些蛮有钱个

带个老师出题老是出些蛮巧难个，搞倒大家［ka^{33}］都做不倒_{搞得大家都不会做}

"蛮有学问个"指很有学问的人,"蛮酸个"指很酸的橘子。其余类推。

5.1.3.2 "总个 X"没有"蛮 X"的活动能力强,它在句中只能作谓语、补语,而且也只出现于陈述句和疑问句。例如:

谓语　他总个拉横 [uɛ³¹] 不讲道理,跟他讲不出个道理

　　　今年个稻草总个干

补语　带些细伢个个都长倒总个等痛这些小孩个个都长得挺可爱

　　　他一管嘴变倒总个绵邪他嘴变得很罗嗦

例中"总个 X"后边也可以用"个",但以不用为常。但如果"总个 X"是用在对比句中,对照着说明情况的变化时,后边就往往需要用"个",句中并出现"以前、原先、本来"之类时间词。例如:

他以前总个讨力个,现在服法多了他以前很不听话的,现在规矩多了

有想到他变倒果不效了,原先他总个健步个没想到他变得这么不行了,原先他体力很好的

他本来总个讲信用个

后例没有出现对照说明的后分句,但还是隐含着对比的意思:他现在已经变得不讲信用了。

5.1.3.3 "很 X"在句中主要是作谓语。例如:

那间 [kʰã³³] 老屋很住了几代人

他向我很借 [tɕia³⁵] 过几回钱

有时谓语后边用"个",加强肯定语气。但用"个"后,往往是肯定过去曾经发生的事情。看下面例子:

咱耐 [la⁵] 屋下咱们村子很来了几个乡干部个

跟他带种人打交道要特别小心,我很上过他几回当个

前一例不用"个","了"是表示动作的完成,说话时乡干部还在村子里;用"个","了"的作用相当于"过",是表示过去经历的事情,说话时乡干部不一定在村子里了。

"很 X"有时也作补语。例如:

今年"双抢"我累倒很瘦了几斤肉

一伙流子儿把他父打倒很吐了几淌血一伙二流子把他父亲打得很吐了几滩血

她跟人搏嘴有搏赢,气倒很困了几天醒她跟别人吵架没吵赢,气得很睡了

几天觉

5.1.3.4 "老X"可以作状语、谓语、补语、定语。作状语时，往往不直接靠拢动词，要么后附"的"字语法成分，要么后跟副词"就"或别的状语成分。作谓语、补语、定语时，通常要后附"个"字。例如：

状语　他老早就去了，只怕_{估计}现在已经到了

　　　我老远的把你接来，是想让你来过几天快活日子

谓语　太阳老高老高个了，你还不起来_{起床}

补语　坐倒老远个，那什 [ʂʅ³³] 抹看得倒黑板漏_{坐得那么远，那怎么}

_{看得清黑板呢}

　　　他管了么事都把手直倒老长个_{他不管什么事都把手伸得老长}

定语　老早个事了，你还记得果_{这么}清楚

"老X"虽然可以在四种句法位置上出现，但由于"老"本身的分布范围有限，可能的组合很少，因此"老X"实际上的功能是很弱的。

5.2　几、好

这一节说明"几"和"好"。把"几"和"好"作为一组来说明，是因为它们具有好些共同点而区别于"蛮"组程度副词。

5.2.1　这种区别首先表现在意义方面。"蛮"组词在表示程度时反映的是说话人一种较为客观的态度，除"老"外，也不带什么感情色彩；而"几"组词则带有夸张的语气和较强的感情色彩。比较：

他细时就死了娘老子，蛮/总个伤心_{他小时候就死了父母，很可怜}

他细时就死了娘老子，几/好伤心

跟前例相比，后例语气上明显地要夸张一些，而且在叙述情况的同时，还体现出说话人对所说人物的深厚同情。

再就"几"组词内部来看。一般情况下，"几"和"好"意思相当，但有时也表现出差异。比较下面两例：

带伢几聪明啰 [·lo]_{这小孩多聪明啊}

带伢好聪明啰

前一例用"几"，只是表示一种赞叹；后一例用"好"，则是表示

一种惊叹，即除了赞叹，还带有出人意料的意味：没想到这伢会这么聪明。

5.2.2　分布特点

5.2.2.1　"几"和"好"可以修饰形容词和动词语，在这一点上跟"蛮"和"总个"基本一致。例如：

几/好硬	几/好黑	几/好香
几/好拐坏	几/好聋	几/好好看
几/好等老讨嫌	几/好匀净	几/好尖微小气
几/好重视	几/好熟悉	几/好爱打扮
几/好会说	几/好喫油费油	几/好有意思
几/好守信用	几/好划得来	几/好看不惯
几/好看不得	几/好过意不去	几/好舍不得走

当然，"基本一致"中也还有些参差。一般说来，"几/好"所能修饰的，"蛮/总个"也能修饰，但"蛮/总个"所能修饰的，"几/好"却不一定都能修饰。这除了 5.1.2.2.1 中②a"哭得凶"一类动词短语跟"几/好"组合时更习惯于说成"哭得几/好凶"外，还有些具体的词不能组合，这些词大都是能愿动词和心理动词。例如：

蛮/总个愿意	＊几/好愿意
蛮/总个同意	＊几/好同意

5.2.2.2　"几/好"跟否定副词"不、冇"连用也有两种格式，但在连用的两种格式中，"几/好"对于 X 语义上的选择比"蛮"要严。

5.2.2.2.1　"几/好"进入 I 式"不/冇 + 程度副词 + X"，要求 X 必须是度量形容词，而且只能是无标记成分。下面右边的组合都是不成立的（以"几"为例）：

不/冇几高	＊不/冇几矮
不/冇几远	＊不/冇几近
不/冇几重	＊不/冇几轻
不/冇几长	＊不/冇几短
不/冇几大	＊不/冇几细
不/冇几深	＊不/冇几浅

不/冇几宽   *不/冇几窄

不/冇几厚   *不/冇几薄

就"不几/好 X"和"冇几/好 X"两种说法来说，后者更常用些。

5.2.2.2.2 "几/好"进入Ⅱ式"程度副词＋不＋X"，对 X 的选择比Ⅰ式要宽，跟"总个"对Ⅱ式的选择，条件性质相同，即要求 X 是表示褒义或积极意义的形容词（a 组）以及部分心理动词（b 组）和能愿动词（c 组）；而度量形容词，无论是有标记或表量小的，还是无标记或表量大的，都不能进入"几/好不 X"中 X 的位置（参见 5.1.2.3.2）。例如：

a. 几/好不亮   几/好不平   几/好不准

  几/好不折用_{能干} 几/好不快活 几/好不牢靠

  几/好不结实   几/好不痛快

b. 几/好不爱惜   几/好不尊敬 几/好不相信

  几/好不忍心

c. 几/好不愿意   几/好不情愿 几/好不应该

有意思的是，c 组能愿动词本来是不能受"几/好"修饰的，但连用"不"后，就能够被修饰了。a 组"好不痛快"这类否定说法在大冶话里是很常见的，它们表示的意思也都是否定的。这跟普通话很不一样。普通话里，这类否定说法较少，它们都是表示肯定的意思（好不痛快＝好痛快）。⑨这种"不一样"还表现在：普通话里，"好不"后边的形容词只能是双音节的，大冶话里不限于双音节。就是双音节形容词中，有些普通话里可以说的，大冶话里不能说；相反，有些普通话里不能说的，大冶话里却可以说。比较：

例词	普通话	大冶话
好作孽/好不作孽	＋/＋	＋/－
好伤心/好不伤心	＋/＋	＋/－
好自觉/好不自觉	－/－	＋/＋
好好看/好不好看	－/－	＋/＋

"好不作孽""好不伤心"在大冶话里不能说，是因为"作孽"

"伤心"表示的意义都是消极的。

5.2.2.3　前两小节是从与"蛮"组词的比较上来说明"几"和"好"在分布（组合）上的特点。其实，它们之间也是有区别的。"几"不管是后跟肯定形式"X"，还是后跟否定形式"不 X"，都可以在前边连用"不晓得"（合音为［pia¹³］或"晓得"），来进一步加重语气，强调程度。"好"却不能。例如：

不晓得/晓得几作孽_{可怜}　　　＊不晓得/晓得好作孽

不晓得/晓得几飘脱_{轻松}　　　＊不晓得/晓得好飘脱

不晓得/晓得几不自由　　　　＊不晓得/晓得好不自由

不晓得/晓得几不正经　　　　＊不晓得/晓得好不正经

用"不晓得"和"晓得"，形式上不同，但基本意思是一样的。

"好 X"有的可以叠用，如"好厚好厚"；"几 X"是很难叠用的。

5.2.3　如果说，"蛮"组词由于表示程度的客观性而适用于陈述句和疑问句的话，那么，"几"组词则因表示程度的情感性而适用于感叹句,⑩并且句末常带语气词。从与被修饰成分的整体句法功能看，"几"组词与"蛮"组各词有同有异。

5.2.3.1　"几/好 X"（包括与否定副词的连用形式）可以作定语、谓语、补语。例如：

定语　乡里修了座几漂亮个电影院

　　　他跟了个几不正经个女人

　　　好宽个房子哦

　　　好不懂事个家伙

谓语　带个水［çy⁵³］塔几高哟

　　　娘老子把你□［kʻɛ̃³³］果大，几不容易哦_{父母把你养这么大，多}

　　　_{不容易啊}

　　　你电视机个图像好清楚哦/个

　　　他带个人好不好说话哦/个

补语　牛肉烂倒几烂啰

　　　嘴里说倒几好听啰，就是不兑现

　　　桂兰打扮倒好好看啰/个

　　　我肚子饿倒好不舒服哦/个

值得注意的是：

（1）跟"蛮 X"一样，"几/好 X"作定语时也需后附"个"，除非"X"为"多"或后跟"一"量定语。如"屋里坐倒几/好多人啰""几/好黑（一）间屋哦"。作为定语，"几/好 X"多出现于独语句或句子的宾位。

（2）同是作谓语、补语，"几 X"后边通常要用语气词。偶尔也有用"个"的时候，但"个"后大都还可以再用语气词。例如：

我以前一个人住倒几事静安静个，你耐你们一来就闹热了

他原先几老实个哦，就带一向儿变坏了个

"好 X"就要灵活些，用语气词还是用"个"，两者连用，还是都不使用，选择是自由的。不过，后用成分的不同，也带来表达上的细微差异。用语气词，使句子的感叹语气得到强化；用"个"，使句子于感叹中多了一份肯定意味。

（3）如果"几 X"前边用"晓得"或用"不晓得"，要求后跟的成分以及"晓得/不晓得"可能出现的位置不一样。用"晓得"，常常后跟"哦、哟、啰"之类语气词，有时也跟"个"；"晓得"大都可以移到主语前边，如果主语出现的话。用"不晓得"，可以后跟"个"或"啊［·a］、呀［·ia］"之类语气词，也可以都不用，但不能跟"哦"类语气词；"不晓得"不能移到主语前边。比较：

他晓得几快活哟→晓得他几快活哟

他不晓得几快活（个/啊）→ ＊不晓得他几快活（个/啊）

5.2.3.2 "几/好 X"作状语的情况很少。作状语时需后附"的"字，只有当"X"是"难、好容易"的时候例外：

他几下泼的跟你做哦，结果你还不劳慰［uai^{33}］他他很卖力地为你做（活儿），结果你还不感谢他

他带个人好难相处个

"几/好 X"一般不作主语。后附"个"后能作宾语，但这种情况也是很少的，"个"后往往还要连用语气词。例如：

小说我买了几多个哦，都把别个借去了都被别人借去了

橡皮筋还剩好长个啊，什抹怎么找不倒了呢

5.3 小结

5.3.1　上面分组说明了大冶话里的"很"类程度副词。这类程度副词虽然在语义上也有差异，但主要区别是在语法上。现将它们的主要区别列表如下，以便对照。

		语义		语法													
		较强调夸张	带感情色彩	修饰形容词	修饰动词语		连用否定副词		连用"不晓得/晓得"	句法功能						适用句类	
					I类	II类	I式	II式		谓语	补语	定语	状语	主语	宾语	陈述句疑问句	感叹句
蛮组	蛮	−	−	+	+	−	+	+	−	+	+	+	+	+	+	+	−
	总个	+	−	+	+	−	−	+	−	+	+	−	−	−	−	+	−
	很	−	−	+	−	+	−	+	−	−	−	−	−	−	−	−	−
	老	−	+	⊕	−	−	−	−	−	⊕	⊕	⊕	⊕	−	−	+	−
几组	几	+	+	+	+	−	⊕	+	−	+	+	+	⊕	−	⊕	−	+
	好	+	+	+	+	−	⊕	+	−	+	+	+	⊕	−	⊕	−	+

表中 I 类动词语是指心理、能愿动词以及结构比较简单的动宾、动补短语，II 类动词语是指后带数量词的动词短语。句法功能是指"很"类词与被修饰成分的整体功能。"＋"外加"○"表示范围较小或有条件限制。"很"类词各词之间也还有些语用上的区别，只是文中未作专项说明，因此表中也未列出。

5.3.2　从表中可以得出如下几点认识：其一，"蛮"组词和"几"组词在语义的轻重、色彩和适用的句类上呈明显对立状态，我们正是根据这种对立才把它们分成两组。其二，从同组词内部分布来看，也存在着好些对立的情况，诸如"蛮"和"总个"对连用否定副词 I 式的正负反应，"蛮、总个"和"很"对形容词以及两类动词语的相反选择，"几"和"好"对"不晓得/晓得"的容纳与排斥等。其三，"很"类词与被修饰成分的整体性质基本上是谓词性的，但在具体功能上有强弱之分。有的可以占据所有句法位置，是高能型的；有的则只能活动于少数句法位置，而且有的还受一定条件限制，是低能型的。

5.3.3　正是由于"很"类词在语义、语法、语用诸方面存在着种种差异，才使它们各具价值，各司其职，而不能互相取代，为使用者准确地表情达意提供了充分选择的余地。同时，这也从一个侧面显示出大冶方言的独特的个性。当然，语言是发展的，普通话的日益普及和声望的不断提高，也必然会给方言带来深刻的影响。比如，现在我们看到的是，"蛮、总个"和"很"在分布上是对立的，将来"很"是否有可能向外"扩张"，慢慢进入"蛮、总个"的分布范围呢？事实上，现在年轻人和读书人的口语中已经开始显露出这种迹象。

附注

①无标记成分这里是指可以表示中性意义的语义成分。见哈特曼等著、黄长著等译《语言与语言学词典》，上海辞书出版社1981年版，第208页。

②朱德熙先生是把能愿短语看作动宾短语的，见朱德熙《现代汉语语法研究》，商务印书馆1980年版，第57—58页。

③"蛮/总个想不开"的肯定式"蛮/总个想得开"似乎可以说成"想得蛮/总个开"，算是一个例外。

④大冶话儿化音节的调值是553。

⑤程度副词不能连用在否定副词"冇"的前边。有时也听到"蛮/总个冇本事"之类说法，但这里的"冇"是"冇得"的意思，是动词，而不是副词。

⑥我们说"动词短语原则上不能进入"，是考虑到有下面一些例外的说法：

　　a. 蛮/总个不像话　　　蛮/总个不要脸　　　蛮/总个不知好歹
　　b. 蛮/总个不讲道理　　蛮/总个不守信用　　蛮/总个不当回事

跟b组不同的是，a组都没有相应的肯定说法（如，＊蛮/总个像话），也就是说，"不像话""不要脸""不知好歹"都带有一定的习语性，人们是把它们当作一个整体（词）来使用的。真正可以看作例外的是b组，但这种用例很少，而且结构都比较简单，都限于动宾关系。

⑦大冶话里，与"大"相对的反义词是"细"，口语里一般是不说

"小"的。

⑧大冶话里，与北京话"的"字相当的语法成分还有"的" [ta³]。"的"和"个"在分布上是对立的。

⑨只有"好不容易"一例是表示否定的意思。

⑩"几/好"不用于疑问句。下例疑问句中"几/好"是用来询问程度、数量的，不是表示本章所要说明的"程度高"的意思：

你穿鞋要穿几/好大个欸 [e³]

"几/好"一般也不用于陈述句。稍有特殊的是，"好"偶尔也在陈述句中出现，但读音上明显不同。通常情况下重读作 [xɔ⁵³]，显得语气夸张，是感叹；某种情况下（主要是在度量形容词前边）可轻读为 [·xɔ]，显得语气平和，是陈述句。例如：

书架上放倒好多书

例中"好"若重读，是夸张地说明情况；若轻读，是客观地陈述事实（"好"可替换为"蛮"，事实上，这种情况下人们更倾向于用"蛮"），两读的语气不同，在反映事物的度量上是有一定的程度区别的。再者，典型的感叹句（如定名结构的感叹句）中，"好"是绝不能轻读的。

第6章 "倒₂"和"倒₃"*

提要 根据语义及功能的不同，大冶话里的"倒［·tɑ］"字可以分为四个："倒₁""倒₂""倒₃"和"倒₄"。本章分别考察了"倒₂"和"倒₃"作为两种不同的词性在大冶话里的主要用法：它们所能构成的句式，这些句式的表意功能、可能有的变换形式以及对否定形式的反应。

6.0 引言

大冶话里，"倒"是一个使用频率很高的词，它与普通话的多种词汇、语法成分相对应。请看下面的几组句子：

a. 那［la³⁵］个碎石厂倒了两年了

风把树吹倒了

b. 你［n̥⁵³］要个那本书我找倒了你要的那本书我找到了

你两个人说个谜我哈听倒了你们两个说的什么我都听见了

c. 外［u³³］地起倒风，怕是要落雨了外边刮着风，可能是要下雨了

眠床漏困倒两个人床上睡着两个人

d. 你漏几个伢［ŋai³¹］长倒真等痛你家几个小孩长得真可爱

渠［kʻe³¹］累倒气都透不出来了他累得透不过气来了

a组两句中，"倒"分别用作谓语动词和结果补语，表示"垮台"和"横躺下来"的意思，意义和用法跟普通话的"倒₁"相同；b组两句中，"倒"用在动词后边，表示动作的结果，分别与普通话的动词性成分"到""见"对应；c组两句中，"倒"用在动词后边，表示动作

---

* 本章内容是在《大冶话的"倒"字及其相关句式》（《华中师范大学学报》1992年第5期）的基础上修改补充而成的。

的进行和状态的持续，与普通话表示动态的语法成分"着"字对应；d
组两句中，"倒"用在动词后边，表示其前后成分之间的述补关系，与
普通话的补语标记词"得"字相当。本章把 a、b、c、d 中这四个意义
和作用不同的"倒"字分别记为"倒₁""倒₂""倒₃"和"倒₄"。
"倒₁"跟普通话的"倒₁"基本一致，因情况单纯，不必讨论。"倒₄"
跟大冶话的另一结构助词"得"字同类，但在用法上有不同的分工，
我们打算把它们放在一起另文说明。这里只就"倒₂"和"倒₃"作些
初步的分析，考察它们所能构成的句式，以及这些句式可能有的变换形
式和否定形式，以此来反映它们在意义和功能上的对立。用例除需要白
读的或读音比较特殊的字初次出现时加注音标外，一般不记音。浪线
"～～"表示同音字（初次出现时才标），本字待考。方框"□"表示
有音无字。

6.1　"倒₂"

"倒₂"是个动词，有轻声 $[\cdot tɑ]$ 和上声 $[tɔ^{53}]$ 两种不同的读音。
它或者直接用在动词后边作结果补语，这时一般读轻声；或者用在助词
"得"的后边作可能补语，这时总是读上声。

6.1.1　作为结果补语，"倒₂"与动词的结合面较宽，常跟的动词
有"看、听、闻、想、买、修、收、接、止、订、打、抓、捉、提、
包、按、遮、捆、躲、闲、留、绑、缠、存、装、猜、写、查、问、
答、占、停、扣、记、剩、拦、蒙、拖、累、伤、等、招、说、诊、
碰、撞、堵、吓、赶、盖、埋、关、开、兜、铺、垫"等。

6.1.1.1　先看一组句子：

Ⅰ. 信收倒了

渠个病诊倒了 _{他的病治好了}

戳白 $[ts'o^{13}p'e^{33}]$ 个捉倒了 _{小偷抓住了}

日头遮倒了 _{太阳遮住了}

□ $[lɔ^{35}]$ 车子个查倒了 _{偷车的查出来了}

渠那脚斗倒了 _{他的腿（摔断）接上了}

这类句子"倒₂"都表示动作的具体结果。它们可以去"了"加

"冇［mɔ³³］"构成对应的否定式。^①如：

> 信冇收倒　　渠个病冇诊倒

但这种否定式中的"倒₂"通常要读上声。^②

需要指出的是，"倒₂"跟动词的结合面虽宽，但也是有限制的。它所表示的结果通常是最常见的、人们最容易联想到的一种结果，而且往往是积极性的。如果动作的结果不寻常，或是消极性的，那么就不能用"倒₂"来表示，而要用相应的别的词汇成分。例如，"看见了"，"见"是最常见的也是积极性的结果，可以用"倒₂"，但如果是"看错了"，或是"看累了""看糊涂了"，结果不一般，并且是消极性的，因此不能用"倒₂"。

6.1.1.2　再看一组例子，这组例子跟Ⅰ类结构相同，但语义上有所不同。

> Ⅱ. 菜洗倒了　　家［kɑ³³］业家具打倒了
>
> 　　纸裁倒了　　眼床铺倒了
>
> 　　面擀倒了　　嫁［kɑ³⁵］妆办倒了

这类句子中"倒₂"也表示结果，但还表示"（事情）准备好"的意思。如第1例是说"菜洗净备好了"；第2例是说"家具准备好了"。这类句子如果不用"倒₂"，就只是表示事情/动作已经完成；如果补语改用别的成分，如"菜洗完/干净了"，就只是单纯地表示结果，不含"（事情）准备好"的意思。

Ⅱ类句子没有对应的否定式，如果要对它们所说明的情况加以否定，就在动词前面加"（还）冇"，并去掉"倒₂"和"了"，这也是跟Ⅰ类句子有所不同的。如：

> 菜还冇洗　　家业还冇打

它们否定的是"（事情）已准备好"，也即是说"（事情）还未准备"。

此外，Ⅰ类句子的"了"总是读轻声［le³］，Ⅱ类句子的"了"则可以读为上声［ȵie⁵³］，强调"准备好"的意思。

因为Ⅰ、Ⅱ两类同形，所以有的句子是有歧义的。例如：

> 肉剁倒了

既可以理解为Ⅰ类：肉买到了；也可以理解为Ⅱ类：肉准备好了。

当然，如果将"了"字读为上声，也就只能理解为 Ⅱ 类了。

6.1.1.3　还有一类句子：

Ⅲ. 馍蒸倒了　　谷种浸倒了

水烧倒了　　衣裳晒倒了

这类句子中的"倒₂"同样也是表示结果的，但这种结果是事物呈现某种状态，有的还兼有"准备好"的意思。从动词所表示的动作情况来看，Ⅰ、Ⅱ 两类句子的动作已经结束，这类句子的动作结束后即转化为一种状态，也就是说，这种状态是作为动作的结果出现的。这种状态虽然客观上在持续，但说话人的意思并不在表明状态的"持续"，而是要表明作为结果的状态的"出现"，正因为如此，动词前面不能够出现表示"持续"意义的"在里"，这就区别于静态持续句（参见6.2.2.1）。这类句子去掉"了"，就成为祈使句（参见 6.2.3），实际上它们是跟祈使句相对应的完成句：

祈使句：馍蒸倒　　谷种浸倒

完成句：馍蒸倒了　　谷种浸倒了

跟 Ⅱ 类句子一样，Ⅲ 类句子有的也是有歧义的。例如：

a. 饭煮倒了（你自家 [tsŋ³¹kɑ³³] 去盛倒喫你自己去盛着吃）

b. 饭煮倒了（等懒儿 [xaŋ⁵⁵³] 就能得喫了等会儿就可以吃了）

"饭煮倒了"在 a 句中表达的是 Ⅱ 类的意思，是说饭已煮熟备好；在 b 句中表达的是 Ⅲ 类的意思，是说饭已煮上（但并未煮熟）。

Ⅲ 类句子也没有对应的否定式，虽然可以有"馍冇蒸倒""谷种冇浸倒"等说法（"倒₂"读上声），但在这些说法中，"倒₂"并不是表示的状态结果，而是表明的程度，有"够"的意思，是说馒头没蒸够（即没蒸熟），谷种没浸够（即没浸透）。它们是跟 Ⅰ 类对应的否定式。如果要对 Ⅲ 类所说的情况加以否定，应该说"馍还冇蒸""谷种还冇浸"，这一点跟 Ⅱ 类是一致的。

6.1.1.4　上面三类句子在结构上是相同的，尽管"倒₂"语义上有所区别，但都是表示结果的，因此，可以把它们称为结果句，记为：N + V 倒 + 了。

6.1.2　"倒₂"作为可能补语，在大冶话里也是很活跃的，有的说法在普通话里可以采用相同的句式来表达，有的说法在普通话里则要采用不同的句式来表达。

下面是三个"倒₂"充当可能补语的例子：

Ⅰ. 带个谜子（我）猜得倒 _{这个谜语（我）猜得着}

Ⅱ. 带条路（我）走得倒 _{这条路（我）会走}

Ⅲ. 一斤面喫得倒 _{一斤面够吃}

这些句子从表面结构看似乎是平行的，实际上它们分别代表着几种不同的语义类型。

6.1.2.1　先看与Ⅰ同类的例子：

Ⅰa. 带个题我答得倒　　　　　Ⅰb. 屉子关得倒

靶子我打得倒　　　　　　　冰箱装得倒

旋球我接得倒　　　　　　　糯米搭粘得倒

电视我修得倒　　　　　　　日头晒得倒

Ⅰ类分列两组，是因为内部情形有所不同：Ⅰa 是说明一种主观上的可能性，Ⅰb 是说明一种客观上的可能性。但它们有着相同的否定式。如：

带个题答不倒　　屉子关不倒

它们都可以转化为结果补语句：去掉"得"，肯定式在"倒₂"后带"了"，否定式在动词前加"冇"。如：

结果句：带个题答倒了　　屉子关倒了

否定式：带个题冇答倒　　屉子冇关倒

6.1.2.2　再看与Ⅱ同类的例子：

英语我讲得倒　　篮球我打得倒

筷子我喫得倒　　象棋我走得倒

这类句子也是说明一种主观上的可能性，其否定式与Ⅰ类相同，如："英语我讲不倒"。与Ⅰa 有所区别的是，Ⅱ类更偏向于强调一种能力。它们不能像Ⅰa 那样转化为结果补语句，如不能说"筷子我喫倒了｜象棋我走倒了"。

Ⅱ类和Ⅰa 的区别从与普通话相应的表达式中也可以反映出来。Ⅰa 在普通话里可以用相同的句式来表达，只是动词补语的用词不同；Ⅱ类在普通话里则通常要用"N＋状（会/能）＋V"的形式来表达。比较：

大冶话	普通话
Ⅰa. 带个题我答得倒	带个题我答得出
靶子我打得倒	靶子我打得中
Ⅱ. 英语我讲得倒	英语我能讲
篮球我打得倒	篮球我会打

6.1.2.3　下面是与Ⅲ同类的例子：

一斤糖分得倒　　　　　一桶漆刷得倒

一间屋住得倒　　　　　一丈布做得倒

这类句子与Ⅰb一样，是说明一种客观上的可能性，否定式也与Ⅰ类相同，如"一斤糖分不倒"。也可以转化为结果补语句，并可用"冇"构成相应的否定式。如"一斤糖分倒了 | 一斤糖冇分倒"。与Ⅰb不同的是：

（1）Ⅲ类侧重在估量，含有"够量"的意思。它们后面可以出现施事宾语、受事宾语、当事宾语或结果宾语，并且主语和宾语都必须带上数量定语；后带宾语时，动词前边还可以出现表限量的副词性成分"嵌嵌仅仅/只/刚好"。如上面4例可以分别带上宾语，说成：

一斤糖（嵌嵌）分得倒十个人（当事宾语）

一间屋（嵌嵌）住得倒四个人（施事宾语）

一桶漆（只）刷得倒一套家业（受事宾语）

一丈布（刚好）做得倒一套衣裳（结果宾语）

Ⅰb则不能出现施事宾语。虽然有的可以出现受事宾语，但不必具有量的特征，就是说，带数量定语并不构成Ⅰb成立的条件。

（2）Ⅲ类和Ⅰb在普通话里所能采用的表达式也可以显示它们之间的差异。比较：

大冶话	普通话
Ⅰb. 屉子关得倒	屉子关得上
冰箱装得倒	冰箱装得下
Ⅲ. 一斤糖分得倒（十个人）	一斤糖够/能分（十个人）
一桶漆刷得倒（一套家业）	一桶漆够/能刷（一套家业）

可以看到，Ⅰb在普通话里是采用与大冶话相同的句式来表达，只是动词补语的用词不同；Ⅲ类在普通话里则要采用"N+状（够/能）+V"

的形式来表达。

6.1.2.4　以上三类，如果着眼于句法结构，在格式上可以概括为：N＋V得＋倒。从句子功能看，它们都是说明一种可能性，可以称为可能句。

6.2　"倒₃"

"倒₃"读［·tɑ］，是个动态助词，用在动词、形容词后边，可以表示多种语法意义。

6.2.1　"倒₃"用在动词后边，表示动作正在进行，动词后边要求出现宾语，形成"N施/处＋V倒＋N"的格式。由于这种"倒"字句是表示动作的正在进行的，我们可以把它叫作动态句。例如：

Ⅰ. 渠洗倒衣裳，过一儬儿才能得来他在洗衣服，过一会儿才能来

渠跟厂长说倒话，不好去打搅得

小明看倒电视，你叫不动个

渠做倒生活，冇得工夫抹牌他正干着活儿，没工夫打牌

Ⅱ. 外地落倒雨，等儬儿再走外边下着雨，等会儿再走

礼堂漏唱倒戏，咱［xan⁵³］去□［mie³⁵］下不啦礼堂里在唱戏，咱去不去看一下呢

身上出倒汗，洗不得冷水澡身上正出汗，不能洗冷水澡

里面上倒课，你耐［la⁵］说话声气细点［n̠an̠⁵⁵³］里面在上课，你们说话声音小点

这些都是动态句，但内部的语义结构并不完全一致。Ⅰ组4例主语表示动作的施事，动词前边还可以出现时间副词"正"，强调动作的正在进行。③如：

渠正洗倒衣裳……

Ⅱ组4例主语表示事件进行的处所，动词前边也可以出现时间副词"正"，有时还可以出现"还"，用"还"是强调动作进行的时间长。如：

外地正/还落倒雨……

这类动态句都可以变换为"N施/处＋在里V＋N"的格式。"在里

$[$ts'a^{33}·lai$]$"是"在"和"里那儿"的结合，但这里用在动词前边并不是表示具体的处所意义，而是虚化为一种抽象的动态意义，作用上相当于普通话的时间副词"正/正在"；语音形式上常常合音为一个音节$[$ts'ai$^{53}]$。如：

> 渠洗倒衣裳……→渠在里洗衣裳……
>
> 外地落倒雨……→外地在里落雨……

两边的句子在语义上是等值的。跟动态句"N施/处 + V 倒 + N"一样，这种变换式也可以出现时间副词"正"，作用上也是强调。如：

> 渠正在里洗衣裳……
>
> 外地正在里落雨……

但在动态句里，宾语是必须出现的，光是"N施/处 + V 倒"，句子不能成立；而变换式不出现宾语，"N施/处 + 在里 V"也能够成立，如"渠在里洗 | 外地在里落"。

动态句没有否定式，虽然存在"渠冇洗衣裳"和"渠冇洗衣裳了"等否定说法，但这些说法是否定动作、事件的发生（前者），或表示动作、事件已经结束，情况有了变化（后者），而并不是跟动态句"渠洗倒衣裳"相对应的否定式。

6.2.2 "倒₃"附在动词、形容词后边，表示状态的持续，我们把这种"倒"字句叫作静态句。静态句内部又有种种不同的情形。

6.2.2.1 先看例子：

Ⅰa. 渠在里困倒	Ⅰb. 稻草在里堆倒
鸡在里扑倒	米汤在里摊凉倒
阿爹爷爷在里等倒	箱子在里搁倒
猫子猫儿在里躲倒	灯笼在里挂倒
Ⅱ. 渠闭倒眼睛	老师夹倒一个本子
渠戴倒耳环	大嫂提倒一个篮子

这几类句子都是说明某种状态的持续，可以称为静态持续句（下称"持续式"），其格式可以分别记为：Ⅰ. N施/受 + 在里 + V 倒；Ⅱ. N施 + V 倒 + N受。

Ⅰ式中，a类主语是施事，能够进入这类句子的动词是表示人或动物所处状态的状态动词，常见的有"徛$[$tɕ'i$^{33}]$站、坐、困睡、躺、靠、赖、跍蹲、闷因生气或不痛快而默不作声、仰、趴、扑、跪、躲、等、陪、傁"等。b 类主语是受事，能够进入这类句子的动词是表示事物所处状态的状态动词，如"放、晒、摆、浪晾、摊、铺、吊、装、架、停、垫、缠、堆、盖、埋、存、焖、煮、烤、煎、蒸、夹［ka¹³］、搁、□［kʻɔŋ³⁵］藏、挂、贴、插、码堆、泡、浸"等。④对 I 式来说，"在里"和"倒"都是必需的。去掉"在里"，句子或不能成立，或转变成祈使句（参见 6.2.3）。如：

渠在里困倒　　　　　　　＊渠困倒

稻草在里堆倒（静态句）　　　稻草堆倒（祈使句）

不用"倒"，有的会转变成动态句（参见 6.2.1），有的则不大站得住。如：

渠在里困倒（静态句）　　　渠在里困（动态句）

稻草在里堆倒　　　　　　？稻草在里堆

I 式可以变换为"N 施/受 + V 倒 + 在"的格式。如：

渠在里困倒→渠困倒在

稻草在里堆倒→稻草堆倒在

两种说法基本意思相同。不过比较起来，左边的说法"持续"的意思更强一点，也要常用一些；右边的说法"持续"的意思相对显得弱些，也用得少些。

还有一点值得指出：I 式的动词前边不能再出现由介词"在"构成的表示处所的介宾短语。这种情况可能跟"在里"的来历有关。比较：

渠在里困倒　　　　　　　稻草在里堆倒

渠在眠床漏困倒　　　　　稻草在屋漏堆倒

＊渠在里在眠床漏困倒　　　＊稻草在里在屋漏堆倒

II 式和 I 式同属持续式，但具体格式不同，语义上自然也就不会相同，可以同现的时间副词也不一样。I 式强调状态的"正在"持续，动词前边一般不再出现时间副词"正"，但可以出现"还"。II 式只是说明状态的持续，并不强调"正在"，因此还可以在动词前边用"正"来强调出"正在"的意思，但不大能用"还"。⑤ I 式没有对应的否定式，不存在"渠冇在里困倒｜稻草冇在里堆倒"之类的说法。⑥ II 可以用"冇"构成对应的否定式，但否定式中不能再出现"正"。如：

渠冇闭倒眼睛　　冇戴倒耳环

Ⅱ式持续式跟Ⅰ类动态句在结构上有些相似，实际上很不相同。其一，Ⅰ类动态句的Ⅴ项是动作动词，并且常常是动作可以重复进行的重复动词；Ⅱ类持续式的Ⅴ项是状态动词，重复动词不能进入，因此，像"擦、洗、抹、扫、刷、剪、改、磨、刮、搜、锄、吃、唱、找、打、摇、揉、说、敲、骂"等重复词只能构成Ⅰ类动态句，不能构成Ⅱ式持续式。其二，Ⅰ类动态句的Ｎ项（宾语）不限于受事，前边一般不出现数量宾语；Ⅱ式持续式的Ｎ项（宾语）一般是受事，前边可以出现数量宾语。其三，Ⅰ类动态句可以变换成"N施/受 ＋ 在里V ＋ N"；Ⅱ式持续式不能这样变换，或者变换后改变了句子的性质。如：

老师夹倒一个本子→＊老师在里夹一个本子

渠戴倒耳环（静态句）→渠在里戴耳环（动态句）

6.2.2.2　先看例子：

Ⅰ. 屋门口徛站倒好多人

　　里围倒一大堆细伢那儿围着一大帮小孩儿

　　路边漏跪倒个讨米个路边上跪着一个讨饭的

　　沙发漏趴倒一只猫子

Ⅱ. 殿突漏贴倒两副对子祠堂里贴着两副对联

　　渠那喉咙管漏卡倒一根鱼刺他的喉咙里卡着一根鱼刺

　　路中间［k·Ã³³］停倒两乘小包车路中间停着两辆小轿车

　　桌子漏放倒几张报纸

这些句子都是说明某处某人/物处于某种状态，表明一种存在的状况，可以称为静态存在句（下称"存在式"），其句式可以记为：N施 ＋ V倒（＋数量）＋N施/受。跟持续式一样，进入这种句式的动词要求是状态动词。

存在式跟Ⅱ类动态句结构上有些相似，实际上不同。首先，存在式的宾语可以是施事（如Ⅰ组），也可以是受事（如Ⅱ组），Ⅱ类动态句的宾语通常是受事，不能是施事。其次，存在式可以变换为"N施/受 ＋ V在 ＋N处"的句式，不能像Ⅱ类动态句那样变换为"N施/处 ＋ 在里V ＋ N"的句式。如：

屋门口徛倒好多人

　　→好多人徛在屋门口

　　→＊屋门口在里徛好多人

殿突漏贴倒两副对子

　　→两副对子贴在殿突漏

　　→＊殿突漏在里贴两副对子

Ⅱ类动态句可以变换为"N施/处 + 在里 V + N"，和"N施/受 + V 在 + N处"句式之间则不存在变换关系：

外地落倒雨……

　　→外地在里落雨……

　　→＊雨落在外地……

礼堂漏唱倒戏……

　　→礼堂漏在里唱戏……

　　→＊戏唱在礼堂漏……

其实，从根本上讲，这些区别还是导源于这两种句式的不同的表意功能，或者说是导源于"倒₃"两种不同的语法功能。

跟持续式一样，存在式也没有对应的否定式，如"殿突漏冇贴倒两副对子"之类的说法是不成立的，只能说成"殿突漏冇贴对子"，但这是对动作或事件的否定，而不是对状态的否定，和原存在式不是平行的结构。

6.2.2.3　先看例子：

房门敞倒个　　　水缸盖倒个

扣子扣倒个　　　窗孔窗户开倒个

这些句子都是判定某物处于某种状态，是判定性静态句（下称"判定式"），其句式可以记为：N受 + V倒 + 个。这种句式对动词的选择跟Ⅱ类持续式大致相同，能进入持续式的一般也能进入判定式，只是有少数能进入判定式的却不大能用于持续式，如"掩、钉、扣、开、关"等。

关于判定式有几点值得注意：

（1）由于它是表示判定的，所以动词前边可以很自然地进入"是"动词。用"是"，判定的意味更重一些。

（2）跟持续式比较，判定式重在判定，即对事物所处的状态加以肯定。这种状态可以是目前的一种状态，也可以是过去或从过去到现在的一种状态，因此句中能够出现"昨儿、前儿前天"和"一直"之类的时间词。如：

房门一直敞倒个

水缸昨儿盖倒个（不晓得哪个揭开了）

（3）判定式有对应的否定式。如：

扣子冇扣倒个　　窗孔冇开倒个

6.2.2.4　先看例子：

渠把舌［sɑ³³］头一伸［tsʻan³³］倒（吓煞个人吓死人）

渠把棉袄一披倒（个流子相一副二流子相）

渠把相片一蒙［maŋ⁵³］倒（不把给人家看）

小张把灯一亮倒（搞倒我困不着［tsʻo³³］）

牛把尾巴一翘倒（要屙［uo³³］屎了）

这些句子都是表示使某物处于某种状态，是处置性静态句（下称"处置式"），其句式可以记为：N施 + 把 + N受 + 一 + V 倒。处置式往往跟有表示目的、结果或评议等的后续句。

关于处置式，还有几点需要说明：

（1）句式中，"一"既有强调状态的作用，同时也是这一句式成立的必要条件，就是说，没有"一"，这种句式作为处置式就不成立。有时为了突出状态，就在"一"的前边用上指示代词"果［ko⁵³］这么"。表达时，配合代词"果"，说话人常常辅之以体态语，使状态更加具体化，形象化。

（2）V 项动词是单音节的状态动词，表示处置行为结束后遗留的一种状态结果。非状态动词（如"熄、断、脱、摘、丢、落、捡、吞"等），或对应的同形动作动词不具有处置性的状态动词（参见注④），不能作为处置式的 V 项。如下面的说法，V 或为非状态动词，或虽为状态动词，但其对应的同形动作动词不具有处置性，因此都是不成立的：

＊渠把皮鞋一脱倒　　＊渠把冰糖一吞倒

＊渠把沙发一困倒　　＊渠把头毛一长［tsɔŋ⁵³］倒

如果将"脱""吞""困""长"分别改为对应的同形动作动词具

有处置性的状态动词"穿""含""占""蓄留",这些说法就可以站住了。

（3）"把"是表示处置的标记词，通常情况下是要出现的，但如果是在并列/对举的格式中，"把"也可以省去不用。例如：

渠脸一红倒，眼一翻倒，做倒一副蛮吓人个相_{他红着脸，翻着眼，做出一副挺吓人的样子}

渠烟一八倒，头一傲［ŋɔ³³］倒，脚一敲［kʻɔ³³］倒，菊倒不得了_{他叼着烟，仰着头，翘着腿，傲慢得很}

处置式往往可以变换为"N施＋V倒＋个＋N受"的形式，只是变换式在处置性上有所削弱。例如：

渠把嘴一扁［pi⁵³］倒（要哭得紧得了_{马上要哭了}）

　→渠扁倒个嘴……

渠把衫袖一卷倒（生怕打湿了）

　→渠卷倒个衫袖……

果点细伢把脚一敲倒（像个谜个样子）_{这点小孩把腿一翘着（像个什么样子）}

　→果点细伢敲倒个脚……

处置式也没有结构上相对应的否定式，如果要对"渠把舌头一伸倒"加以否定，只能说成"他有伸（倒）舌头"，但这种说法只是客观地陈述一种情况，已没有什么处置性了（参见6.2.2.1）。

6.2.2.5　先看例子：

Ⅰ. 索子_{绳子}短了只好短倒

　　鞋口紧了只好紧倒

Ⅱ. 皮筋_{橡皮筋}齐渠松倒

　　茅厕_{厕所}齐渠黑倒

Ⅲ. 衫袖_{袖子}大倒就大倒

　　门槛高倒就高倒

这些句子"倒"都用在形容词后边，分成三组，是因为它们在格式上稍有不同，可以分别记为：Ⅰ. N当（＋A了）＋只好＋A倒；Ⅱ. N当＋齐渠＋A倒；Ⅲ. N当＋A倒＋就＋A倒。"N当"表示名词是当事成分，"齐"是任随的意思，"渠"这里指物，与N项同指，括号内的成分可以不出现。但它们都是表示性状的持续，而这种性状一般是说话人所不愿意看到或不乐于接受的，因而含有无可奈何、听之任之的意味，是听任性静态句（下称"听任式"）。不过，既然在格式上有所不同，它们在表达上也就会有差异。Ⅰ式重在表现一种无可奈何的心理，Ⅱ式重在表现一种听之任之的态度，Ⅲ式除了表现听任的态度外，还兼有姑且将就、不必计较的意思。这三种格式还可以产生融合形式，即Ⅰ式Ⅲ式中可以出现Ⅱ式的"齐渠"。例如：

凳子重了只好齐渠重倒

床铺矮了只好齐渠矮倒

山头山墙歪倒就齐渠歪倒

东西乱倒就齐渠乱倒

受句式表意功能的制约，进入听任式的形容词须是意义消极或中性的形容词，这主要是表示性质、形状、感觉、色彩等的单音节形容词；典型的表义积极的形容词（如"甜、香、乖、好"）不能进入。

听任式在话语中往往是作为接续句出现的，尤其是Ⅰ式和Ⅲ式。因承上文，N 项有时也不出现。例如：

A：裤腰做细了，裤脚又连长了 裤腿又做长了

B：裤腰细了只好细倒，姜有得法子改了 现在没办法改了，裤脚长了还能得跟你剪一点

还需要说明的是，有些动词也可以占据Ⅱ、Ⅲ两式中 A 项的位置。例如：

Ⅱ′. 书齐渠摊倒

麦齐渠晒倒

Ⅲ′. 电视关倒就关倒

帽子戴倒就戴倒

不过，这些句子中 N 项已不是当事，而是受事。而且，Ⅱ′式有的会成为歧义句："渠"可能是跟 N 项同指，指受事；也可能是另指施事。当然，一般情况下还是用作同指的。Ⅲ′式随着使用语境的不同也会表现出两种不同的语义。当作为接续句时，跟Ⅱ式一样，还是表现一种听任的态度。如果作为起始句，则表现对某种情况的不满，是一种责备的情绪，这时总要后跟一个劝阻性的祈使句。例如：

（情境：电视开了，又关上，又打开……）

电视开倒就开倒，莫开开关关 ［k'a³³ k'aŋ³³¹ ku Ã³³ ku Ãŋ³³¹］ 别开了又关，关了又开

听任式没有相应的否定式。

6.2.3　"倒₃"用在动词后边，表示命令、请求、建议、提醒或安排等，构成祈使句。其格式为：I. N受（＋N施）＋V倒；II.（N施＋）V倒。其中"N施"一般是"你、你耐你们、咱、咱耐咱们、大家"等人称代词，有时也用人称代词"我、我耐我们⑦、渠"或表人名词，但最常见的是"你"。"你"在词面上可隐可现；用"我、我耐、渠"，句子往往是表示提议或请求。例如：

I.　手表（你）戴倒　　　　II.（你）困倒

　　大门（你）锁倒　　　　　　（你）歇倒

　　带个位子地方咱占倒　　　　大家坐倒

　　细伢我带倒　　　　　　　　咱耐徛倒

两式的根本区别是在动词上。I式动词是及物的；II式动词是不及物的，所以也就没有句首的受事成分。I式如果"N施"出现，"N受"可以前加"把"字挪到"N施"后边。I式还有一变换式：（N施＋）V倒＋N受；但"N施"如果是"我、我耐、渠"，就不能这样变换。例如：

　　带个人（你）跟倒→（你）跟倒带个人

　　围颈围巾（你）围倒→（你）围倒围颈

I式和变换式是等值的，不过比较而言，I式比变换式更为常用，尤其是当"N受"结构较为复杂的时候，人们更倾向于选用I式。下面一例中"N施"是"我、渠"，变换后就改变了"倒₃"祈使句的性质，转换为持续式静态句（参见6.2.2.1）：

　　伞我打倒，雨衣渠穿倒（祈使句）

　　　→我打倒伞，渠穿倒雨衣（静态句）

其实，"倒₃"祈使句所表示的也是一种静态，与"倒₃"静态句所不同的是："倒₃"静态句的功能是陈述，其静态是已经实现了的；"倒₃"祈使句的功能是祈使，其静态是有待实现的，即需要通过受话人的响应来实现。

"倒₃"祈使句可以在动词前边用"莫［mo³³］"构成否定式。如：

  手表（你）莫戴倒 （你）莫困倒

关于"倒₃"祈使句，还有一点值得指出：无论Ⅰ式Ⅱ式，都可以在句末用上语气助词"唆［so³³］""着［tso³³］"或"上［sɔŋ³³］"。"唆""着""上"是自由变体，表示"暂且"的语气。例如：

  带个位子咱占倒唆 你歇倒上

6.2.4 "倒₃"用在动词后边，作为连动句的前项。从与连动后项的意义关系看，有种种不同的情形。

6.2.4.1 有时"V倒₃"是表示后一行为的方式（a），或后一行为（目的）的手段（b），或后一行为的"陪伴"情况（c）；[⑧]有时"V倒₃"和连动后项是从正反两方面来说明问题（d）。其格式可以概括为：Ⅰ. N施/受 + V₁倒 + V₂。V₁和V₂还可带宾语。例如：

  a. 王老师徛倒讲课

    细莲眯倒眼睛哭

    渠开倒窗孔困醒他开着窗户睡觉

    渠抱倒细伢抹牌他抱着小孩打牌

  b. 渠变倒法子要钱

    渠吵倒要去看电影

    稻草留倒烧

    猫子□［kʻɛ̃³³］养倒捉老鼠

  c. 阿爹陪倒老孙走棋爷爷陪着孙子下棋

    校长带倒学生参观

    我扶倒阿母［m⁵³］奶奶上楼

    渠帮倒渠伊［i³³］洗衣裳他帮着他妈洗衣服

  d. 渠困倒不肯起来

    渠拉倒我不肯松手

    电视开倒不关

    钱存倒冇用

从N项和V₁V₂之间的意义联系看，也有各种不同的情况。如b组，前两例N项是V₁V₂的施事，第3例N项是V₁V₂的受事，第4例N项是V₁的受事，V₂的施事。

6.2.4.2　有时"V 倒$_3$"叠用，表示动作进行中又出现了新的情况（V$_2$）：Ⅱ. N$_施$ + V$_1$倒 V$_1$倒 + V$_2$。例如：

渠说倒说倒哭起来了

渠看倒看倒困着了 _{他看着看着睡着了}

渠唱倒唱倒跳起来了

两个人争倒争倒打起来了

这些句子"V 倒$_3$"也可以单用，其基本意义不变，只是单用时表现的动作过程要短一些；叠用时表现的动作过程要长一些，有的还带有不知不觉的意味。

6.2.4.3　"V 倒$_3$"作为连动句的前项，有时还表示"以 V$_1$而论"的意思，V$_1$往往是表示心理感知的动词，连动后项 V$_2$是带有评议性的形容词性成分（我们把后项谓词性成分都看作 V$_2$）：Ⅲ. N$_当$ + V$_1$倒 + V$_2$。例如：

带支歌听倒还不错

带种酒闻倒还蛮香，就是进口味不蛮好

带件衣裳看倒蛮好看，就怕不经穿

李老师看倒蛮吓人，其实对学生才好

"倒$_3$"连动句只有Ⅰ式有否定式，如"老师冇徛倒讲课"。

6.3　结语

6.3.1　以上我们分别考察了"倒$_2$"和"倒$_3$"在大冶话里的主要用法：它们所能构成的句式，这些句式的表意功能，可能有的变换形式以及对否定形式的反应。现列成一表，以便对照：

			句式	变换式	否定句
倒$_2$	结果句	Ⅰ	N + V 倒 + 了	−	+
		Ⅱ		−	−
		Ⅲ		−	−
	可能句		N + V 得 + 倒	−	+

续表

				句式	变换式	否定句
倒₃	动态句			N施/处 + V倒 + N	N施/处 + 在里 V + N	–
	静态句	持续式	I	N施/受 + 在里 + V倒	N施/受 + V倒 + 在	–
			Ⅱ	N施 + V倒 + N受	–	+
		存在式		N处 + V倒 + （数量）+ N施/受	N施/受 + V 在 + N处	–
		判定式		N受 + V倒 + 个	–	+
		处置式		N施 + 把 + N受 + 一 + V倒	N施 + V倒 + 个 + N受	–
		听任式	I	N当 + （+A 了）+ 只好 + A倒	–	–
			Ⅱ	N当 + 齐渠 + A倒	–	–
			Ⅲ	N当 + A倒 + 就 + A倒	–	–
	祈使句		I	N受 + （+N施）+ V倒	（N施 +）V倒 + N受	+
			Ⅱ	（N施 +）V倒	–	+
	连动句		I	N施/受 + V₁倒 + V₂	–	+
			Ⅱ	N施 + V₁倒 V₁倒 + V₂	–	–
			Ⅲ	N当 + V₁倒 + V₂	–	–

6.3.2 大冶话的"倒"字除了上述用法，有时还作为构词成分出现在合成词当中。例如（"～"表示被释词）：

阴倒：背地里，私下；不张扬。

　　渠把公家个东西～□［lɔ³⁵］偷去卖了

　　评奖个事渠～不吱唧评奖的事他瞒着不说

卯倒：拼命地，不停地。

　　渠只晓得～做，不晓得喫亏得个他只知道拼命地干，不知道吃亏

　　那伢～哭，怕是肚子痛吧［pɑ⁴⁵］那小孩不停地哭，怕是肚子疼吧

同倒：不时，经常。

　　带几天～停电，不晓得谜个理这几天不时地停电，不知道什么原因

　　带一向儿渠～来找我这一段时间他经常来找我

带倒：顺带。

　　你去报名～也把我个名报了渠你去报名顺带也给我把名报了

搭倒：顺便。

　　你要到邮局去就～跟我把封信发了渠

独倒：唯独；恰巧。

  大家哈斗了钱，~渠一个人不肯_{大家都凑了钱，唯独他一个人不愿意}

  我平常总不出门个，~那天出去了_{恰巧那天出去了}

跟倒：紧接着；一边（通常连用）；附和。

  割完［xuɛ³¹］谷~就要插田了_{割完谷子紧接着就要插秧了}

  外语~学~忘记_{外语一边学一边忘}

  渠要搞井渠搞，你莫去~搞_{他要搞让他搞，你别去跟着搞}

信倒：好像，看起来。

  天~要落雨得了_{天看起来要下雨了}

  渠带个人~还好_{他这个人好像还不错}

摸［mo³⁵］倒：私自。

  渠招呼不打一个就~跑了

接倒：接着。

  我洗完了你~洗｜我先去个，~他就去了

顺倒：依顺；依次；沿着。

  管了谜个事都要~渠，不是就发脾气_{不管什么事都要顺着他，不然就发脾气}

  大家~来，莫插队

  你~带条路笔直走，走个里把路拐弯就到了

倒［tɔ³⁵］倒：倒着；对立地。

  带首诗我~也背得来_{这首诗我倒着也能够背出来}

  你果低，渠要果低，总是跟你~来_{你这样，他要那样，总是跟你对着干}

混［xuan⁵³］倒：傻里傻气地。

  渠只晓得~做，不晓得动脑筋得个_{他只知道傻干，不知道动脑筋的}

当［tɔŋ³³］倒：向着，面对着。

  你~大家个面把话说清楚

趁倒：趁。

  ~天还有黑，快点把带点生活搞完_{趁天还没黑，快点把这点活儿干完}

向倒：偏袒，袒护；偏向。

  明明是渠个不是，你还~渠_{明明是他的不对，你还袒护他}

咱伊管了谜个事都是～渠咱妈不管什么事都是偏向他

这类"倒"字合成词往往是由于"倒"字作为表动态的语法成分附着在动词后边表示行为的方式，后经频繁使用而逐渐凝固而成的。凝固成合成词后，"倒"字的动态意义开始模糊，整个合成词在意义上也往往有所引申。从词性上看，它们大多是副词，有的是介词、连词或动词，还有的是兼类的。

6.3.3 大冶话的"倒₁[tɔ⁵³]"是个表示动作或行为的意义比较具体的动词，"倒₂"是个表示可能或结果的意义比较抽象的动词，"倒₃"是个表示"进行"或"持续"意义的动态助词，"倒₄[·tɑ]"是个表示"述·补"关系的结构助词。它们在大冶话里是共存并用的，但它们的形成却是历时的。从"倒₁"到"倒₄"，反映了"倒"字在大冶话里语义从实到虚不断虚化的过程，从一个词汇成分衍生出几种语法成分的过程。现代汉语的语法成分有的是从一种词汇成分衍生出来的，有的则是从一种词汇成分演变而来的。

附注

①所谓"对应的否定式"，是指基本结构成分相同，尤其是"倒"字成分与肯定式相同的否定式。

②这种情况表明，Ⅰ类否定式中"冇"的否定中心是结果补语，所以"倒₂"才需要重读为上声，在语音形式上加以突出，造成跟否定词呼应的态势。但有时也读轻声，不过，轻读有时会有歧义。如：

戳白个冇捉倒

"倒₂"读轻声，就有两种意思：一种意思跟重读上声的意思相同，意思是"小偷去抓了，但没抓到"，"冇"否定的是结果；另一种意思是"小偷没抓起来"，"冇"否定的是谓语动词"捉"。

③大冶话里，"正"很少单用来表示进行态，要用，往往是在某一动作处于进行中另一动作发生的情况下才用。例如：

我正锁门，屋漏个电话响了（屋里的电话响了）

渠来个帽早我正舞过夜[ku³⁵iɑ³³]个（他来的时候我正在做晚饭）

跟"正"同义的"正在"有所不同，可以单用来表示进行态，如"王老师正在上课"。不过，表示进行态人们还是习惯于用"在里"（参见下文），"正在"没有"在里"的乡味足，只是读书人用得多点。

④这里所列动词用在静态句中，我们看作状态动词，如果用于动态句，就是动作动词。大多数状态动词有相对的同形动作动词。如：

a. 馍在里蒸（动态句）

b. 馍在里蒸倒（静态句）

"蒸"在 a 句中是动作动词，在 b 句中是状态动词。

⑤也可以听到"老师还夹倒一个本子｜大嫂还提倒一个篮子"之类的说法，但这类说法中的"还"通常是表示项目的增加，跟时间概念无关。

⑥"渠冇在里困倒｜稻草冇在里堆倒"中的"在里"如果读成 [ts'a³³lai⁵³]，这些说法又是存在的，不过，这时的"在里"己不是意义虚化的表示动态的语法成分，而是一个意义实在的表示处所的介宾短语。意思是"在那里/那儿"。

⑦大冶话里，"我耐"只有排除式，没有包括式。

⑧像 c 组这类句子，在有的著作中被看作连动句和兼语句的融合。

第 7 章 "在里"和"过来"*

提要 "在里"和"过来"是大冶方言的两个高频词。"在里"既表处所，是一个介宾组合；也表体貌，表示进行或持续。"过来"作为动词，表示移动；作为名词，表示时间；作为标记，表示体貌。它们语义上由实到虚，经历了语法化的过程。

"在里"和"过来"是大冶方言的两个高频词。把它们放在一起来讨论，是因为它们都跟体貌有关："在里"表示进行或持续①；"过来"表示经历。它们原先都是实词，分别表示处所和趋向，而且沿用至今；现在又表体貌，两种用法共存并用，中间经历了语法化的过程。

7.1 在里

7.1.1 表示处所

"在里"表示处所，并不是凝固的词，而是一个组合的介宾结构，"在"是介词，"里"是代词，指代处所，表远指，相当于"那里/那儿"，跟表近指的"底"（这里/这儿）相对。例如：

你在里住一向儿，回来有得么事你在那里住一段时间，回来没有什么事儿

明日起早你在里等我我明天早晨你在那里等我

我在底等了一中时，渠在里待了一下昼，都有看倒渠个人影我在这里等了一中午，他在那里站了一下午，都没看到他的人影

例中"在里"都是表示实在的处所；第三例"底"和"里"对应

---

* 本章内容原载《华中学术》2016 年第 4 期。

使用。

7.1.2　表示体貌

"在里"表示体貌，已经凝固为词，虚化成一种体标记。也就是说，这是其词汇化后意义虚化而产生的一种用法。具体说来，包括两种情况。

其一，表示进行。例如：

渠那几个在里打抹牌_{他们几个正在打牌}

殿突里在里唱戏_{祠堂里正在唱戏}

有时在"在里"的前面用上"正"，强调"正在进行"的意思。

渠那正在里做生活_{他们正在干活儿}

我伊正在里焐饭_{我妈正在做饭}

其二，表示持续。例如：

我父在里困醒_{我爸正在睡觉}

渠一个人在里生闷气_{他一个人正在生气}

跟表"持续"的"在里"呼应，动词后边经常出现"倒"。例如：

渠在里等倒，你赶快去回_{他在等着，你赶快回去}

有时还在"在里"的前面用上"还"，强调"正在持续"的意思。

渠还在里赖倒，红黑不肯走_{他还在赖着，死活不肯走}

7.1.3　两种意义的形式对立

作为介宾组合、表示处所（实指）的"在里"和作为凝固单词、表示体貌（虚指）的"在里"，在形式上表现出一系列的对立。

首先，语音上，表处所的"在里"读本调 $[\text{ts}^{\cdot}\text{a}^{33}\,\text{lai}^{53}]$，不能合音；表体貌的"在里"后一音节弱化，读 $[\text{ts}^{\cdot}\text{a}^{33}\,\cdot\,\text{lai}]$，通常情况下合音为 $[\text{ts}^{\cdot}\text{ai}^{53}]\,/\,[\,\cdot\,\text{ts}^{\cdot}\text{ai}]$。

其次，语法上，实指用法的限制较少，虚指用法的限制较严。比如，下面例子中的"在里"由于句法上的限制，都只能理解为处所成分：

渠在里一直不管事_{他在那儿一直不管事}　（"在里"和 V 之间插有状语）

我在里清好，明日跟你送来_{我在那儿清理好，明天给你送来}

（V 带结果补语）

渠在里住了/过五年他在那儿住了/过五年

（V带体成分"了/过"和时量补语）

我在里栽了两棵树我在那儿栽了两棵树 （V带"数量名"宾语）

在里做屋蛮好在那儿做房子挺好 （"在里＋V"作主语）

我热世界喜个在里乘凉我夏天喜欢在那儿乘凉 （"在里＋V"作宾语）

莫在里洗澡，里［uan³⁵］死了人个别在那儿洗澡，那儿淹死了人的

（祈使句）

我不在里过夜我不在那儿吃晚饭 （意愿性否定句）

我在底卖水果，渠在里卖衣裳我在这儿卖水果，他在那儿卖衣服

（前后对举）

我坐在底，渠坐在里我坐在这里，他坐在那里 （用在V后边）

渠在里不折用他在那儿不顶用 （"在里"与"不折用"构成连动项）

7.2 过来

"过来"在大冶方言里有三个意思，三种词性。

7.2.1 过来₁

表示（空间位置的）移动，是动词。这跟普通话的意义和用法一样。例如：

a. 渠昨儿就过来了他昨天就过来了｜我已经过来几天了

b. 走过来｜搬过来｜翻过来

c. 忙不过来｜穿不过来｜看不过来

a组"过来"用作一般动词。b组"过来"用作动词补语，表示趋向。c组"V不过来"是一种"可能"式，这是一种带有夸张意味的说法（格式），"过来"也是作补语，但意义上已经有所虚化，不表趋向，"忙不过来"＝"忙不赢"，"穿不过来"＝"穿不赢"。这种说法普通话里也是存在的。从a到c，"过来"的意义由实到虚。

7.2.2 过来₂

表示时间，是名词。意义和用法相当于普通话的时间名词"过

去"。例如：

a. 过来不兴打麻将_{过去不时兴打麻将}

b. 过来个时候，老了人要做斋_{过去的时候，死了人要做斋}

c. 要是在过来，女个喫饭是不能上桌子个_{要是在过去，女的吃饭是不能上桌子的}

C组"过来"用在介词"在"的后边。

7.2.3 过来₃

表示体貌，是表示"经历"的体标记。

脚鱼我还冇喫过来_{甲鱼我还没吃过}

北京我还冇去过来_{北京我还没去过}

作为"经历"体标记的"过来"，一般用于这种"冇 V 过来"的格式。大冶方言也说"冇去过"，但我们感觉这是后起的外来的说法，老辈人一般不说；"冇去过来"是本土的、地道的方言说法。而且，"过"作为体标记，用在动词后边，一般是表示"重新"，比如"文章写过" = "文章重新写"，"衣裳要洗过" = "衣裳要重新洗"。这是另外一个问题，这里不讨论。

7.3 "在里"和"过来"的语法化

7.3.1 "在里"的语法化

"在里"意义的从实到虚、从一个介宾组合到一个凝固的体貌标记，这既是一个词汇化的过程，也是一个语法化的过程。这一过程肯定不是一步完成的，但由于缺乏方言史料，我们难以追溯和还原这一过程，无法描述其演化的具体细节，我们现在所能看到的只是一种语法化的结果和事实。不过，"在里"虚实意义的共存并用蕴含着语法化的信息。而且，我们从语义上可以找到它语法化的理据。换句话说，"在里"的语法化有其内在的语义基础。从语义上讲，"在里"作为表处所的介宾短语用在谓语动词前面，主要是表示行为或事件发生的处所，但同时也赋予句子一种"进行/持续"的体意义。其实，状位"在＋处所词"这种语义功能的双重性，在汉语里有着普遍的反映。（比如普通话："他们在办公室讨论。""在办公室"既表示"讨论"的处所，也表明"讨论"正在进行。）就"在里"而言，由于语境的作用，其双重语义在语用上有可能出现偏移，处所义变得模糊，体貌义得以凸显，这样频繁使用的结果，使得"进行/持续"的标记意义稳固下来，"在里"也就由一个介宾结构虚化成一种进行体和持续体的标记成分。

吕叔湘先生曾经讨论过《释景德传灯录》中的"在里"[②]。据吕先生考察，"在里"原先有几分实义（a），后来逐渐趋于空灵（b）：

a. 岂有虑君子太多，须留几个小人在里？

b. 他不是摆脱得开，只为立不住，便放却，忑早在里。

今天大冶方言的"在里"跟唐宋时期的"在里"是不是具有同源或者来源关系的语法成分？如果是，大冶方言的"在里"用在动词前边，唐宋时期的"在里"用在后边，这种位次的不同透露了一些什么样的信息？对这些问题，我们现在还没有来得及考察和思考。

7.3.2 "过来"的语法化

我们可以认定，大冶方言表示体貌的"过来$_3$"是表示移动的"过来$_1$"语法化的结果，中间还经过了表示时间的"过来$_2$"阶段，但同样因为缺乏方言史料，我们无法呈现其语法化的具体路径和过程细节。

"过来"和"在里"的语法化有一点是相同的，都是由空间概念向时间概念演化，都是通过隐喻来实现的。

7.4 余论

大冶方言"在里"的语法化不是一个孤立现象，在南方方言中有着一定的普遍性。就湖北方言来说，目前我们掌握的材料，西南官话的天门方言、江淮官话的英山方言对此都有反映。而且，在天门方言和英山方言里，跟"在里"相当的成分既可以出现在谓语动词前面，也可以出现在句子末尾，并且分工明确，用于动前表示"进行"，用于句末表示"持续"：

天门方言[③]：他在的吃饭 他在吃饭

他站倒在的 他站着

英山方言：他在那里洗手他在洗手

他吃在里，你就莫说了他在吃饭，你就不要责备他了

不光湖北，我们刚刚看到一份报告，江西赣语永新方言也有类似的表现④：

a. 我在格垱坐我在这儿坐

我坐在格垱我坐在这儿

b. 我在格垱想，唔要声我正在想，别出声

渠还唔喜欢在格垱他还在不高兴

"在格垱"在 a 组句子里是介宾组合，实指，表示处所；在 b 组句子里是凝固成分，虚指，表示体貌，用在动前表示"进行"，用在句末表示"持续"。

还值得注意的是，有的方言，"在里"不光可以出现在句末或者动前，还可以在句末和动前同现。比如英山方言：

操场上在那里放电影在里｜饭在那里煮在里

这种情况类似于武汉方言的"在"。"在"可同现于句末和动前：他在吃饭在。

相对于普通话，方言里的语法化现象更为丰富，值得我们重视，有待深入挖掘。这一工作，不光有助于汉语语法化词库的建设，还可以引发我们的很多思考，无论是对汉语共同语语法的研究，还是对汉语语法史的研究，都有着重要的意义。

附注

①汪国胜：《湖北方言的"在"和"在里"》，《方言》1999 年第 2 期，第 104 页。

②吕叔湘：《释景德传灯录中在、著二助词》，《汉语语法论文集》（增订本），商务印书馆 1984 年版，第 58—64 页。

③邵则遂：《天门方言研究》，华中师范大学出版社 1991 年版，第 157 页。

④龙安隆：《赣语永新方言的体标记"在 + 指示代词"》，"第二届赣鄱语言学博士论坛"，江西宜春，2015 年 11 月。

第8章 状态形容词[*]

提要 本章只讨论了大冶话里的两类状态形容词：带后缀的状态形容词（甲类）和"冰凉、通红"一类状态形容词（乙类），从构造、语义、语法等方面对这两类状态形容词进行了内（同类各式之间）外（两类之间）比较。就外部比较来看：乙类词明显地包含着一种量的观念，甲类词不包含明显的量的观念；乙类词可以通过添缀或重叠造成生动形式，甲类词没有这些词形变化；甲、乙两类词需分别后附"的""个"才能入句，但乙类词附"个"后分布范围较广，可以进入除状位以外的其他所有句法位置，甲类词附"的"后只能有条件地居于谓位、补位，只有再附"个/漏"后才能获得与乙类词附"个"后相同的句法功能。

8.0 引言

朱德熙先生在《语法讲义》中将形容词分为性质形容词和状态形容词两类。性质形容词包括单音节形容词和一般的双音节形容词。状态形容词主要包括：（1）单音节形容词重叠式；（2）双音节形容词重叠式；（3）"冰凉、通红"一类形容词；（4）带后缀的形容词。本章讨论状态形容词只限于后两种及其相类情况，前两种作为重叠式留待另文讨论。

为了讨论及叙述的方便，我们把带后缀的状态形容词记作甲类，把"冰凉、通红"一类形态形容词记作乙类，用大写的 A、B 代表词根，

---

* 本章内容原载《湖北师范学院学报》1994 年第 2 期。

小写的 c、d、e 代表词缀及近于词缀的附加成分。本章先从构造、语义及功能方面分别说明这两类状态形容词的特点，然后从语义、语法上对这两类状态形容词作一比较。

8.1　甲类状态形容词

甲类状态形容词（下称甲类词）主要有四种形式：Ac 式、Acc 式、Acde 式和 AAcc 式。其中前两式最为常见，词目数量最多。

8.1.1　Ac 式

8.1.1.1　Ac 式一般是由单音节词根后附单音节词缀（或近于词缀的成分）构成。从词根的性质看，大多是形容词性语素（a），也有的是名词性语素（b）和动词性语素（c）：

a. 甜抿［mian³⁵］　辣霍　咸津　酸□［tɕiÃ³³］　甜熏香喷［pʻaŋ³⁵］　臭殊　臭□［mẽ³³］　黑抹［ma³³］黑黝　青艾　绿釉　红冬　红合　黄绷　紧绷□［sẽ³¹］绷神气的样子　□［sẽ³¹］赳神气的样子　雄赳鞠腮骄傲的样子　□［n̠a³³］腮形容娇气　忙□［man³⁵］□［n̠an³³］扭形容食物柔软，有韧性　凉悠　凉沁　凉挺重吞　湿润　弄越形容黏液多而滑溜　亮幻　硬翘［tɕʻe³³］清悠　热闷　涎爬形容黏液多　昏荡［tʻɔŋ³³］形容头脑昏沉痒嗅　圆□［tɕiau¹³］

b. 风溜［n̠iau³³］形容微风吹拂的样子　火蚌［pʻaŋ³³］形容热火朝天劲蚌形容劲头十足　劲猛　人流形容神气十足的样子　褥里软和，富有弹性粉扯［tsʻe⁵³］形容食物淀粉多，易于嚼烂

c. 喜眯　喜□［tɕiau³⁵］　哭扁［pi⁵³］

从词缀的结合能力看，绝大多数词缀只能跟一个或两三个词根结合，结合面稍宽一点的只有"溜［n̠au³⁵］、露、巴、蹦、吼"等有限的几个：

溜：肉～厚实而软和；胖胖的　壮～肥肥的，胖胖的　软～　滑～　光～

露：新～　花～颜色错杂　熟～形容熟悉，不怯生　滚～热热的

爆 ~形容食物酥松　□ [uo¹³] ~烫烫的　白 [pʻe³³] ~

巴：搭 ~形容东西黏糊　肉 ~厚实；胖胖的　酽 [ŋɛ̃³³] ~　厚 ~

　　紧 ~　结 ~　像 ~模仿得像

蹦：脆 ~　干 ~　俏 ~　硬 ~　跳 ~形容活泼，有精神

吼：响 ~　吵 ~　闹 ~　说 ~　嘈 ~私下议论纷纷　骂 ~　哭 ~

下列例词中，a 组词根是双音节的（ABc），b 组词缀是累加的（Acd），c 组词根词缀都是双音节的（ABcd），因词例很少，我们把它们归在 Ac 式中一并说明：

a. 干净溜　新鲜露　闹热蚌

b. 轻飘溜　轻巴溜　白花露　像巴业　劲鼓流

c. 老实巴交

关于 Ac 式，语音上还有两点值得指出：其一，有的词缀当跟不同的词根结合时，读音不同。如：

风溜 [ȵiau³³] ——肉溜 [ȵau³⁵]

这可以看作两个不同的词缀，但人们习惯上是写作同一个汉字。其二，有的词缀当跟某一词根结合时可以异读，意义上没有什么差别，这可以看作同一词缀在读音上的两个变体。如：

俏蹦 [paŋ³⁵/paŋ¹³]，硬蹦 [paŋ³⁵/paŋ¹³]

8.1.1.2　为了更清楚地说明 Ac 式状态形容词的语义，我们最好是拿它跟作为词根部分的 A（一般都可独立成词）作些比较。这里只限于 A 为形容词性语素的部分，因为当 A 为名词性或动词性语素时，附缀构成 Ac 式后改变了词性（名/动＋词缀→形），产生了转义，可比性不强。

Ac 和 A 的区别首先是反映在抽象的语法意义上。A 只是单纯地表示事物的性属，具有客观说明性；Ac 表示事物的状态，具有明显的描写性。这种语法意义的对立跟普通话里的情形是一致的。

就基本的词汇意义而言，Ac 和 A 一般没有什么区别，即使有的表现出某种差异，但这种差异并不大。如"辣霍——辣，咸津——咸"，前者 Ac 表示辣/咸味适中可口，后者 A 只是客观地说明两种口味，并不包含适中可口的意思。当然，这当中也涉及说话人对于事物性状的主观评价（即感情色彩）的问题。

Ac 和 A 在感情色彩上的差异是很明显的。下面就 8.1.1.1 中所举词例列几组作一比较：

a. 香喷（＋）　　红合（＋）　　甜抿（＋）

b. 臭殊（－）　　黑抹（－）　　苦□［ȵiÃ⁵³］（－）

c. 新露（＋）　　白露（＋）　　滚露（＋）

d. 黄绷（－）　　紧绷（－）　　□［sɛ̃³¹］绷（－）

e. 壮溜（＋）　　酽巴（＋）　　滑溜（－）　　结巴（－）

"＋"表示褒义，"－"表示贬义。词根 A 和词缀 c 都有褒、贬、中三种情形。a 组 A、c 均为褒义，结合成 Ac 表示褒义；b 组 A、c 均为贬义，结合为 Ac 表示贬义；c 组 A 为褒义或中性，c 为褒义，因而 Ac 都是褒义；d 组 A 为贬义或中性，c 为贬义，因而 Ac 都是贬义；e 组 c 为中性，前两例 A 是褒义，因而 Ac 是褒义，后两例 A 是贬义，因而 Ac 是贬义。我们看到，在感情色彩上，Ac 和 A 并不是相应的。Ac 的感情色彩既有受制于词缀的一面，也有受制于词根的一面。就是说，当 A、c 在感情色彩上不一致（"褒/贬＋中"或"中＋褒/贬"，未发现"褒＋贬"或"贬＋褒"的情形）时，褒/贬义起决定作用，而不管这种褒/贬义是在词根还是在词缀。这种状况似乎与普通话里的情形有所不同。据朱德熙先生的研究结果，普通话里，甲类词所含的感情色彩是"由具体的后加成分决定"的。[①]大冶话里的情形虽说有异，但我们还是注意到，在决定 Ac 的感情色彩的比率上，后缀实际上是占优势的，因为这类状态形容词的后缀大多带有褒贬意义，中性意义的很少。

8.1.1.3　Ac 式在任何情况下都不能单独运用，只有后附"的"字语法成分后才能进入句子，所以严格说来，Ac 式应记为"Ac 的"式。即使是"Ac 的"形式，其句法功能也是有限的。[②]有时直接用作谓语、补语，但用作谓语、补语时，往往要求出现表结果、原因或目的等的后续成分或分句。例如：

谓语　热世界带个位子风溜的蛮凉快_{夏天这个地方有微微的风，挺凉快}

　　　带件棉袄厚巴的，穿倒肯定暖爽_{这件棉袄厚厚的，穿着肯定暖和}

　　　他带一向儿乱日忙□［man³⁵］的，忙他老婆调动个事_{他这一}

_{段时间整天忙忙碌碌的，忙他老婆调动的事}

补语　菜炒倒辣霍的好喫

她把衣裳洗倒干净溜的，看倒像新个

带笋苔丝摸倒湿润的，只怕还要晒个把日头才能收顿这箩红薯
丝摸着湿湿的，恐怕还要晒上一天才能收藏

如果去掉"Ac 的"的后续成分或分句，这些句子都不大能够站
得住。

检验 8.1.1.1 中所列例词，附"的"后可以直接作状语的只有
"喜眯、轻飘溜、轻巴溜、劲鼓流"等有限的几个。例如：

把她几件旧衣裳，她喜眯的驮去了给她几件旧衣服，她喜滋滋地拿去了。

一斤米个饭他一个人轻巴溜的喫完了一斤米的饭他一个人轻轻松松地吃完了

他劲鼓流的跑去找厂长，冇想到厂长不在

"Ac 的"还可以再后附"个/漏"，构成"Ac 的个/漏"的形式。
"Ac 的个"可以作定语；也可以进入主语、宾语的位置，不过，当处于
主、宾位置时，它不再是对于事物的描写，而是转指它所描写的事物。
下面后两例中，"笑眯的个"是指笑眯眯的人，"干蹦的个"是指干干
的稻草：

定语　我蛮喜欢爆露的个饭

清悠的个井水看倒照得见人

带伢红合的个脸，肉溜的个手，光溜的个皮肤，长倒真等痛
这小孩红红的脸，胖胖的手，光光的皮肤，长得真可爱

主语　笑眯的个不一定都是好人

宾语　稻草要烧干蹦的个（湿润的个烧倒烟死人）

在一种对照说明情况变化的语境中，"Ac 的个"可以用作复句的前
分句的谓语或补语。例如：

墙本来白花露的个，把他搞倒龌龊死了墙本来白白的，被他搞得脏死了

咱耐［xan⁵³la⁵］厂个纯谷酒以前俏蹦的个，带年把销路不蛮效了咱
们厂的纯谷酒以前挺俏的，近年来销路不太行了

他前一向儿病倒黄绷的个，带一向儿脸色好多了

"Ac 的漏"在句中也是作谓语、补语，但比起"Ac 的"来要自由
得多，几乎没有什么限制。如前面三例"Ac 的个"作定语的句子，只
需换"个"为"漏"，就可以将定中结构变换为"Ac 的漏"作谓语的
主谓结构：

饭爆露的漏，我蛮喜欢

井水清悠的漏，看倒照得见人

带伢脸红合的漏，手肉溜的漏，皮肤光溜的漏，长倒真等痛

下面是"Ac 的漏"作补语的例子：

蚕豆炒倒脆蹦的漏，喫倒蛮有味

他脸冻倒红冬的漏

灯开倒亮幻的漏，照倒困不着

8.1.2　Acc 式

8.1.2.1　Acc 式一般是由单音节词根后附双音节的叠音后缀（或近于后缀的叠音成分）构成。词根主要是形容词性的，也有些是名词性的，动词性的极少。叠音后缀也大都结合面很窄。下面分两组来说明：

a.　花丽丽　油丽丽　油滴滴　娇滴滴　轻飘飘　红通通

凉飕飕　胖独独　胖乎乎　热乎乎　湿□□　[tɕia^{13}]

脆夺夺　稳夺夺　凉冰冰　冷冰冰　淡□□　[pia^{53}]

光溜溜　灰溜溜　干巴巴　皱巴巴　软□□　[pʻia^{53}]

慢吞吞　圆鼓鼓　气鼓鼓　眼鼓鼓　劲鼓鼓　笑眯眯

b.　毛乎乎　晕乎乎　气呼呼　气夺夺　好生生　好登登

乱糟糟　乱哄哄　闹哄哄　文绉绉　懒洋洋　恶狠狠

空荡荡　孤零零　孤单单　软绵绵　醉醺醺　阴沉沉

阴悄悄　昏沉沉　心痒痒　心想想　胖鼓鼓　水灵灵

水滴滴　眼巴巴　眼睁睁　红星星　绿星星　假惺惺

火辣辣　直挺挺　直统统　血淋淋　白花花　明晃晃

硬梆梆　响当当　干瘪瘪　羞答答　笑嘻嘻　灰蒙蒙

两组的区别在于：a 组都可以说成 Ac 的形式，如：花丽丽→花丽，娇滴滴→娇滴，轻飘飘→轻飘；b 组不能。换个角度说，有的 Ac 是可以说成 Acc 的，有的却不能（如 8.1.1.1 中所列例词）。在收集到的带叠音后缀的例子中，有两例词根为双音节的（ABcc）：可怜巴巴，眼屎巴巴，我们也归在 Acc 式中一起说明。

8.1.2.2　语义上，Acc 式与 A 的区别跟 Ac 式与 A 的区别，情形大体上是类似的，可以参见。这里再说明两点：

（1）拿 Acc 式跟 Ac 式比较，前式比后式的描写性显得更强一些，形象色彩显得更浓一些，这从两式可以换说的部分例词中看得尤为明显。

（2）在 Acc 式内部，好些词根相同的词由于附缀不同而反映出某种语义上的差异。这种差异或表现在词汇意义方面，或表现在感情色彩方面，或二者兼而有之，人们在使用时是区别得很清楚的。例如：

气呼呼：形容生气时呼吸急促的样子。他～的跑去找刘乡长评理

气鼓鼓：形容生气时脸色阴沉难看的样子。她带两天～的，不晓得又是哪个得罪了她

气夯夯：形容因病痰多呼吸费力的样子。他带个病就是怕冷，天一冷他就～的漏

油滴滴：含油多，用于褒义。今儿个白菜～的漏，总个好喫今天的白菜油花花的，特别好吃

油丽丽：含油多，多用于贬义。带碗汤～的漏，总个伤人这碗汤油腻腻的，特别腻人

胖独独：胖而结实，用于小孩，只形容整个身体，多用于褒义。小华长倒～的漏，蛮好玩

胖乎乎：胖而可爱，用于小孩，可形容整个身体，也可形容身体的某个部分，含褒义。带伢一双手儿长倒～的漏

胖鼓鼓：很胖，多用于成人，含贬义。那个女个长倒～的漏，难看死了

8.1.2.3　句法功能上，Acc 式跟 Ac 式是一致的，即只有附"的"构成"Acc 的"形式才能进入句子，作谓语、补语或状语；还可再附"个/漏"，"Acc 的个"主要是作定语，有时也作主语、宾语，在对照的语境中还可作谓语、补语；"Acc 的漏"也是作谓语、补语，但不受条件限制。这些功能分布在上面 8.1.2.2 的例句中已经有所反映：前两例"Acc 的"形式分别作状语、谓语，中间三例和后三例"Acc 的漏"分别作谓语和补语。下面再补充一些例子：

Acc 的

谓语　他做事慢吞吞的，急死个人

　　　他说话直统统的，也不管人家听了受不受得了

补语　桌子要用砂纸磨得光溜溜的才好刷油漆

　　　一双手冻倒冷冰冰的，还不快来扎<u>烤</u>下火

状语　大家都眼巴巴的等倒厂里分点年货过年

　　　他稳夺夺的坐在里，动都不动_{他稳当当地坐在那儿，一动也不动}

Acc 的个

定语　干巴巴的个饭，淡□□［piɑ⁵³］的个菜，实在吞不下去

　　　他一副文绉绉的个样子，只怕办事有得魄力

主语　给我找件好点个，皱巴巴的个我不要

宾语　她喜欢穿花丽丽的个，我觉得穿倒蛮丑

谓语　天起［tɕ·i³³］早还阴沉沉的个，带帽早出果个格日头_{天早晨还阴沉沉的，这时候出这么大的太阳}

补语　他立刻儿还喝倒醉醺醺的个_{他刚才还喝得醉醺醺的}，一上牌桌就清醒了

8.1.3　Acde 式和 AAcc 式

8.1.3.1　Acde 式由单音节形容词性词根后附三音节词缀构成。属于此式的状态形容词并不多，常见的有：

花里胡哨　糙不罗锯　紧眉细研　硬僵八斗　黑咕隆咚　灰不溜秋
中不溜秋　干不拉叽　傻不拉叽　油漏巴叽　黄漏巴叽　苦漏巴叽
皱漏巴叽　臭漏巴叽

AAcc 式是由重叠的双音节形容词性词根后附双音节的叠音后缀构成。属于此式的状态形容词也不多，常见的有：

鼓鼓囊囊　疯疯癫癫　稀稀拉拉　稀稀落落［lo³⁵］
密密麻麻　瘦瘦筋筋　大大咧咧　松松垮垮
慢慢吞吞　皱皱巴巴　大大巴巴　弯弯扭扭［ŋau³⁵］
晕晕糊糊　矮矮顿顿　羞羞答答　迷迷糊糊

我们说这些词是 AAcc 式，而不是一般的双音节形容词的 AABB 重叠式，是因为它们一般都没有相应的 AB 的说法，如不能说"鼓囊、疯颠、稀拉"，这跟"稳稳当当（→稳当）、规规矩矩（→规矩）、老老实实（→老实）"等在结构上是不同类的，尽管两者在功能上存在着很大的一致性。"慢慢吞吞、皱皱巴巴、大大巴巴"三例有点特殊，可以看

作是"慢吞、皱巴、大巴"的重叠，但"慢吞"等仍不是一般的双音节形容词（AB），而是 Ac 式状态形容词，不能受程度副词的修饰。

8.1.3.2　Acde 式和 AAcc 式在语义上有两点值得注意：

（1）甲类词中，这两式的描写性最强，表示的语义程度（指词汇意义）相对来说也要高一些。如果跟前两式比较，在描写性及语义程度上大体呈一种递升的等级关系（＜表示从弱到强、从低到高）：

Ac ＜ Acc ＜ Acde、AAcc

例如：慢吞＜慢吞吞＜慢慢吞吞，皱巴＜皱巴巴＜皱皱巴巴。似乎可以这样来看，甲类词描写性的强弱及语义程度的高低是与音节的多少成正比的，不过，各式语义程度的级差没有描写性的级差那么大。

（2）这两式状态形容词在感情色彩上大都是贬义的，上面例词中只有"紧眉细研、矮矮顿顿"是中性的，没有发现褒义的。

8.1.3.3　两式在句法功能上也跟 Ac 式相同。例如：

Acde／AAcc 的

谓语　他个动作硬僵八斗的，像是从来有演过戏果低他的动作生硬，像是从来没演过戏一样

　　　　喝了点酒，人晕晕糊糊的，路都有点走不稳了

补语　她打扮倒花里胡哨的，看倒恶心

　　　　衣裳揉倒皱皱巴巴的，穿倒真难看

状语　山上稀稀落落的栽了几棵树

Acde／AAcc 的个

定语　到他耐屋下要走好远个弯弯扭扭的个山路到他们村子要走很远的弯弯曲曲的山路

　　　　穿带种灰不溜秋的个衣裳，人看倒蛮老气

主语　矮矮顿顿的个你不喜欢有人喜欢

宾语　找对象莫找那种瘦瘦筋筋的个

谓语　他以前疯疯癫癫的个，现在老实多了

　　　　上学期小华个成绩中不溜秋的个，带学期赶到了前三名

补语　两张纸我写倒密密麻麻的个，让他改倒有剩几行了

Acde／AAcc 的漏

谓语　他说话慢慢吞吞的漏，听倒急煞个人

又有见他做谜个生活，一双手糙不罗锯的漏又没见他干什么活儿，一双手这么粗糙

带条街黑咕隆咚的漏，连盏路灯都有安

补语　几个袋子都装倒鼓鼓囊囊的漏，不晓得是装了些谜

有当家个帽早蛮大气，当了家就变倒紧眉细研的漏没当家的时候挺大方，当了家就变得节省起来了

8.2　乙类状态形容词

乙类状态形容词（下称乙类词）的主要形式是 cA 式，由此可产生出一些派生式。关于派生式，留在 8.3.2 中说明。

8.2.1　cA 式由单音节的形容词性词根前附单音节词缀（或近于词缀的成分）构成。例如：

a. 津咸　□〔pia⁵³〕淡　抿〔mian³⁵〕甜　□〔ŋi ã³⁵〕苦　□〔tɕiã³³〕酸　喷香　通红　冬红　蹦干　蹦硬　绷黄　绷紧　飘轻　溜软　殊光　冰凉　冰冷

b. 雪亮　雪融_{形容松软}　雪白　嘎白　杏白　绯〔fai¹³〕白　绯青　绯红　绯开_{形容水滚烫}　绯□〔uo¹³〕_{形容水烫}　乌黑　漆黑　漆乌〔u³⁵〕_{形容紫色深，一般用于人}　漆糊〔xu³³〕_{形容糊涂}　崭齐　崭新　彻新　笔直　蚌〔p'aŋ³³〕生　蚌腥　蚌臭　蚌臊　铁硬　铁青　清痛　清冷　稀烂　急湿　□〔pia⁵³〕弄_{形容稀软}　焦糊　稀软_{通常形容人四肢无力}

a 组可以看作 Ac 式的逆序形式，换句话说，它们都有对应的 Ac 式的说法，b 组没有。不过，在语音上有一点值得注意，就是 a 组中有的词 c 的读音（声调）跟在 Ac 式中的读音有所不同：

Ac 式	cA 式
轻飘〔p'ie³³〕	飘〔p'ie³⁵〕轻
苦□〔ŋiã⁵³〕	□〔ŋiã³⁵〕苦
紧绷〔paŋ³³〕	绷〔paŋ³⁵〕紧
冷冰〔pian³³〕	冰〔pian³⁵〕冷

我们看到，在 Ac 中读非去声的，到了 cA 式都读成了去声（"冰"也可仍读阴平），这可能跟 cA 式的语义特点有关（参见 8.3.1）。

8.2.2　语义上我们还是拿 cA 跟其词根部分 A 进行比较。cA 除了具有描写性外，在所表示的状态程度上明显地比 A 要高，或者说，c 的主要作用就在于加深程度：cA 相当于"很 A"或"A 得很"。

同 A 比较，cA 大都带有褒贬色彩，或褒贬色彩更为浓重。例如：

光——殊光（＋）

生——蚌生（－）

白——杏白（＋）——嘎白（－）

香（＋）＜喷香（＋）

臭（－）＜蚌臭（－）

有的 cA（c 一般为近于词缀的成分）还带有明显的形象色彩，如"飘轻、冰凉、雪白、铁硬、笔直"等。

8.2.3　跟 Ac 式一样，cA 式也不能单独运用，需后附"个"字语法成分，构成"cA 个"形式才能进入句子。"cA 个"在句中常作定语、谓语、补语。例如：

定语　他把一本彻新个书落了 他把一本崭新的书掉了

　　　□〔pia⁵³〕淡个菜，真有得喫 菜太淡，真没什么吃头

　　　听说从乡政府到咱耐屋下要修一条笔直个大路 听说从乡政府到咱们村要修一条笔直的公路

谓语　蚕豆蹦硬个，我喫不进 蚕豆很硬，我咬不动

　　　水绯□〔uo¹³〕个，摊冷了再喝 水很烫，凉冷了再喝

　　　他脸色嘎白个，一点血色都有得

补语　带伢衣裳穿少了，嘴唇冻倒漆乌个

　　　他用水砂纸把桌子面磨倒殊光个，简直照得见人

　　　立刻儿那一下把脚指头踢倒清痛个

也可以作主语、宾语。当作主语、宾语时，都具有一种指称性，即指称它所描写的事物。下面例句中，"急湿个"是指很湿的衣服，其余类推：

主语　主裳打湿了就要换，急湿个穿了要不得

　　　饭要煮熟，蚌生个喫了肚子痛

　　　给我挑个硬点个茗，□〔pia⁵³〕弄个我不要

宾语　他摘回个辣椒都是些绯青个

不买冰棒，我不喜欢冰冷个

莫要带盒飘轻个，怕里面有假

8.3 两类状态形容词的比较

我们把状态形容词区分为甲、乙两类，是因为这两类词在语义、语法等方面表现出一系列的差异和对立。由于甲类词中的各式在语义上，尤其是在语法特征上具有相当的一致性，因此在下面的比较中，我们只选择 Ac 式作为甲类词的代表，这样做也是为了求得更多的可比点以及叙述的方便。

8.3.1　从语义上看，Ac 式状态形容词以其描写性与性质形容词形成对立，但相对于 A 来说，它并不包含一种明显的量的观念，也就是说，Ac 式基本的词汇意义是和词根 A 相当的。[③]而 cA 式状态形容词意思上相当于"很 A/A 得很"，明显地包含着一种量的观念，仅就词汇意义而言，c 可以看作一种增量成分，在 cA 式的语义构成上，c 实际上起着一种程度副词的作用。比较：

	Ac 式	cA 式
a.	香喷（＝香香的）	喷香（＝很香）
	甜抿（＝甜甜的）	抿甜（＝很甜）
	光殊（＝光光的）	殊光（＝很光）
b.	红冬（＝红红的）	冬红（＝很红）
	干蹦（＝干干的）	蹦干（＝很干）
	软溜（＝软软的）	溜软（＝很软）
c.	咸津（＝咸咸的）	津咸（＝很咸）
	凉冰（＝凉凉的）	冰凉（＝很凉）

从比较中看到，Ac 式是更偏重于描写的，cA 式则更偏重于增量（加深程度）。正是为了增量，有的 c 在 Ac 式中读非去声的，在 cA 式中读成了去声，因为去声是大冶话五个调类中音值最高的升调，用去声就显得强调一些。

上面八例 Ac 式状态形容词都是褒义的，褒义的 Ac 式状态形容词往往含有适中合意的意味。将它们分列为三组，是因为相应的 Ac 式状态形容词和 cA 式状态形容词在感情色彩上并不完全对应。cA 式 a 组三例是褒义的，b 组三例倾向于中性，c 组两例则是贬义的。考察两式的状态形容词，cA 式中贬义词的比例明显地高于 Ac 式。关于这点，我们的解释是：cA 是偏重于增量的，增量的结果也可能造成"过量"，过量就不合意，就可能产生贬义。

8.3.2 两式在语法上的差异和对立主要表现在词形变化和功能分布上。

8.3.2.1 词形变化具体反映在两个方面。其一，cA 式可以添加"裸""肌"等中缀成分，构成派生式。当然，并不是所有的 cA 式状态形容词都可以派生的。能够添"裸"构成"c 裸 A"式的词一般都是贬义的或中性的，添"裸"是增加贬义色彩。例如：

津裸咸 □［pia^{53}］裸淡 飘裸轻 蚌裸腥 蹦裸硬 急裸湿
绷裸黄 冰裸冷

褒义的通常是不添"裸"的，有时有的也添，添"裸"后就含有不恭敬、不喜欢或态度随便等意味，带点贬义。

能够添"肌"构成"c 肌 A"式的词有限，常见的有：

冰肌冷 蹦肌硬 □［pia^{53}］肌弄 笔肌直 漆肌黑 绯肌红
绯肌白 绯肌□［uo^{13}］

添"肌"是加深语义程度。

个别词还可以通过添加其他中缀成分（记为 d）来加深程度，构成"cdA"式，如：笔监直，漆抹黑。

添加"肌"或其他中缀成分的词还可以再添"裸"字，构成"c 肌裸 A"和"cd 裸 A"的形式。这两式相对于基式 cA 来说，既加深了程度，又增加了贬义。例如：

冰肌裸冷 蹦肌裸硬 绯肌裸白 笔监裸直 漆抹裸黑

其二，cA 式状态形容词有的还可以按"cAcA"式重叠使用。重叠式也是一种加强式，在程度上比"c 肌 A"式还高一点，如果说"c 肌 A"相当于"非常 A"的话，那么"cAcA"就相当于"特别 A"。例如：

水冰凉冰凉个（＝水特别凉）

脸绯红绯红个

他一日到黑在外面晒，身上晒倒漆黑漆黑个

一双脚冻倒清痛清痛个

畈里开了一条笔直笔直个港

Ac 式只有 b、c 组中"劲猛、人流、喜眯、吵吼"等少数的几个词可以添"裸"，但都不能添"肌"，更不能重叠。

8.3.2.2 cA 式（及其派生式）和 Ac 式（及其他诸式）都具有粘着性的特点，即都不能直接进入句子，必须分别后附"个""的"之后才能入句。"cA 个"分布范围较广，可以占据定语、谓语、补语、主语和宾语的位置。"Ac 的"不能出现于定语、主语和宾语的位置，虽说可以作谓语、补语，但并不自由，只有少数的几个词还可以作状语；要想能够出现于定语、主语和宾语的位置，并能自由地作谓语、补语，还必须再附"个/漏"（参见 8.1.1—8.1.3）。

8.3.3 此外，在构词上，Ac 式中 c 大多是词缀；A 大多是形容词性语素，但也有少数是名词性和动词性语素。cA 式中 c 有很多是近于词缀的成分；A 都是形容词性语素，没有名词性或动词性语素。

8.4 余论

大冶话里还有好些词在内部结构上跟甲类词不大相同，但在语法功能上却跟甲类词完全一致。它们大多是一种四字格式，呈一种并立结构，意思上多数含有贬义。例如：

黄皮剐瘦　　抵手绊脚　　慌忙搞急　　隔壁隔落　　隔壁里舍　　折磨折家
大声大气　　细声细气　　泥巴弄趆　　泥巴弄宠　　杂肌八弄　　愁眉苦脸
懵头懵脑　　滑头滑脑　　东游西荡　　乌肌抹黑　　快手快脚　　死皮赖脸
油嘴滑舌　　油腔滑调　　正儿八经　　着五正真　　一五一十　　一老一实
四方四正　　丢三拉四　　窝三搞四　　三天两头　　无缘无故　　稀里糊涂
沙〔sɑ'³³〕　脚八□〔k'ɑ³⁵〕　　稀里和落　　七门八路　　七说八说
慢慢四五六

下面通过一些例句来显示它们的用法：

他一日到黑愁眉苦脸的，肯定是心里有不顺心个事

老王说话大声大气的，几多远都能听得倒老王说话声音很大，很远都能

听到

他病倒黄皮剐瘦的，真像变了个人

他三天两头的跑来问我要钱

带些伢三个四个的约在一起，到处打架

小黄是个七门八路的个家伙 小黄是个鬼点子多的家伙

我要个干净个，乌肌抹黑的个我不要

走开点，莫待［tɕʻi³³］在底抵手绊脚的漏 走开点，别站在这儿碍手碍脚的

他做事总是丢三拉四的漏

他学倒油腔滑调的漏，蛮讨人嫌

附注

①见朱德熙《现代汉语形容词研究》，《语言研究》1956 年第 1 期。这里所说的"后加成分"是指后缀。

②关于"Ac 的"的句法功能，我们在第 3 章中已有所论述，可以参见。

③这只是就 Ac 式而言。甲类词中的其他各式与 A 相比，在量上还是稍有区别的，尽管这种区别不是很明显。参见 8.1.3.2。

第 9 章　物量词[*]

提要　本章从与普通话比较的角度，分两个方面说明大冶话物量词的主要特点。（1）例释大冶话里特殊的物量词，其中有些是大冶话所独有而普通话里没有的，有些是大冶话和普通话所共有的，但在与名词的配合关系上存在差异。（2）分三项说明大冶话的物量词区别于普通话的一些特殊用法：①量词重叠作主语时可后附"一"字，强调遍指，有时重叠的后一音节可以变调，附加一种喜爱的感情；作定语时只表示"每一"的意思，不表示量"多"；作状语时一般需后附"的"字，为了缓和说话的语气，重叠的后一音节也可变调。②量词后边可附"把"字，"个"可用在作为宾语的数量词前边，表示概数。③"量·名"组合用作主语，往往表示评议的对象；用作谓语，构成存在句或判断句；还可用作"把"的宾语，与表人的代词或名词构成同位语。

作为汉语语法的特点之一，数词和名词之间往往需要用上一个相应的量词。"一般说来，什么名词用什么量词是约定俗成的"，[①]"在这方面普通话同方言之间有显著的差别"。[②]本章从与普通话比较的角度，分两个方面来说明大冶话物量词的一些特点：（1）大冶话里特殊的物量词；（2）大冶话物量词的特殊用法；从一个侧面反映出大冶方言的个性，显示出它与普通话之间的差异。

9.1　特殊的物量词

这里所说的"特殊"，主要包括两种情况：一是指有的物量词为大

---

* 本章内容原载《语言研究》1993 年第 2 期。

冶话所独有而普通话里没有；二是指有的物量词虽为大冶话和普通话所共有，但在与名词的配合关系上，大冶话和普通话表现出不一致。

9.1.1　下面是大冶话里独有的部分物量词。其中有的与名词配合的范围比较宽，有的配合范围比较窄，仅限于一两个名词；有的在普通话里可以找到对应的成分，有的则很难找到。

9.1.1.1　筒［t'aŋ³¹］

十个为"一～"，用于可以叠放的圆形事物，如：一～饼子，一～碗，一～酒泡酒盅。"筒"也用来指某些细长的圆形事物被截断的部分，兼有普通话"段、截、节"等量词的部分职能，如：一～电线（一段电线），一～钢筋（一截钢筋），一～藕（一节藕），一～甘蔗（一节甘蔗）；引申表示某些长形事物的部分，如：一～路（一段路），一～沟（一段沟）。③

9.1.1.2　窠［k'o³³］

用于一胎所生或一次孵出的动物，相当于普通话的量词"窝"。如：一～麻雀（一窝麻雀），一～蜂子（一窝黄蜂），抱了一～鸡（孵了一窝鸡），顾了一～猪儿（下了一窝独崽）。

9.1.1.3　厝［ts'o³⁵］

表示某些可以分割的事物的一部分，具有普通话"截"等量词的部分职能，如：一～砖（一截砖），一～蜡烛（一截蜡烛）。"厝"在量上通常指"半"，当指"半"时，"一～"也可以说成"半～"，如：一～馍＝半～馍（半个馒头），一～屋＝半～屋（半间房子），一～田＝半～田（半丘田）。

9.1.1.4　边［p'ĩ³³］

表示对称的成对事物中的一个，如：一～耳朵（一只耳朵），一～眉毛（一道眉毛），一～膀子（一只胳膊），一～对子（一联对联）。表示整体事物的一半，这时"一～"也可以说成"半～"，如：一～饼子＝半～饼子（半个饼子），一～橘子＝半～橘子（半个橘子），一～屋＝半～屋（半间房子）。

9.1.1.5　皮［p'ai³¹］

用于某些扁状事物，兼有普通话"片、块、根"等量词的部分职能。如：一～叶子（一片叶子），一～桷子（一块桷子），一～白菜

（一根白菜），一～麻（一根麻）。

9.1.1.6 煞 ［sɑ¹³］

表示某些可以切分的事物的一小部分，有"小块"的意思，与普通话量词"牙、块"相当，通常用于食品。如：一～西瓜，一～饼子。

9.1.1.7 普 ［pʻu⁵³］

用于下棋、打牌等活动，相当于普通话量词"盘"。如：走了一～棋，搓了一～麻将，抹了一～牌，打了一～扑克。

9.1.1.8 巴 ［pɑ³³］

通常用于人体的液态分泌物，兼有普通话"口、把"等量词的部分职能。如：一～馋（一口唾沫），一～痰（一口痰），一～鼻屄（一把鼻涕），一～脓（一包脓），一～尿（一泡尿）。有时也用于"屄、菜"等少数的几个名词，如：屙了一～屄（拉了一泡屎），钳了一～菜（夹了一点菜）。

9.1.1.9 淌 ［tʻɔŋ⁵³］

用于液态事物，相当于普通话量词"摊"。如：一～水（一摊水），一～血（一摊血）。

9.1.1.10 指 ［tsʅ⁵³］

许多根线状物聚在一起为"一～"，"指"具有普通话"撮、绺"等量词的部分职能。如：一～头毛（一撮头发），一～毛绒（一绺毛线），一～丝线（一绺丝线）。

9.1.1.11 结 ［tɕe¹³］

用于豆类等草本植物的荚果。如：一～黄豆，一～蚕豆，一～花生，一～芝麻。④

9.1.1.12 刁 ［tɕie³³］

用于稻麦等禾本植物的穗子，具有普通话量词"根"的部分职能。如：一～谷（一根谷穗），一～麦（一根麦穗）。

9.1.1.13 □ ［pʻiã⁵³］

用于占地较多、布及范围较大的事物，具有普通话量词"片"的部分职能。如：一～草（一片草），一～湖地（一片湖地），一～屋（一片房子）。

9. 1. 1. 14　厢〔ɕioŋ³³〕

用于田地和种植于田地上的粮食、蔬菜、油料等作物，相当于普通话量词"畦"。如：一～田（一畦田），一～麦（一畦小麦），一～韭菜（一畦韭菜），一～芝麻（一畦芝麻）。

9. 1. 1. 15　主〔tɕy⁵³〕

用于跟买卖或分配有关的事物，具有普通话"笔、股"等量词的部分职能。如：两～生意都有做成（两笔生意都没做成）｜找了三～人家才把货销完（找了三家才把货销完）｜五～东西，一人一～（五股东西，每人一股）。

9. 1. 1. 16　膏〔ko³³〕

用于较重的疾病或较大的雨雪，具有普通话量词"场"的部分职能。如：得了一～病（得了一场病），落了一～雨（下了一场雨），落了一～雪（下了一场雪）。

9. 1. 1. 17　返〔fã⁵³〕

指在同一块地上作物种植或生长的次数，也指作物收晒的批数，具有普通话量词"茬、批"的部分职能。如：今年兴了两～萝卜（种了两茬萝卜）｜带～白菜总个赢（这茬白菜长得非常好）｜晒了三～苕（晒了三批红薯）｜带～谷信倒有果晒干（这批谷子好像晒得不那么干）。

9. 1. 1. 18　季〔tɕi³⁵〕

表示主要的季节性作物种植或生长的次数，相当于普通话量词"茬"。常配合的名词有"麦、谷、苕、油菜、高粱、玉榴、黄豆、麻、庄稼"等。如：一年可以插两～谷，挖一～麦，告一～玉榴，兴三～麻（一年可以种两茬水稻、一茬小麦、一茬玉米、三茬麻）。

9. 1. 1. 19　刊〔k·ã³³〕，胆〔tã⁵³〕

长度单位，"刊"指大拇指与食指或中指张开的长度，"胆"指两臂平伸两手伸长的长度，后边常跟度量形容词。如：桶子要一刊宽三胆长｜买了两胆橡皮筋。

9. 1. 1. 20　后列量词都只能跟一个名词配合，但它们都是很常用的。兼〔tɕɛ³³〕：一～路（一段路程）；棺〔kuɛ³³〕：一～坟（一座坟）；槽〔ts·ɔ³¹〕：一～猪（一窝猪）；腔〔t·oŋ³¹〕：一～火（一炉火）。

9.1.2　下面是大冶话和普通话共有的量词，但在与名词的配合上，大冶话和普通话不是一一对应的，有的部分重合，部分相异，有的则完全相异。

9.1.2.1　乘〔ts'an³¹〕

普通话里，能跟"乘"配合的名词很少，《现代汉语八百词》（以下简称《八百词》）中只见"轿子"一例。大冶话里，"乘"的适用范围要宽泛得多，可用于：a）陆上有轮和空中飞行的运输工具，如"汽车、火车、板车、拖拉机、马车、脚踏车、摩托车、飞机"等；b）利用轮轴旋转和外力耕作的农具，如"水车〔çy⁵³ts'ɑ³³〕、纺线车〔ts'ɑ³³〕、风扇扇车、犁、耙、耖"等；c）捕鱼工具，如"网、罾、□〔ts'ɛ̃⁵³〕子用竹竿交叉弯曲将网状物撑成梯形、一面开口的鱼具"等；d）其他工具，如"梯子"等。而这些名词在普通话里分别是用"辆、架、张"等量词的。

9.1.2.2　管〔kuɛ̃⁵³〕

细长圆筒状的东西可以用"管"，这在普通话和大冶话是一致的，《八百词》中所列三例"笔、笛、牙膏"，除后一例外，对大冶话也适用。但大冶话里，"管"的适用范围要广，一些普通话里论"枝、条、杆、门"的，大冶话也用"管"，如：一～枪（一支/条枪），一～秆（一杆秆），一～炮（一门炮）；甚至有些非细长圆筒状的东西，大冶话也可用"管"，如：一～嘴（一张嘴），一～尺（一把尺）。

9.1.2.3　堆〔tai³³〕

在普通话和大冶话里，"堆"都是用于成堆的物或人，如：一～土，一～人。但就物而言，"堆"在普通话里一般只用于固态的物，而大冶话里也可用于人体分泌或生成的液态的物，如：一～馋（一口唾沫），一～痰（一口痰），一～鼻屁（一把鼻涕），一～尿（一泡尿），一～血（一摊血）；但不说：一～眼泪，一～脓。

9.1.2.4　坨〔t'o³¹〕

用于成团状的东西，但在普通话里适用范围很窄，《八百词》中只见一例"泥"。好些普通话里论"团、块"等的，大冶话也用"坨"，如：一～毛绒（一团毛线），一～姜（一块姜）。"坨"在大冶话里还可用来表示少量，有"一小块""一点儿"等意思，如：一～地（一小块地），一～肉（一小块肉），一～位子（一小块地方），一～屋（一小间房子），一～饭（一点儿饭）。

9.1.2.5 宗［tsaŋ³³］

普通话和大冶话里，"心事"都可论"宗"，但"交易"在普通话里也可论"宗"，大冶话则一般用"笔"；而普通话里一些不论"宗"应论"件、种"的，大冶话却可以论"宗"，如：一～东西（一件东西），一～事（一件事），一～货（一种/件货），一～家［kɑ³³］业（一件家具/工具）。

9.1.2.6 口［kʻe⁵³］

普通话和大冶话里，一些与口腔有关或有口的事物可以论"口"，如"气、话、牙齿、井、塘、锅、箱子、水缸、棺材"等。但有些无口的、普通话里论"块"的事物，大冶话也可以论"口"，如：一～砖（一块砖），一～瓦（一块瓦）。

9.1.2.7 间［kã³³］

普通话里，"间"只用作房屋的最小单位，如：一～屋，一～教室。大冶话里，"间"除用于房屋外，还可用于一些带有平面的、普通话里论"张"的家具，如：一～桌子（一张桌子），一～棉床（一张床）。

9.1.2.8 着［tso¹³］

普通话里，"着"是指下棋时下一子或走一步，如：走了三～儿｜这一～儿下得不错。大冶话的"着"除了具有普通话"着"的职能外，还可用来计量棋子和牌页，如：差三～棋（差三颗棋子），园了两～牌（藏了两张牌），落了四～扑克（掉了四张扑克牌）。

9.1.2.9 石［tã³⁵］，斗［te⁵³］，升［san³³］，合［ko¹³］

这四个量词在普通话里只用作容量单位，如：一石谷，一斗麦，一升高粱，一合芝麻；在大冶话里除了用作容量单位外，还用作地积单位，一"石"为十"斗"，"斗、升、合"分别相当于普通话的地积单位量词"亩、分、厘"，如：一石田（十亩田），两斗五升地（两亩五分地）。

9.1.2.10 担［tã³⁵］

和普通话一样，大冶话里成担的东西可以论"担"，如：一～水，一~柴，一~粮食，一~棉花。不同的是，一些成对的用于肩挑的容器或装载工具，在普通话里通常论"副/对"，而大冶话里也可以论"担"，如：一~水桶（一副水桶），一~箢箕（一对箢箕），一~箩（一对箩筐），一~秧夹子_{用于挑稻秧的农具}。

9.1.2.11　封［faŋ³³］

用于装封套的东西，但普通话里似乎只有"信"才论"封"：一~信。大冶话除了"信"外，某些纸包装物也可论"封"，如：一~炮子（一挂鞭炮），一~糕（一盒糕点）。

9.1.2.12　套［tʻɔ³⁵］

大冶话里，成组的事物论"套"，这跟普通话是一致的，如：一~书，一~衣裳，打了一~家业（做了一套家具），换了一~人马。不同的是，"套"在大冶话还可用于反复出现或可能反复出现的事情，计量动作从开始到结束的整个过程，而这在普通话是论"次"或"遍"的。如：头~礼送轻了，带~礼要压重点（第一次的礼送轻了，这次的礼要加重一点）｜我到办公室去了几~，都冇看倒人（我到办公室去了几次，都没看到人）｜我问了三~都冇问出来（我问了三次/遍都没问出来）｜带本书我从头到尾看了两~（这本书我从头到尾看了两遍）｜带件衣裳一~只怕洗不干净（这件衣服一遍恐怕洗不干净）。后四例"套"是用为动量词。

9.1.2.13　笼［laŋ³¹］

普通话里，"笼"是作为容器量词，计量用笼盛放的东西，如：一~包子，一~鸟儿。大冶话除了这种职能外，一些非笼盛放的东西也可论"笼"，如：一~猪肠（一头猪的全部肠子），一~心肺（特指一头猪的全部心肺），一~细八（全部小八）⑤。

9.1.2.14　桌［tso¹³］，把［pɑ⁵³］

这两个量词见于普通话的一些基本职能，大冶话也是有的，如：一桌菜，一桌酒，一桌客，一把刀，一把米，一把劲，一把眼泪。不同的是，大冶话里，它们还可分别用来计量"酒泡"和"筷子"等餐具：十个为"一桌"，十双为"一把"。如：一桌酒泡（十个酒盅），一桌酒羹（十个调羹），一把筷子（十双筷子）。

9.1.2.15　副〔fu¹³〕

和普通话一样，大冶话里成套的东西可以论"副"，如：一～棋，一～扑克，一～对子，一～眼镜。不同的是，一些普通话论"只、套"的，大冶话也可论"副"，如：一～猪脚（四只猪脚），一～拳（一套拳）。

9.1.2.16　墩〔tan³³〕

普通话里，"墩"用于丛生或几棵合在一起的植物。大冶话不同，普通话论"墩"的大冶话论"蔸"，如：一～草（一蔸草），一～荆条（一蔸黄荆），一～荆棘（一蔸刺）；"墩"在大冶话只用于"豆腐"：一～豆腐（一大块豆腐）。

9.1.2.17　泡〔p'ɔ³⁵〕

普通话里"屎、尿"可以论"泡"：一～屎，一～尿。大冶话不同，"屎、尿"论"巴/堆"（参见 9.1.1.8 和 9.1.2.3），"泡"只用于"酒"：三～酒（三杯酒）。

9.1.2.18　路〔lau³³〕

作为量词，"路"在普通话里表示种类或等次，如：这一～人，哪一～病，头～货。在大冶话则表示"排"或"队"，通常用于人，如：前面来了一～人｜他漏伢儿细子的一大～（他家小孩一大排）｜比赛个帽早站成五～（比赛的时候站成五队）。

9.2　物量词的特殊用法

9.2.1　重叠

单音节物量词可以重叠，但大冶话和普通话的量词重叠式（记为AA）在句法功能、语法意义以及形式变化等方面表现出种种差异。

9.2.1.1　作主语

普通话和大冶话里，AA 都可以作主语，表示遍指，有"每一"的意思，谓语中常用范围副词"都"配合，例如：

他说的句句都是实话。[1]

---

[1]　胡附：《数词和量词》，上海教育出版社 1984 年版，第 32 页。

这些书我都看过了，本本都有插图。(同上)

但大冶话在形式变化上有所不同。其一，AA 后边可以附加"一"或在中间嵌入"上"，强调遍指。如上面两例，大冶话可以说成：

他 [k'e^{31}] 说个句句一都是实话

带些书我都看过了，本上本都有插图

其二，有的 AA 后一音节可以变调，附加一种喜爱的感情色彩，不过变调后不能再后附"一"字或嵌入"上"字。例如：

他漏个伢个个 [koŋ$^{35-553}$] 都长得等痛他家的小孩个个都长得可爱⑥

他打个手笼子对对 [taiŋ$^{35-553}$] 都蛮好看他织的手套副副都很漂亮

例中量词如果不变调，句子的感情色彩就有所减弱。

9.2.1.2　作定语

AA 作定语，在普通话里有两种情况。看下面例子：

条条大路通罗马。(同上)

……朵朵白云飘动着，一条龙拉着一张犁，张牙舞爪地在云彩里奔腾着。①

然而层层的梯田，将秃顶装扮成稀稀落落有些黄毛的癞头，……(同上)

白天，檐边流着雪水，家家的灰色墙壁都疲倦地、汗涔涔地冒烟，…… (同上)

AA 在前两例中直接作定语，在后两例中后附了"的"字语法成分。从所表达的语法意义看，首尾两例是表"每一"的意思，具有说明性；中间两例是强调"多"的意思，具有描写性。大冶话里 AA 作定语都是表示"每一"的意思，换句话说，大冶话里 AA 不用于描写，不表示量"多"；而且一般也不后附"的"字语法成分。⑦例如：

间间棉床困过身每张床都睡过

个个屉子翻过身，还是有找倒每个抽屉都翻过，还是没找到

件件裤子都磨了个窟窿每件裤子都磨了个窟窿

面面墙都把他划了几道印子每面墙都被他划了几道痕迹

----

① 郭先珍：《现代汉语量词手册》，中国和平出版社 1987 年版，第 24 页。

9.2.1.3 作状语

普通话里，AA 可以作状语，表示"逐一"的意思。形式上，作状语的 AA 后边通常不带"的"。例如：

李自成继续前进，逼着坐山虎和他的亲信党羽步步后退。(同上，第25页)

清香的美味的荞麦气息阵阵吹送过来。(同上)

康大叔见众人都耸起耳朵听他，便格外高兴，横肉块块饱绽。(同上)

大冶话里，AA 也作状语，意思上也表示"逐一"，但后边一般要带"的"。例如：

借个书要本本的看完借的书要一本一本的看完

散倒个砖块块的码好散放着的砖一块一块的摆好

而且 AA 的后一音节可以变调，以缓和说话的语气。例如：

字要个个 $[koŋ^{35-553}]$ 的写正，莫写倒东倒西歪的漏字要一个一个地写正，别写得东倒西歪的

例中量词如果不变调，说话的语气就要显得生硬一些。

量词重叠作状语，也可以采用"一 AA（的）"和"一 A 一 A（的）"的形式，这在普通话和大冶话是一致的。例如：

你把东西一样（一）样（的）清清楚

9.2.1.4 普通话里，AA 还可以作谓语，对事物的情状加以描写，强调"多"的意思。例如：

这里那里，螺声阵阵，渔歌声声，近近远远，红旗飘飘，白帆点点，好一幅动人的渔乐图啊。(同上，第26页)

大冶话里 AA 不表示"多"，不具有描写性，因此不能作谓语。

9.2.2 表概数

9.2.2.1 大冶话里，物量词（记作 A）都可以附加后缀"把"字表示概数。"把"后可以出现名词，也可以不出现；如果 A 是表度量、衡量的单位，"把"后则可出现度量形容词。例如：

他一天要喫盒把烟，喝瓶把茶

我姜喫不了几多饭了，每餐只要得碗把我现在吃不了多少饭了，每餐只需一碗左右

带间屋只怕有丈把深这间房子深度可能有一丈左右

例中"A把"都是表示数在"一"左右。有时"A把"表示的数值为"一",带有量少的意味,这时的A往往是个体量词。例如:

我看买条把鱼只把鸡就有了,莫买得太多我看买一条鱼一只鸡就够了,别买得太多

我□[kʻə̃³³]猪总个不效,每年只卖得个把我养猪很不行,每年只能卖一头

"A把"后边还可以加"多",表示数比"一"多一点;有时还在"A把"后边连用"两A",构成"A把两A"的格式,表示数值为"一"或"两(二)",或在"一"和"两(二)"之间。例如:

从底到乡政府只有里把多路从这里到乡政府只有一里多路

我带块表每日要快分把多钟我这块表每天要快一分多钟

我一年总要穿破条把两条裤子我一年总要穿破一两条裤子

卖毛绒不效,一斤只掺得倒块把两块钱卖毛线不行,一斤只能赚到一两块钱

9.2.2.2　普通话里,物量词"个"可以"放在并列的数量词前边组成宾语,表示概数"⑧。大冶话里这种用法也是有的(a),但又有些不同。其一,普通话里,并列的数词只能是两个相邻的系数,位数(如果有的话)和量词都只用在后一系数后边,如:等个两三天,买个三四百本。大冶话里,并列的数词可以是不相邻的"三五"(b);接近"十"的两个相邻的系数可以跟"十"(前边加"上")构成三项并列:七八上十,八九上十(c);如果不出现量词,位数可以分别用在两个系数后边(d);如果没有位数,量词也可在两个系数(通常数值较小,以不超过"六"为宜)后边复用(e)。例如:

a. 包子我最喜,一口气喫个五六个冇得问题

b. 带批酒还不错,兜个三五斤放倒这批酒还不错,买个三至五斤存放起来

c. 烟只怕要买个八九上十条,不是做不倒烟估计要买个八至十条,不然不够

d. 工程搞得好,一年可以赚个两万三万(＊两万三万块)

e. 结婚个衣裳置个三套四套并不为多

其二,"个"可以跟"A把"(包括"A把多""A把两A")结合起来使用,构成"个A把"的格式,表示概数。"个A把"和"A把"

基本意思相同，只是用了"个"后，加重了估量的意味，说话的语气也要显得和缓一些。例如：

我看打发个双把袜子就有了 _{我看送一双袜子就够了}

带如今日子短，一天能连起个件把衣裳就不错了 _{现在白天短，一天能做起一件衣服就不错了}

莫人心不知足，一双暖鞋能掺个块把多钱就可以了 _{别不知足，一双棉鞋能赚一块多钱就可以了}

我打利明年子做个间把两间屋 _{我打算明年做一两间房子}

9.2.3　"量·名"组合

物量词通常是用在数词/指示词与名词（包括名词性短语）之间，构成"数/指·量·名"组合，充当句中成分。出现"量·名"组合，这在普通话里似乎只有一种情况，就是作为动词的宾语。实际上，这种"量·名"组合是"一·量·名"的省略形式，换句话说，动词后的"一·量·名"，"一"有时可略去不说。如：买了（一）本书，画了（一）幅画儿。⑨而大冶话里，"量·名"组合并不都是"一·量·名"的省略，也不限于动词宾语的位置。从位置上讲，有四种情况。

9.2.3.1　居于主位

这又包括两种情形。

（1）充当主语

"量·名"充当主语的句子在表意上很有特点，它们都是评议性的：或是对某种不理想的事情作出评断，或是就某种不良的行为发表一种议论。有的句子虽然话面上没有出现评议的字眼，但话里隐含着评议的意思。例如：

个人不能太自私了 _{（一个）人不能太自私了}

个细伢［ŋai³¹］什抹能让他开车欸［e³］，你真糊涂 _{（一个）小孩怎么能让他开车呢，你真糊涂}

个碗太细了，装不倒一坨饭 _{碗太小了，装不下一点饭}

个门矮了点，进出光是撞倒头 _{门矮了点，进出老是撞着头}

些老人闲倒有得事就抹牌 _{老人闲着没事就打牌}

些后生家［kɑ³］变倒总个怕喫苦 _{年轻人变得非常怕吃苦}

些庄稼荒个干净庄稼全荒了

些生意哈把他做去了生意都被他做了

从例中我们看到，这种"量·名"作主语的句子，量词只限于"个"和"些"。尤其是"个"，使用频率更高，一些通常不用"个"来计量的名词，一旦进入这种句子，也要改用"个"字"。例如：

个被窝把他困倒龌龊死了被子被他睡得脏死了

个雨太落长了，搞倒不能挖［uɑ³³］麦雨下得太久了，搞得不能种小麦

个屋真有做好，看倒丑死人房子真没做好，看着很丑

个病果不能好，是谜个理呢病这么难好，是什么原因呢

这些句子如果不用"个"而改换跟名词相应的量词，前边就要用上数词"一"或指示词，或别的成分［参见下文（2）］，否则句子就不能成立。如前三例：

一床被窝把他困倒龌龊死了（＊床被窝……）

带场雨太落长了……（＊场雨……）

我幢屋真有做好……（＊幢屋……）

再从省略的角度看，这些句子的"量·名"有的似乎可以看作"一·量·名"的省略，有的则很难说是省略，这从普通话的对译形式中也可清楚地看出。其实，这种句子"个、些"的作用与其说是表量，不如说是诱导评议，能够说明这点的是，句中"个、些"可以不用，不用并不影响句子的成立，也不引起量上的变化，但在表达上却给人一种突兀之感，对事情或行为的评议没有用"个、些"来得那么自然。

顺便说明，"量·把·名"也能充当主语。例如：

部把电视算不了个谜一台电视算不了什么

丈把布我怕做不倒布一丈左右我估计不够

条把烟实在驮不出手一条烟实在拿不出手

斤把面只喫得倒两个人一斤面条只够吃两个人

但与"量·名"充当主语不同，这种句子"量·把"是表量的，量词是不受限制的（参见9.2.2.1），表意上大都是说明性的。

（2）作为主语中心

就是说，处于主语位置上的"量·名"，前边带有修饰语。这种前带修饰语的"量·名"与独立充当主语的"量·名"，性质上很不一

样。看下面例子：

蛮新双暖鞋只卖了五块钱 挺新的一双棉鞋只卖了五块钱

我父件新棉袄把别个□ ［lɔ³⁵］去了 我父亲的一件新棉袄被别人偷去了

门口丘田总兴不起谷 门口那丘田总种不起稻子

中时膏雨真落得大 中午那场雨下得真大

去年买个 ［ko³］支笔落了 去年买的那支笔掉了

例中"量·名"都可以看作"一·量·名"或"指·量·名"的省略（前两例省去了"一"，后三例省去了"那"），量词都是具体表量的，也不限于"个、些"，这些情况与作主语的"量·把·名"有点类似。还值得指出的是，这类句子都不能去掉修饰语。修饰语除非是动词性的（如最后一例），后边也不容插入与普通话"的"字相当的语法成分"个［ko³］"，否则句子就不成立。当然，作为主语中心的"量·名"对修饰语的类型是有一定选择性的，换句话说，对有些类型的修饰语，"量·名"是排斥的，关于这一点，还有待作进一步的考察。

9.2.3.2　用作谓语

具体构成两种句式。

（1）构成存在句：名处·量·名物，表示某处存在某物。例如：

树上个雀子窠 树上有一个鸟窝

脸上块疤子 脸上有一块伤疤

屉子漏副扑克 抽屉里有一副扑克

屋门口乘汽车 屋门口有一辆汽车

例中量词也都是表量的，前边省去了数词"一"。量词前边都还可用上动词"有"，构成"名处·有·量·名物"的格式，但比较起来，单用"量·名"形式上更简便，口语程度更高，因而也更常用。特别是在一种现实语境中，即在看到某处存在某物并当即作出陈述时，一般就只单用"量·名"，而不用"有"。

（2）构成判断句：代/名人·量·名人，表示某人具有某种身份或属性等。与上述存在句不同，这种判断句，量词只限于"个"，并且往往要有后续分句。例如：

他个大队长，我个老百姓，我什抹能跟他比欸 他是大队长，我是老百姓，我怎么能跟他比呢

我个老货了，还穿果好做谜欸我是老人了，还穿这么好干什么呢

陈师傅个忠厚人，叫他做谜就做谜陈师傅是个忠厚人，叫他干什么就干什么

小方个苕，人家把钱他不要小方是个傻瓜，人家给钱他不要

还与存在句不同的是，这种句子中，量词"个"并不重在表量，很难说前边省去了"一"，添上"一"后，句子反而显得不自然。"个"的作用似乎重在帮助构成一种判断。当然，"个"字前边也可用上判断词"是"，形成"是"字判断句，用上"是"后，"个"字可以不用，意思上没有任何影响，但比较起来，还是单用"个·名"简便常用。

9.2.3.3　用作"把"的宾语

"把"的宾语（下简称"宾语"）通常是有定的。普通话里，因为"一·量"一般是表示无定的，所以"一·量·名"形式作宾语的情况很少，[⑩]至于"量·名"作宾语，就更少见到用例了。相反，大冶话里，"量·名"作宾语却是十分常见的。例如：

他把本书撕个干净他把一本书全撕了

他把棵桃子树斫了他把一棵桃树砍了

他把乘拖拉机搞败了他把一台拖拉机搞坏了

我把条黄牛卖了，又去买了条水牛

你把间屋收下子盖你把房子收拾一下

你抽空把套衣裳洗下子盖

例中量词都是表量的，包含"一"的意思，去掉量词，就会引起量的变化。不过，我们并不认为这里的"量·名"都是"一·量·名"的省略，因为说到省略，就意味着可以添补。而实际上，这类句子有的是根本不能加"一"的，如最后两例祈使句；有的虽可加"一"，但会引起意思上的变化，有可能使宾语由有定变为无定，如第一例"本书"是确指的，如果说成"一本书"，就不一定是确指的了。这类句子的量词前边通常也不用指示词。大冶话里，宾语所指对象当双方共知时是不用指示词的，只有在说话人明知而听话人不知的情况下才考虑用上指示词。如后两例如果有必要，可在量词前边用上"带/那"。

9.2.3.4　用作同位语

跟作主语一样，用作同位语的"量·名"，量词也只限于"个、些"，名词都是表人的，同位的前项也都是人称代词或表人的名词。

例如：

他个人好说话，大家都蛮喜他他这个人好打交道，大家都挺喜欢他

你个混账东西，还不跟我跪倒你这个混账东西，还不跟我跪着

做带宗事，你个师傅不及我个徒弟做这种事，你这个师傅不及我这个徒弟

明华个书呆子连田都插不倒明华这个书呆子连稻秧都不会栽

咱耐些老师从来有去找他耐些领导要过待遇咱们老师从来没去找他们领导要过待遇

你耐些老人总是看不惯我耐些后生家你们老人总是看不惯我们年轻人

　　这类句子中量词"个"和"些"表现出一些差异。"个"在前边可以用上指示词"带/那"，用上指示词，在语气上就要显得重些，语意上也有所加强；但不能去掉，去掉后，句子或不成立（如前两例），或改变关系（变成领属关系，如第三例）。"些"在前边不能添加指示词，但可以去掉，去掉后句子仍然成立，也不改变关系和意义，很像是一个羡余成分。

　　需要说明的是，由"个"与表人名词组成的"量·名"用在人称代词或表人名词后边，有时是有歧义的。如"我个老百姓"，既可以是一个同位短语，表示"我这个老百姓"的意思，也可以是一个判断句，表示"我是个老百姓"的意思［参见 9.2.3.2（2）］。但这种歧义依赖语境又是可以消除的。比较：

我个老百姓怕请不动你我这个老百姓担心请不动你

我个老百姓，找我有得用我是个老百姓，找我没有用

附注

①见朱德熙《语法讲义》，商务印书馆 1982 年版，第 49 页。

②见胡裕树主编《现代汉语》（增订本），上海教育出版社 1981 年版，第 321 页。

③"筒"也可以用来表示一段时间，但后边通常不出现时间名词，前边只能用"一"。"一～"一般用在动词后边，表示时量，如：学了一～（学了一段时间），搞了一～（搞了一段时间）。此外，"筒"用作容器量词时，可以说成"筒子"，如：一～（子）米。

④"结"在普通话里似乎没有相应的量词。苿果的果仁大冶话用

"粒/颗"计量，这跟普通话是一致的。

⑤大冶流行一种"字牌"，长条形，牌面为数字，分大（"壹—拾"）和小（"一——十"），每样 4 张，一副牌共 80 张，相同的 4 张为一"笼"。

⑥量词本调如果是去声，就变读为高平降调 553，并伴随着音节的儿化。参见第 13 章。

⑦只有一个例外，"样样"作定语时可附"个"（相当于普通话"的"）字，如"他样样个生活做过身（他每样活儿都做过）"，但仍表示"每一"的意思。

⑧见朱德熙《语法讲义》，商务印书馆 1982 年版，第 49 页。

⑨见朱德熙《语法讲义》，商务印书馆 1982 年版，第 52 页；胡附《数词和量词》，上海教育出版社 1984 年版，第 55 页。就是"量·名"充当动词宾语，大冶话和普通话也有差异。普通话里，"量·名"前边一般不再出现别的定语成分；大冶话则没有这种限制，如：他写了蛮厚本书（他写了很厚的一本书）| 他斫了林场棵树（他砍了林场的一棵树）。

⑩见朱德熙《语法讲义》，商务印书馆 1982 年版，第 187 页；王还《"把"字句和"被"字句》，上海教育出版社 1984 年版，第 20、22 页。

附：大冶话名词、量词配合表

说明：

本表以名词为条目，在每个名词后边列出可以跟它配合的量词。为方便查检，条目按普通话音序排列。

收词的原则：

（一）名词

1. 以常用的具体名词为主，抽象名词较少。"常用"是就方言而言，有些名词在普通话里是常用的（如布景、篱笆、钞票、琵琶、乐器、战线），但在方言里却用得很少，本表没有收录。

2. 可带较特殊的量词的名词尽量多收，只能带"个"的名词尽量少收。

3. 表人的名词（如工人、农民、学生、战士、同志、老乡）所带量词大体相同，且与普通话基本一致，本表一般不收。

4. 有些名词通常只带容器量词或临时量词（如汤、石灰、粥、茶叶），本表也未收录。

5. 同类的名词所带量词往往相同，为省篇幅，本表一般只列一个作为代表，或只列类名，其余可以类推。例如只列"花"，不列"桃花、桂花、菊花、梅花"等。

6. 名异实同（或基本相同）的名词合并词条，按常用度依次排列，最常用的排前，次常用的排后。例如：木头，万寿，棺材。有的名词后一语素可以不用，表中用圆括号括起。例如：凳（子）。名词如包含不同义项，就用方括号加注，限定与后列量词配合的义项。例如：运动〔政治〕场，次。

（二）量词

1. 容器量词（如瓶、杯、桶、缸）和临时量词（如头、身、地下、屋子）一般不收。度量衡量词（如尺、斤、升）和准量词（如县、区、站）一概不收。

2. 有的量词当跟某一名词配合时，前边限用特定的数词，表中用括号注明。例如：话　（一）阵；钱　（几/两）个。

名词	量词
A	
案子	件，宗，个，条
B	
巴掌	个，只
白菜	皮，棵，把，厢
板手	把
板头_{小木块}	个，块
板子	块
膀子，臂膀	只，边，对
包袱①	个
包子	个，笼

雹子	粒，阵，场
刨子	把
报纸	张，份，摞
碑记，碑石墓碑	块，个
被窝	床
被窝里（子）	床
被窝面	床
本子	个，本
绷子（床），棕床	个，张
鼻孔	个，副
鼻屎鼻涕	巴，堆
比赛	场
笔	支，管
扁担	条
标语	条，幅
表［表格］	张，个，摞
饼	块
饼干	块，盒
饼子	个，块，煞，筒
病	场，膏
玻璃	块
钵子	个
布	段，匹
布片	块

C

裁缝机	部，乘，台
菜［蔬菜］	棵
菜（碗）②	个，样，道，桌
菜果油条	根
菜苔（子）	根，把
蚕子	个

仓库	个，座
草	根，棵，把，抱，捆，担，蓬
茶匙勺儿	把，枚
柴	根，把，抱，捆，担
馋唾沫	巴，口，堆
铲子	把
场子	个
秒	把，乘
车皮	节，个
车箱	节，个
车站	个
车子	乘
城市	个，座
秤	管
池子	个，口
尺	把，管
赤脚	双
翅关，翅膀	只，个，对，双
铳	管
绸子	段
橱	张，个，格
锄头	把
船	条，只
窗孔	个
窗孔门	扇，个，边，对
锤子	把
词［词语］	个
词［诗词］	首
刺［鱼刺］	根
刺荆棘	根，兜，蓬
葱	根，棵，把

锉	把

D

带皮（子）海带	根
带子	根
袋子	个，条（大的）
单子	张
担钩③	个
担子	个，副，担
单被，床单	床
蛋	个
凼	个
稻草	根，把，抱，捆，担
灯	盏，个
灯笼	个
灯泡子	个
等子台阶	级，个
凳（子）	个，条（长形的）
笛子	管
地	块，坨，厢
地洞	个
地皮	块，片
电报	份，个，张
电冰箱	台，个
电池	节，对
电话	部，个
电线	根，筒
电扇	台，个
电视（机）	部，个
电影	部，场，个
钉	枚，颗
东西	宗，种，样，件，主

斗笠	顶，个
豆腐	块，墩，桌
豆腐子（子）油豆腐	个，挂
豆子	粒，结
对子	边，副

E

鹅	只，个
耳朵	只，个，边，对

F

法子，办法	个，点，套
饭	餐，顿，口，坨，桌
畈	个，边，厝
房（子）	间，边，厝，栋
飞机	乘，架
肥皂	块，条
坟	座，个，棺
粪	坨，堆
风	阵，股，丝
风扇 扇车	乘
蜂子	只，窠
袱子 毛巾	条，个
斧头	把

G

盖（子）	个
干旱，天旱	场，次
甘蔗	根，节，筒
缸	口，个
钢筋	根，筒
杠子	根
膏药	张
糕	包，封，片

篙子	根
歌	首，支，个
工厂	个，家
工程	个，项，批，段，筒
工分（子）	个
工具	种，样，件
工作	个，项
功课	门
弓子	把
公园	个
沟	条，筒
钩子	个，副，对
狗	条，只，个
谷	粒，刁，抱，捆，担，季
骨头	根，块，个
鼓	面，个
故事	个，段
瓜	个，煞
瓜子	粒，颗
挂历	副
褂子	件
官司	场，个
关系	种，层
关口	个，道
管子	根，筒
馆子	个，家
罐（子）	个
罐头	瓶，盒，个
规矩	条，个
柜子	口，个
锅	口，个

锅铲	把，个

H

汗	滴
好处	点，些，种，样
好心，好意	番，片，个
河	条
盒子	个
黑板	块，个
横额	条，幅，个
后台	个
胡子	根，把，撮
湖	个
狐狸	只，个
壶	把
花	朵
花生	粒，颗，结
话	句，（一）阵，番
画	张，幅
环子耳环	对
黄瓜	条
黄鳝鳝鱼	条
黄蚓蚯蚓	条
灰	把，层
回合	个
会	个
火	把，炉，膛
火车	乘，列，节
火钳	把
火闪	个
货	批，件，宗，种

J

机器	台，部
鸡	只，个，窠
记认，记号	个
计划	个
技术	门，样
季节	个
家［tɕa³³］具	样，件，宗，套，房
家［ka³³］业④	样，宗，套，房
家［tɕa³³］门	个
夹［tɕa¹³］板	张，块
夹［ka³³］剪，剪子	把
嫁妆	样，宗，抬，房
茧	个，排
剑	把
江	条
姜	块，片，坨
豇豆	根，把
交易	笔
角［羊角］	个，只，对
角［角落］	个
脚	只，双
饺子	个
教室	间，个
轿子	乘
街	条
节目	个，台
筋	根，条
金针_{黄花}	根
井	口，个
劲	把，股

镜子	面，个
酒	泡，桌，种
酒羹 调羹	个，桌
酒泡 酒盅	个，筒，桌
韭菜	根，把
橘子	个，瓣，边
剧院	家，个
锯	把
桷子	皮，块
军队	支

K

□蟆［kʻɑ³¹mɑ³¹］青蛙	只，个
开支，开销	笔
靠山	个
课	堂，节，门
口号	个，句
口信	个
口子	个，道
扣子	粒，个
窟窿（眼）	个
裤带	条，根
裤子	条，件
筷子	根，枝，双，把
款子	笔
框子	个，副
矿山	个，座

L

拉手	个，把
喇叭	个，支
蜡烛	支，根，厝，筒
栏杆	个，排

篮子	个，只
狼	只，条
老虎	只，个
老鼠	只，个，窠
雷	个，声
犁	乘
礼	个，份，套
礼拜，星期	个
礼堂	个
理由	个，条，点，种
力（气）	点，（一）把
莲蓬	个
莲子米	粒，颗
帘子	个，边
脸	张，个，副
粮（食）	粒
梁	根
凉台	个
料子	块，批
裂纹	条，道
凌冰，冰	块，层
领（子）	条，个
龙	条
垄 [laŋ³¹]⑤	个，厝
笼子	个
楼	层
楼（房）	栋
篓子	个
炉子	个
路	条，兼，筒，段
露水	滴

驴子	条，头
旅馆	个，家
绿蝇	只，个
轮子	个，只，对
锣	面，个
箩卜	个，棵
螺蟹_{螃蟹}	个，只
骆驼	个，匹

M

麻	皮，根，棵，季
麻袋	个，条
麻将	副，盘，普
麻雀	个，只，窠，群
麻影_虹	条
马	匹
蚂蚁	只，个，窠
码头	个，座
买卖	笔
麦	粒，棵，刀，季
猫子	个，只
毛	根
毛病	个，种，点
毛绒，毛线	根，指，坨
矛盾	个，种
茅厕	个，间，厝
帽圈_{草帽}	顶，个
帽子	顶，个
眉毛	边，对，根
门	个，扇
蜢子_{苍蝇}	只，个
梦	个

米	粒，把
谜子_{谜语}	个，首
棉床，床（铺）⑥	张，间，个
棉花	朵，瓣，担，棵
面_{面条}	根，把，筒
面孔	副
庙	个，座
命	条
命令	个，条
馍_{馒头}	个，厝
磨子	个，副
木料	根，些
木头，万寿，棺材	具，口，个

N

泥巴	坨，堆
年头	个，些
碾子	个
鸟	只，个
尿	堆，巴
牛	条，头
脓	点，巴

O

| 藕 | 枝，节，筒 |

P

耙	乘
牌	张，着，副，普
牌子	块，个
盘子	个，摞
炮	管，门
炮子_{鞭炮}	个，挂，封
泡	个

盆（子）	个
篷子	个，座
皮	层，块，张
屁，屎	坨，堆，巴
屁股	个，边
片子	部，个
瓢	把，个
票	张
凭据，凭证	种，个
葡萄	颗，挂，架
□［pʻu³¹］天蝴蝶	只，个，群
扑克	副，着，普
铺子	个，家
铺位	个

Q

棋	副，着，盘，普
旗	面
起子	把
企业	个，家
气	股，口
气味	股，种
钱	笔，（几/两）个
枪	管，枝
枪担⑦	管，条
墙	面，堵，道
锹	把
桥	座，个
亲亲事	门，伙，个
亲戚	个，门，家，房
琴	把（胡琴），架（钢琴）
芹菜	根，棵，把

情况	种，个
球	个，场
拳	副
雀子	个，只
裙子	条
人	个，伙，帮（子），路，批，家，代，辈
人家	个，户，家，主
人客，客（人）	个
人口	个
任务	个，项
日头	个，天，些
日子	个，些
肉	块，片，坨

S

伞	把
塞子	个
晒场	个
嗓子	副，个
砂	粒，堆
筛箩 [lo³³]⑧	把，个
筛子	把，个
衫袖	只，个，对
山（头）⑨	座（大的），个（小的），纵（山峦）
山头山墙	面，个
扇子	把
伤	处
商店	个，家
苕	个，棵
舌头	个
蛇	条
设想	个，种

声音	种
生意	笔，主
诗	首，句
尸首	具
狮子	个，头
石头	个，堆
石头子	粒，个，堆
时辰	个
事	宗，件，点，些
收入	笔
收音机	部，个
手	只，双
手表，表	块，只
手袱儿手帕	个，打
手榴弹	个，颗
手笼子手套	只，对，双，副
手艺	种，样
书	本，册，部，套，摞，句
书店	个，家
梳子	把
树	棵，排
树枝，树丫	根
刷子	把
霜	层，场
水	滴，摊
水泵	台
水车 $[\text{ts·a}^{33}]$	乘
水库	个，座
水泥	包，袋
水桶	个，只，担
水灾	场，次

水闸	座，个，道
丝瓜	条，根
蒜	根，把
蒜苗子_{蒜台}	根，把
算盘	把，个
索子	根
锁	把
锁匙	把，挂

T

塔	个，座
台子	个
摊子	个，家
坛（子）	口，个，对
痰	口，巴，堆
弹簧	根
坦克	乘，个
毯子	床，条
糖［糖果］	粒，颗
塘	口，个
桃子	个
藤	根
梯子	乘
题	道，个
提包	个，只
蹄子	只，个
屉子	个
田	丘，块，坨，厢
铁线_{铁丝}	根，筒，卷
筒子	个
桶（子）	只，个，担
头毛	根，把，指

土	把，层，堆
兔子	只，个
腿	只，条，双
拖拉机	乘，部，台

W

瓦	口，块
丸子	粒，颗
碗	个，筒，摞
网	乘
围颈围巾	条，个
尾巴	条，个
味	股
位子，处首地方	个，坨
文件	个，份
文章	篇
蚊子	个
问题	个，点，些
屋	间，栋，幢，筒，厝
武器	种，批
呜［u³⁵］呐唢呐	把

X

西瓜	个，块，煞
席面	桌
席子	床
戏	出，台，场，个
弦	根
线［线条］	根，条，道
线［针线］	根，指
香	根，枝，把
香肠	根
香蕉	根，挂

箱子	口，个
相片	张
象	头，个
消息	个，条
小说	篇，本，部
鞋	只，双
心	个，颗，条
心（意）	（一）片，（一）番
信	封
信封	个，扎
信箱，信筒	个
星	颗，个
行李	件，样
熊	只
絮	床
学问	门，种
学校，学堂	所，个
血	滴，淌，堆
雪	场，层，膏

Y

鸭子	只，个
牙齿	颗，个，排，口
牙膏	盒
牙刷	把，支
烟〔气体〕	股
烟〔香烟〕	根，支，盒，包，条
盐	点，粒
檐老鼠蝙蝠	只，个，窠
眼睛（珠子）	只，个，双，对
眼镜	副
眼泪	滴，（一）把

燕子	只，窠
堰沟 水渠	条，筒
秧	根，棵，把
羊	只，群
洋火，火柴	根，盒，打
扬尘⑩	层
腰子	个，对
窑	座，个
摇箩 摇篮	个
摇手	把
药〔中药〕	副，剂，味，种
野兽	只，个，群
叶子	皮
衣裳	件，身，套
医院	个，所，家
仪器	台
椅子	把，个
意见	条，个，点，些
意思	种，个
银行	个，家
银角子	个，把
银洋 银元	个，块
影子	个，道
油	滴
邮局	个，家
邮票	张，枚，套
鱼	条，个
雨	滴，阵，场，膏
玉榴	粒，个，棵，季
篾箅	只，担
原因	个，种

原则	条，个
圆子_{汤圆}	个
院子	个
月饼	个，块，煞，边，筒
月火虫_{萤火虫}	只，个
月亮	个，边
云	朵，片，丝
运动〔政治〕	次，场

Z

杂志	本，份，期，种
凿子	把
枣子	粒，颗，把
炸弹	颗，个
债	笔
渣子_{垃圾}	堆
闸	个
战争	次，场
章子	个，枚
账	本，笔
帐子	床
针	枚，根
枕头	个，对，副
蒸笼	个，格
政策	个，条
证明	张，个，份
支票	张
芝麻	粒，把，结
知识	门，种
职业	个，种
指头	个
纸	张，摞，刀，令

制度	个，条，项
钟	个，架，座
种（子）	粒
帚子	把
珠子	颗，挂
猪	个，窠，槽
猪肠	副，笼
猪脚	只，个，副
竹子	根，棵，节，筒
主意	个
主子	个
柱子	根，个
砖	块，口，厝，摞
庄稼	季
桩子	根，排
锥子	把
桌子	张，个，间
子弹	颗，发，粒
字	个，笔，行
钻子	把
嘴	张，管，个
座位	个，排

附注

①包衣服等东西用的布；用布包起来的包儿；用纸包成小方块的纸钱。前两义只能用"个"。

②经过烹调的蔬菜、肉类等副食品。"菜碗"只能用"个"。

③两头带有铁钩、用来挑水的扁担。

④家具、工具。如果"家"文读 [tɕa³³]，就是指家产。

⑤夹在两山之间的成片水田。

⑥"床铺"只用"个"。

⑦放在肩上挑成捆的稻禾的农具，用木头做成，类似扁担，两头包有铁尖儿。

⑧大冶话里"筛箩"和"筛子"有区别。"筛箩"指用很细的铁丝编成的孔很小的筛子，专用来筛粉。"筛子"用篾条编成，孔比"筛箩"大，用来筛米等。

⑨"山头"指大山。

⑩黏附在墙壁上的灰尘；特指厨房墙壁上的烟尘。

第 10 章　代词[*]

提要　本章共分三个部分，主要从形式和功能两个方面分别讨论大冶话的人称代词、指示代词和疑问代词，逐个对它们的语义及分布进行细致的描写，还从语用的角度就人称代词的变通用法、疑问代词的非疑问用法作了一些简要的说明。

10.1　人称代词

10.1.1　人称代词的形式

按人称和数的区别，可以将大冶话的人称代词分组列表如下：

人称	单数	复数
第一人称	我	我耐
第二人称	你	你耐
第三人称	佢[①]	佢耐
包括式		咱　咱耐
其他	自家 别个　偏个　人家 大家	

10.1.2　人称代词的功能

10.1.2.1　我 $[\text{ŋo}^{53}]$，你 $[\text{ŋ}_{\text{l}}^{53}]$，佢 $[\text{k·e}^{31}]$

"你 $[\text{ŋ}_{\text{l}}^{53}]$" 是白读音，文读 $[\text{ŋ}_{\text{l}}\text{i}^{53}]$。"我、你、佢" 分别为第一

---

* 本章第一部分原以《大冶话的人称代词》为题刊于《语言学通讯》1993 年第 3—4 期。

人称、第二人称和第三人称单数。都可以作主语、宾语和定语。作主语时读本调，作宾语时通常念轻声。例如：

我蛮怕落雨天做生活我很怕下雨天干活儿

你莫想倒不好过［ku³⁵］你别想着难过

佢笔直不到学他一直不上学

记得明儿起［tɕ'i³³］早来叫我［·ŋo］记住明天早晨来叫我

家［kɑ³³］业用完了就送你［·n̩］工具用完了就送给你

过了身个事找佢［·k'e］有得用已经过去了的事找他没用

但当说话人强调所说的人称时，宾语的人称代词仍读本调。例如：

贷款个事佢还得来求我［ŋo⁵³］贷款的事他还得来求我

我是说佢［k'e³¹］，又有说你［n̩⁵³］，你气个谜欻我是批评他，又没批评你，你生什么气呢

"我、你、佢"作定语有两种情况。其一，修饰亲属称谓词以及指称亲属的名词，不过，这种亲属名词所指的只能是晚辈或年幼的平辈。当修饰亲属称谓词和亲属名词时，后边可以带"漏"（与北京话"的"字相当的一个语法成分），也可以不带，带时话语显得亲切一些。但不管带不带"漏"，这种情况下的单数人称代词都需变调，一律读为阴平。例如：

我［ŋo⁵³⁻³³］（漏）家婆七十好几了我（的）外婆七十多了

你［n̩⁵³⁻³³］（漏）阿爹还蛮心健你（的）爷爷身体还挺好

佢［k'e³¹⁻³³］（漏）伊［i³³］总个会舞菜他（的）妈妈非常会做菜

佢总个痛佢［k'e³¹⁻³³］老孙他非常疼爱他孙子

我［ŋo⁵³⁻³³］（漏）小云读书读不赢你［n̩⁵³⁻³³］（漏）光华我（的）小云读书不及你（的）光华

佢［k'e³¹⁻³³］（漏）丽芳总个晓得事他（的）丽芳非常懂事

后两例中，受变调的单数人称代词修饰的"小云""光华""丽芳"一定是指的晚辈亲属和/或年幼的平辈（儿子或女儿、孙子或孙女、弟弟或妹妹等）。最后一例如果不带"漏"，不变调，并稍作停顿，"佢丽芳"就是一种并列关系，分指两人，而不再是一种修饰关系。

这里还有必要指出，"我漏、你漏、佢漏"如果后边不出现亲属称谓词或亲属名词，并且不变调，那么表示的意思就是"我家、你家、他

家"。换句话说，单数人称代词变调，后边的"漏"是一标示修饰关系的语法成分；不变调，后边的"漏"则是一标示名词性质的构词后缀。例如：

我［ŋo⁵³］漏跟你［n̩⁵³］漏是亲戚我家和你家是亲戚

通屋下哈怕佢［kʻe³¹］漏全村子都怕他家

其实，作为构词后缀的"漏"不限于跟单数人称代词构词，也可以跟表人名词（包括亲属称谓词、人名、普通表人名词）构词；由它所构成的名词既可以作主语、宾语（如上两例），也可以作定语，作定语时后边必须带"个"。例如：

舅爷漏个屋做倒蛮好看舅舅家的房子做得很漂亮

隔壁是良元漏个地旁边是良元家的地

我们觉得，作定语的单数人称代词的变调是值得重视的，这种变调跟大冶话的连读变调和情意变调②很不一样，它是作为一种区别词的语法功能的手段来使用的，使得"漏"前的单数人称代词作定语和作构词成分时在形式上有了明显的对立。

其二，修饰一般名词和指示代词，都读本调。修饰一般名词时，后边需要带"个"，除非名词前边用上指示代词"带/那"（这种情况下的"带/那"有时指示的意味很淡，可以译成"的"）。例如：

我个脚踏车子把别个□［lɔŋ³⁵］去了我的自行车被别人偷去了

我冇看倒你个汗夹子我没看到你的背心

你带裁缝机子买成几多钱欸你这缝纫机多少钱买的

佢那屋把我带屋要高式他那房子比我这房子要高点

能修饰的指示代词只有"底这里，这儿"和"里那里，那儿"。例如：

我底冇得围颈卖，你到佢里去看有冇得我这儿没有围巾卖，你到他那儿去看有没有

10. 1. 2. 2　我耐［ŋo⁵³ la⁵］，你耐［n̩⁵³ la⁵］，佢耐［kʻe³¹ la⁵］

"耐"是表示复数的后缀③，通常读高平短调［la⁵］，有时话说得重一点或强调一些，也念成去声［la³⁵］。"我耐、你耐、佢耐"分别为第一人称、第二人称和第三人称复数。"我耐"只用于排除式，不用于包括式。它们在句中可以作主语、宾语和定语。作定语时必须带"个"；作宾语时通常念轻声，只在强调时才读本调。例如：

我耐去割谷，你耐去插田_{我们去割谷子，你们去栽稻秧}

你最好莫去缠佢耐［·kʻe la⁵］_{你最好别去惹他们}

最避时个是我耐［ŋo⁵³la⁵］_{最倒霉的是我们}

你耐个生活做完冇啦_{你们的活儿干完了没有呢}

佢把我耐个枞树斫个干净_{他把我们的松树砍光了}

10.1.2.3　咱［xan⁵³］，咱耐［xan⁵³ la⁵］

"咱［xan⁵³］"是白读音，文读［tsɑ⁵³］。"咱"和"咱耐"都是包括式人称代词，总称己方和对方，可以作主语、宾语和定语。作宾语时通常念轻声，需要强调时才读本调。例如：

咱明年子也要打利做个间把两间屋_{咱们明年也要打算做个一两间房子}

佢嫌咱［·xan］穷了，不想借钱咱［·xan］

咱耐明儿就能得去回了_{咱们明天就可以回家了}

佢娘老子都不怕，就是怕咱耐_{他父母都不怕，就是怕咱们}

作定语时，两者有些不同，其情形分别与第一、二、三人称代词的单数形式和复数形式相似："咱"如果是修饰亲属称谓词以及指称亲属的名词，需变读为阴平，后边可以带"漏"，也可不带，带则显得亲切一些（a），如果是修饰一般名词或指示代词，就不能变调，但需带"个"，除非名词前边带有指示代词，或是修饰的指示代词（b）；"咱耐"无论修饰哪类名词，都无须变调，都只能而且必须带"个"（c）。例如：

a. 咱（漏）阿母［m⁵³］带辈子受了蛮多苦_{咱奶奶这辈子受了很多苦}

　咱（漏）老三再过年把就大人了_{咱老三再过一年就长大成人了}

b. 咱个牛不能老是借了佢损_{咱的牛不能老借给他使}

　咱那谷只怕割得了_{咱那谷子估计可以割了}

　咱底起早冇落雨_{咱这儿早晨没下雨}

c. 咱耐个食堂真冇搞成经_{咱们的食堂真没办好}

　咱耐个电视收不倒中央教育台

"咱"和"咱耐"还有两点不同。其一，"咱"常用于双数，指称"你、我"，也可用于多数，指称"你和我们"；"咱耐"只能用于多数，不能用于双数，如，父子俩、母女俩或夫妻俩谈话就只能用"咱"，绝不能用"咱耐"。其二，"咱"往往表明谈话的双方是亲属关系或亲友关系，即便不是亲属、亲友，谈话间用"咱"，关系就要显得亲近一些；"咱耐"则往往表明谈话的双方是一般关系，因此，亲属之间是绝不用"咱耐"的，亲友之间用上"咱耐"，就会使双方的关系显得生疏几分。

10. 1. 2. 4　自家 [·tsɿ kɑ³]

"自家"是自身代词，相当于北京话的"自己"。可以作主语、宾语和定语。作定语时必须带"个"。④ 例如：

你昨儿到独落了几多钱，自家说你昨天到底掉了多么钱，自己说

丽芳果多大了还不会顾自家丽芳这么大了还不会照管自己

小陈连自家个娘老子都不认小陈连自己的父母都不认

"自家"有时是特指的，特指前面出现的人称代词或表人名词，其前边往往还可以再补上"我、你、佢"等人称代词，如上面三例。"自家"有时是泛指的，其前边没有也不好补出确定的人称代词。例如：

钱自家不用把了别个用，带角个人少钱自己不用给了别人用，这样的人少

一个人不能总是想倒自家，想不倒别个

自家个事还是要靠自家自己的事还是要靠自己

更多的时候是，"自家"放在人称代词以及表人名词后边，组成复指结构，充当句中成分。例如：

你自家不争气，叫我什抹之欻你自己不争气，叫我怎么办

带宗事要怪只能怪咱耐自家这件事要怪只能怪咱们自己

局长自家个老孙也冇安排工作局长自己的孙子也没安排工作

10. 1. 2. 5　别个 [p·i¹³ ko³⁵]，偏个 [p·ĩ³³ ko³⁵]，人家 [zan³¹ kɑ³]

"别个"和"偏个"（"个"常读作轻声）在意义和用法上基本相同，都是指称己方和对方以外的人，跟北京话"别人""旁人"相当；在句中也是作主语、宾语和定语，作定语有时需要带"个"（特别是当要强调领属关系的时候），有时可以不带。不过比较起来，"偏个"方言色彩更重一些，老辈人用得较多，年轻人则倾向于用"别个"。下面例子中，"别个"都可以说成"偏个"：

别个不来，我就不去

做生意要讲信用，莫货别个别骗别人

借了别个个家业用了要当 [tɔŋ³⁵] 时还借了别人的工具用了要立即还

带是别个个屋，又不是咱耐个屋这是别人的房子，又不是咱们的房子

冇得事莫到别个屋漏去没有事别到别人家里去

"别个"和"偏个"也有一点区别："别个"有时可用来复指上文出现的表人名词或第三人称代词，"偏个"没有这种用法。下面两例中，"别个"就不宜说成"偏个"：

为带个事我去找过王主任，可别个不腮我为这件事我去找过王主任，可别人不理我

你果尽心都佢，只怕别个情都不领你这么尽心都助他，恐怕别人不领情

"人家"也是指称己方和对方以外的人，上面的例子中"别个"都可以说成"人家"。有时为了避免词面的重复，求得话语的错综，还在上下文中变换使用"人家"和"别个"，不过，这种情况下它们往往是特指的。例如：

我去邀过人家，可别个不愿意

例中"人家""别个"所指相同，而且是确定的。

"人家"和"别个"也有不同的地方：①"人家"可以后跟名词性同位语，"别个"不能（a）；②"别个"可以用来泛指"另外的人"，"人家"不能（b）；"别个"还可以表示"外人"的意思，而且前边可用"个"，"人家"也不能（c）。下面三组例子中，"人家"和"别个"是不容互换的：

a. 人家细兰做得庄稼，你就做不得庄稼人家细兰能种庄稼，你就不能种庄稼

你再什么会说，也说不赢人家大学老师你再怎么会说，也说不过人家大学老师

b. 屋漏就我跟阿爹，冇得别个屋里就我和爷爷，没有别人

我只阴倒把了一千块钱你，别个我哈冇把我只躲着给了你一千块钱，别人我都没给

c. 我又不是（个）别个，你果讲礼做谜欸我又不是（个）外人，你这么客气干什么呢

10.1.2.6　大家［t'a³³ ka³］

"大家"是总称代词，统指一定范围内的所有的人。可以作主语、宾语、定语，作定语时必须带"个"。例如：

大家哈不肯斗钱送礼大家都不肯凑钱送礼

到了年底，厂漏会把奖金发了大家到了年底，厂里会把奖金发给大家

带是大家个事，我也管得这是大家的事，我也可以管

但当某人或某些人跟"大家"对举使用时，这人或这些人不在"大家"的范围之内。例如：

我不能为了你一个人去得罪大家

大家都对佢两个人蛮大个意见大家都对他们两个有很大的意见

在这两例中，"大家"不包括"我、你"和"佢两个人"。

"大家"可以作为同位语，用在包括式的复数形式"咱耐"后边，但一般不用在第一、二、三人称代词的复数形式"我耐、你耐、佢耐"后边。例如：

咱耐大家要是哈不同意，佢也把咱耐冇得法咱们大家要是都不同意，他也拿咱们没办法

10.1.3　人称代词的变通用法

10.1.3.1　上一节中，我们只是说明了人称代的一般用法，实际上，在运用中还会出现一些变通的情形。比如，有时单数形式用来指称复数，这种情形往往是单数人称代词用在"数·量（·名人）"结构前边。例如：

你四个细伢打得赢佢个大个啊［a³］你们四个小孩怎么打得赢他一个大人呢（你 = 你耐）

佢两个来不折么用他们两个来不顶什么用（佢 = 佢耐）

有时人称发生转换，这种转换在表达上往往具有某种特殊的效果。例如：

佢一上昼来接我几套，你能得不去他一上午来请我几次，我能不去（你 = 我）

一路读书个人，人家能考倒大学，咱什抹之考不倒欸一起读书的人，人家能考上大学，你怎么考不上呢（咱 = 你）

你以为就你做得倒，别个就做不倒你以为就你会做，我就不会做（别个 = 我）

"佢"有时用来指物（书面上虽可写"它"，但口语里没有区别），这种情形的"佢"总是出现在宾语位置上，复指前边出现的名词。

例如：

> 田地莫齐佢荒了 田地别让它荒了

> 现饭馊了，倒那猪喫了佢 剩饭馊了，倒给猪吃了它

> 要落雨了，趁早把谷收了佢 要下雨了，赶快把谷子收了它

后两例"佢"的复指作用已经很淡了，从意义上看像是一个羡余成分，但没有它，句子似乎又不圆满，至少是不太自然、地道。

10.1.3.2 这里还有必要说明，大冶境内不同的乡里话，人称代词在形式和功能上也有些不一致的地方。最明显的一点是，距城关十至十五公里的后畈、大箕等乡的话里，第三人称的单复数形式是"其"和"其耐"。例如：

> 其$_1$跟其$_2$打架，其$_3$去扯［ts'ɑ^{53}］劝架，其$_1$说其$_1$有理

> 你昨儿碰倒其耐有 你昨天碰到他们没有

> 把其个东西驮走 把他的东西拿走

第一例是一个小孩在外边玩时看到别的小孩打架，回家后跟妈妈叙述的一段话，"其"分别指称三个不同的小孩。

10.2　指示代词

10.2.1　指示代词的形式

按指示范围的不同，可以将大冶话的指示代词分组列表如下：

近指	远指	泛指
带	那	
带样	那样	
带角个	那角个	角个
带果个	那果个	果个
带果	那果	果
带果低	那果低	果低
底	里	

按指示对象的不同，表中又将指示代词横列成三栏：第一栏的词大

体是指示人、物、事的，第二栏的词大体是指示方式、程度、行为、性状等的，第三栏的词是指示处所的。

10.2.2　指示代词的功能

10.2.2.1　带［ta³⁵］，那［la³⁵］

"带"有时也读成［tsa³⁵］；"那［la³⁵］"（偶尔也有人读成［lei³⁵］）是白读音，文读［lɑ³⁵］。

"带""那"可以作主语、宾语，作主语时，可以指人，指人多用于判断句（a），也可以指物、指事，指物有的可带限制性定语（b）；作宾语时不指人，只指物，不能带限制性定语（c）。例如：

　　a. 带是我家婆，那是我家公_{这是我外婆，那是我外公}

　　　带是哪个啦——带是我个［ko³⁵］同事_{这是谁呢——这是我的一个同事}

　　b. 带我看卖不倒几个钱_{这我看卖不到多少钱}

　　　你做屋，我把钱，带还要不得啊［ɑ³］_{你做房子，我给钱，这还不可}

以吗

　　　佢送我个那冇得么大事用。_{他送给我的那没有什么大用处。}

　　c. 你驮带，我驮那_{你拿这，我拿那}

　　　我胎生冇喫带过来_{我从来没吃过这}

"带""那"经常跟量词或数量词组合，修饰名词语（a）；如果名词语已在上文出现，或有特定的语境，这种组合也可以单用（b）；如果不需表明数量，"带""那"还可以直接修饰名词（c）。例如：

　　a. 带间棉床窄窄儿的_{这张床窄了点儿}

　　　我只看中了佢打个那几宗家业_{我只看中了他做的那几样家具}

　　b. 鱼卖个差不多了，剩倒个带几条自家留倒喫_{鱼卖得差不多了，剩下的}

_{这几条自己留着吃}

　　　那些我哈看不懂，嵌只看得懂带两本_{那些我都看不懂，仅仅只能看懂这}

两本

　　c. 带衣裳好看是蛮好看，就是不经脏_{这衣服好看是挺好看，就是容易脏}

　　　带报纸齐佢，你把那报纸清下子_{这些报纸不管它，你把那些报纸清理一下}

"带"有时用在表示时量的"数·量"（Ⅰ）或"数·量·名"（Ⅱ）结构前边，强调时间长，意思相当于北京话表示程度的"这么"。

结构中数词限于"一、半、几"，Ⅰ式中量词限于"年、天、夜、上昼^{上午}、下昼^{下午}"等表示时间的准量词，Ⅱ式中量词限于"个"，名词限于"月、礼拜、星期、时辰、钟头"等表示时间的名词。整个"带·数·量"或"带·数·量·名"大多是置于动词后边作补语（a）；有时也用作一个独立的分句（后边带"了"）（b），但不管是作补语还是分句，都是说明动作持续的时间，只不过在 b 种情况中，句中动词没有出现。例如：

    a. 跟佢说了带半天，佢还是一句都听不进去

       佢在屋［u³³］地跑了带几年，一个钱都冇赚倒_{他在外边跑了这么几年，一分钱都没赚到}

       一栋楼做了带几个月还冇做起来

    b. 带半天了，佢什谜还冇回来呢_{这么半天了，他怎么还没回来呢}

       带一上昼了，佢果点儿生活还冇做完_{这么一上午了，他这么一点儿活儿还没做完}

       带几个礼拜了，佢个病还冇好_{这么几个星期了，他的病还没好}

  这些例子中，"带"似乎不大能够换用"那"，至少是用"那"没有用"带"那么自然。

  "那"有时用在形容词性词语（记为 A）前边，强调程度深，意思上相当于北京话里表示程度的"那么"。这又可区分为几种情况：a）A 为贬义形容词，这种情况最为常见；b）A 为"不 + 褒义形容词"；c）A 为非贬义形容词，这种情况下的"那 A"常常是表示"过量"，含有不合意、不喜欢的意味，但有时也不一定（如下面的最后一例），需视具体语境而定。例如：

    a. 佢姜变倒那拉横［uɛ̃³¹］_{他现在变得那么不讲道理}

       乱日抹牌不上班，你什抹那糊涂［xu³³ tʻau³³］_{欸整天打牌不上班，你怎么这么糊涂呢}

    b. 果大个人了，还那不知事_{这么大的人了，还那么不懂事}

       我胎生冇见过那不自觉个人_{我从来没见过那么不自觉的人}

    c. 佢把件衣裳连倒那大_{他把衣服做得那么大}

       个头毛蓄倒那长，跟个二流子果低_{头发留得那么长，像个二流子一样}

       佢长倒那好看，还怕找不倒老婆

这些例子中，"那"不大能够换用"带"。

"带""那"有时跟"个"组成"带个""那个"，用在动词、形容词前边，强调动作的强烈或持续不停，极言程度之深。这时，动词、形容词往往需后附语缀及语法成分"法子·的"。例如：

带个做法子的会把人累垮个这么干会把人累垮的

带个冷法子的你还不穿棉袄这么冷你还不穿棉袄

哪个叫你那个跑法子的呢谁叫你那么（拼命地）跑呢

带伢那个哭法子的怕是哪低痛吧［pɑ⁴⁵］这小孩那么（使劲地）哭可能是哪儿疼吧

佢那个伤心法子的还驮得出钱啊［ɑ³］他那么可怜还拿得出钱吗

"带、那"和"带个、那个"有时对举使用，不确定地指示某人或某物。例如：

带不穿、那不穿，你到独要穿谜欸这不穿，那不穿，你到底要穿什么呢

带个也看不中，那个也看不中，我看你是看花了眼

10.2.2.2　带样［ta³⁵ iɔŋ³³］，那样［la³⁵ iɔŋ³³］

"带样、那样"意思上虽与北京话的"这样、那样"相当，但功能上却很受限制，只能作定语，而且必须后附"个"（a）；如果被修饰的名词不出现，"带样/那样个"可以直接指代物，但不指代人（b）。例如：

a. 带样个人冇得哪个逢佢个这样的人没有谁跟他打交道

我蛮不喜那样个色气我很不喜欢那样的颜色

b. 带样个贵还不说，又不蛮好看，还不如买那样个这样的贵且不说，又不太好看，还不如买那样的

10.2.2.3　带角个［ta³⁵ ko¹³ ko³］，那角个［la³⁵ ko¹³ ko³］

"带角个、那角个"中，"个"有两读，一读［ko³］，一读［ko³⁵］，读［ko³⁵］则显得强调些。语速较快时，"带角个、那角个"又可异读为［to³⁵/tso³⁵ o¹³ ko³］、［lo³⁵ o¹³ ko³］。它们经常作定语，指示人、物，意思相当于北京话的"这样的、那样的"；"个"也可不用（但异读时不能不用），用又比不用显得强调些。例如：

带角（个）生意还做得这样的生意还有点做头

那角（个）伢真把佢冇得法子那样的小孩真拿他没办法

我只连得倒带角（个）衣裳我只会做这样的衣服

"带角个、那角个"有时单作主语，比较起来，"带角个"更常见一些。单作主语时，意思上相当于北京话的"这、那"，但它们一般是用来指代一种不好的事情；"个"不能不用，但只能读［ko³］；谓语都是说明事情的严重或无法应付，并且说法上大都比较固定。例如：

带角个急煞人这把人急死了

带角个真送命这真要命

带角个不得了这不得了

带角个时低解欵这怎么办呢

带角个什抹子欵这怎么办呢

"带角个、那角个"有时用在形容词前边作状语，强调程度深，意思上相当于北京话的"这么、那么"。这时"个"只读［ko³⁵］，形容词需后附"法子·的"；"个"也可以不用，用则强调一些。例如：

带角（个）忙法子的，佢还在里困醒这么忙，他还在睡觉

带角（个）热法子的，我真受不了这么热，我真受不了

佢那角（个）懒法子的，戴勒连饭都有得喫个他那么懒，将来连饭都没有吃的

10.2.2.4　带果个［ta³⁵ ko⁵³ ko³⁵］，那果个［la³⁵ ko⁵³ ko³⁵］

功能及意义上，"带果个、那果个"跟"带角个、那角个"有些相似：用在名词语前边作定语，指示人、物，意思是"这样的、那样的"（a）；用在形容词前边作状语，强调程度，意思是"这么、那么"（b）。但又有些区别：①作定语时只用来指示说话人所不喜欢或不满意的人、物，不用来指示说话人喜欢或满意的人、物，"带角个、那角个"就没有这个限制；②无论作定语还是状语，"个"都读［ko³⁵］，并且不能不用；③不能单作主语。例如：

a. 带果个肉还卖四块钱一斤这样的肉还卖四块钱一斤

那果个破屋我是不去住个那样的破房子我是不去住的

我长果大还有看倒带果个不讲理个人我长这么大还没看到这么不讲道理的人

b. 带果个赖呆法子的，叫我什抹穿这么脏，叫我怎么穿

带果个远法子的，我不想去这么远，我不想去

佢那果个拐法子的，戴勒要上当个他那么坏，将来要上当的

10.2.2.5　角个［ko¹³ ko³⁵］，果个［ko⁵³ ko³⁵］

这两个代词"个"都读［ko³⁵］，用法上分别跟"带角个、那角个"和"带果个、那果个"有相同的一面：可作定语、状语；"果个"一般用于指示说话人所不喜欢或不满意的人、物，"角个"不受限制。不同的是，"带角个、那角个"和"带果个、那果个"是表近指、远指的，"角个、果个"是泛指的；"带角个、那角个"可以作主语，"角个"没有这种用法。例如：

十岁个伢，字能写倒角个样子就算不错了十岁的小孩，字能写成这个样子就算不错了

佢就是角个人，好［xɔ³⁵］编别个个路子他就是这么个人，喜欢说别人的坏话

角个不争气个家伙子，连个高中都考不倒这么个不争气的家伙，连个高中都考不上

佢长倒角个白法子的他长得这么白

牛肉不卤下子你就驮来炒，果个大外行牛肉不卤一下就拿来炒，这么个外行

果个电视，半天冇得图像这么个电视，半天没有图像

带伢果个烦法子的，戴勒管不倒个这小孩这么调皮，将来管不住的

带道题果个巧法子的，我做不倒这道题这么难，我做不出来

"角个、果个"和"带角个、那角个、带果个、那果个"除了指示范围的不同外，在意思上有时还表现出一些细微的差异，这可以从它们所在的一些句子的普通话译文中体会得到。再比较一例：

佢只有带角个［ko³］本事

佢只有角个［ko³⁵］本事

前例用"带角个"，是说"他只有这样的本事"，蕴含的意思是"他没有别的本事"。后例用"角个"，是说"他只有这么个本事"，蕴含的意思是"他没有什么大本事"。

10.2.2.6　果［ko⁵³］

"果"在大冶话里非常活跃，不同的用法具有不同的作用，表达不同的意思。概括起来，主要有三种情况。

（1）"果"经常用在动词前边，表示方式，有"这么/那么""这

样/那样"的意思。例如：

　　墙纸不能果贴，只能果贴墙纸不能那么贴，只能这么贴

　　是你叫我果做个是你叫我这么做的

　　看倒，索子要果搓看着，绳子要这么搓

　　问佢喫不喫，佢那头果摆问他吃不吃，他直摇头

　　这些例子中，"果"都是指示动作的方式，实际表达中，说话人为使指示更为具体，常伴之以手势或身势。

　　"果"与副词"一"连用，用在后附"倒"的动词前边，构成"（名/代·）果·一·动·倒"的格式，表示动作持续的方式。例如：

　　佢眼睛果一翻倒，吓煞个人他眼睛这么瞪着，吓死人

　　衣裳果一披倒，个流子相衣服这么披着，一副二流子相

　　舅爷把我果一古倒，听什抹不让我走舅舅把我这么一抱着，无论如何不让我走

　　个妖儿家 $[kα^{33}]$，坐倒那□ $[k\cdotα^{35}]$ 果一沙倒，太冇得规矩了一个女孩子，坐着腿张这么开，太没规矩了

　　但"果"有时用在连贯句或假设句等的后分句副词"就"和动词之间，并不具体指示动作的方式，指示的意味显得比较淡弱，去掉它，句子的基本意思也不受多大影响，但用上它，句子就增添了某种意味。语音上，它总是轻读。例如：

　　小王招呼不打一声就果走了小王招呼都不打一声就那么走了

　　佢说来就果来了他说来就那么来了

　　我不答应，我丈老就果赖倒不走我岳父就赖着不走

　　不到一个月，两千块钱就果把佢搞光了两千块钱就被他花光了

　　第一例用"果"，使句子含有这样的意味："小王"走该打声打呼；不辞而别，使人感到有些意外。第二例用"果"，使句子含有这样的意味："佢"来不等对方同意，迫不及待。第三例用"果"，强调出"丈老"不达目的，不甘罢休的意思。第四例用"果"，强调出"佢"用钱太不节约的意思。

　　（2）"果"经常用在形容词和某些动词语前边，表示程度，有"这么/那么"或"怎么"的意思。先看形容词的例子：

　　a. 佢一分钱都不想出，果小气他一分钱都不想出，这么小气

天果热燥，佢还盖果个厚被窝天这么热，他还盖这么厚的被子

你果刁，叫我去做生活，自家在屋漏玩你这么聪明，让我去干活儿，自己在家里玩

　b. 带回买个粉不果白这次买的粉不怎么白

　　带宗布蛮好看，又不果贵这种布挺好看，又不怎么贵

　　佢妯娌回子不果好［xɔ³⁵］顺她们妯娌之间不怎么和睦

　　你做事什抹果不过细欸你做事怎么这么不小心呢

　c. 云华有你果大了云华有你这么大了

　　天灯冇得电棒果亮白炽灯没有日光灯那么亮

　　你弟顶多跟我果长你弟顶多跟我这么高

"果"一般是用在表义消极的形容词前边，如 a 组的前两例。换句话说，除 c 组情况外，"果"一般不修饰积极意义的形容词，如果"果"所修饰的形容词是积极意义的，则表达者往往说的是反话，如 a 组第三例（"刁"在大冶话是褒义的，意思是"聪明"）。b 组形容词也都是积极意义的，但"果"前后带有否定词"不"，整个"不·果·形"（Ⅰ）和"果·不·形"（Ⅱ）仍是消极性的。值得说明的是，不同性质的形容词对Ⅰ、Ⅱ两式的反映是不一样的。能够进入Ⅰ式的除了积极意义的形容词外，某些用来表物的性状的消极意义的形容词也可进入，如"热燥→不果热燥"；但用来表人的品性的消极意义的形容词不能进入，如"小气→*不果小气"。能够进入Ⅱ式的限于表人的品性的积极意义的形容词，如 b 组的第四例，第三例"不果好顺"说成"果不好顺"，句子也是成立的；一、二两例形容词表义也是积极的，但因是表物的性状的，所以不能进入Ⅱ式：*果不白，*果不贵。Ⅰ式和Ⅱ式在所表示的程度上有着明显的差异：Ⅱ式比Ⅰ式的程度要高。c 组都是比较句，在比较句中，"果"可以用在表义积极的形容词前边。

还需特别说明的是"多"。"多"不作修饰语时可以进入Ⅰ式（a），如果跟"果"组合成"果多"作为修饰语，就没有Ⅰ式的说法，而且用在名词前边和用在形容词前边，情况有所不同。用在名词前边，表示"这么/那么多"，是一种意义的加合，"多"不能不用（b）；用在形容词前边，意思是"这么/那么"，"多"字不用，句子仍能成立，只是在意味上稍有区别（c）。例如：

a. 菜哈喫完了，饭还剩倒果多菜都吃完了，饭还剩下这么多

我身上个钱不果多了我身上的钱不怎么多了

b. 果多屋还住不倒这么多房子还不够住

围倒果多人不晓得是在里看谜围着那么多人不知道是在看什么

c. 我打了床絮有果多厚我打了一床棉絮有这么厚

围墙最低要做果多高围墙至少要做这么高

前边可以用"果"表示程度的动词语主要有以下几类：

（1）心理活动动词和部分能愿动词。例如：

只你果想当官只有你这么想当官

做屋个事领导要是果重视就好了

叫我借钱你做生意，你果会打算

苕我一直不果爱敬红薯我一向不那么喜欢

你果怕热唢［·so］你这么怕热

我果不喜面还是喫了一碗我这么不喜欢面条还是吃了一碗

（2）部分"动·宾"短语。这类"动·宾"短语大多带有习语性质。例如：

你果有本事，做生意什抹子亏了你这么有本事，做生意怎么亏了

我冇得你果有心劲我没有你这么有心机

丽芳做事不果动脑筋个丽芳做事不怎么动脑筋的

佢把你果不当人，你还护倒佢他把你这么不当人，你还护着他

（3）动·得/不·补。例如：

别个哈不管，只你果管得宽别人都不管，只有你管得这么宽

细兰冇得你果长得好看细兰没有你长得这么好看

冇想到你果靠不着［ts'o³³］没想到你这么靠不住

佢带个人果缠不得他这个人这么难惹

前两例中，"果"是修饰"动·得·补"的。这种结构中，当补语是形容词时，"果"也可以放到形容词前边，如：

→只你管得果宽

→细兰冇得你长得果好看

但"果"所在位置不同，所表程度稍有区别，放在形容词前边表示的程度比放在动词前边显得稍高一点。

（4）动·得。

这里"得"表示能力，这种受"果"修饰的"动·得"表达的意思总是贬义性的。例如：

佢果喫得，一斤面一个人喫了他这么能吃，一斤面条一个人吃了

佢果困得，困了一天找一夜他这么能睡，睡了一天加一夜

我冇得你果说得，一上昼说倒不搁落嘴我没有你这么能说，一上午说个不停嘴

（3）"果"还可以用在"数·量"结构前边。数词限于"半、一、两、几"，当为"一"时，有时省去。例如：

a. 玩了果半天了还舍不得走

我在武汉住了果一年，连个黄鹤楼都冇去伐丝我在武汉住了这么一年，连黄鹤楼都没去过

b. 厂漏只分了果两间旧屋我厂里只分给了我这么两间旧房子

一大捆旧报纸换了果几个鸡蛋

c. 果双皮鞋要卖五十块钱这么一双皮鞋要卖五十块钱

我结婚佢就送了果套衣裳我结婚他就送了这么一套衣服

"数·量"结构前边的"果"，除了表示"这么/那么"的意思外，在不同的句子里往往还带有某种意味，如在 a 组中强调量多，带有夸张意味，在 b 组中则是强调量少，在 c 组中含有轻蔑的意味。

10.2.2.7　带果［ta³⁵ko⁵³］，那果［la³⁵ko⁵³］

"带果、那果"的"果"有时可以轻读，不过读本调语意上要显得强调一些。这两个指示代词形式上可以看作"带、那"和"果"的复合，语义上和"果"一样，也是表示"这么、那么"或"这样、那样"的意思，但跟"果"又有所区别。在指示范围上，"果"是泛指的，"带果、那果"则分别是表近指和远指的；在具体用法上，"带果、那果"也受到一些限制，有些"果"可出现的位置，"带果、那果"不能进入。

（1）和"果"一样，"带果、那果"可用于动词前边，表示方式。例如：

西服只能带果洗西服只能这么/这样洗

眠床那果架［kɑ³⁵］占位子床那么/那样摆占位置

带着棋不能那果走<small>这着棋不能那么/那样下</small>

你带果搞总有一天要犯洋个<small>你这么/那么搞总有一天会出问题的</small>

但不能进入"（名/代·）果·一·动·倒"格式中"果"的位置，也不能出现于连贯句或假设句等的后分句副词"就"和动词之间。［参见 10.2.2.6（1）］

（2）"带果、那果"也可用于形容词（a）和某些动词语（b）前边，表示程度。例如：

a. 鱼带果便宜为谜不多买些欵<small>鱼这么便宜为什么不多买些呢</small>

　你还要那果拐，我就对你不讲礼了<small>你还要那么坏，我就对你不客气了</small>

　我那一向儿人不那果如势<small>我那一段时间身体不那么舒服</small>

　带根索子只怕不那果牢<small>这根绳子可能不那么结实</small>

　咱那条狗长倒有椅子带果高<small>咱那条狗长得有椅子这么高</small>

　那果多书你哈读过身了啊［a^3］<small>那么多书你都读过了</small>

b. 我喜喫擀个面，压［ηa^{33}］个面我不那果喜<small>我喜欢吃擀的面条，（机器）压的面条我不那么喜欢</small>

　像佢带果有钱个人咱耐屋下不多<small>像他这么有钱的人咱们村子不多</small>

　佢胎生冇带果舍得起个<small>他从来没这么舍得起的</small>

　那果困得个人急倒困不着［$ts'o^{33}$］<small>那么能睡的人急得睡不着</small>

但用于形容词前边时，没有"带果/那果·不·形"的说法，在"不·带果/那果·形"的说法中（a 组三、四例），"带果、那果"近指、远指的意味非常淡弱，意思上跟泛指的"果"似乎没有什么区别。用于动词语前边也没有"果"的频率高。

（3）"带果、那果"用在"数·量"结构前边，也带有强调、轻蔑等意味，在这一点上还没有看出与"果"有什么明显的差异。例如：

走了带果一天个棋，一普都冇赢<small>下了这么一天的棋，一盘都没赢</small>

我长带果大就去了那果两个位子<small>我长这么大就去了那么两个地方</small>

送了带果几脚路<small>送了这么几步路，</small>佢要了我五块钱

那果乘破车子送我都不得要<small>这么辆破车子送我也不会要</small>

10.2.2.8　果低［ko⁵³ tai³³］

"果低"也有人说成"果机［ko⁵³ tɕi³³］""果之［ko⁵³ tsɹ³³］"。语义上，"果低"跟"带样、那样""果""带果、那果"等指示代词相

类，也是表示"这样、那样"的意思，但在功能分布上表现出对立。"带样、那样"是用作定语，"果""带果、那果"主要是用作状语；"果低"则是用作主语、谓语、宾语，作主语时，谓语往往是评议性的，作宾语时，谓语动词一般是心理活动动词或判断词"是"。例如：

主语　果低只怕不蛮好这样恐怕不大好

　　　果低不是，果低也不是，你到独要什抹子啦这样不行，那样也不行，你到底要怎么样呢

　　　果低不晓得几坐累这样很累

　　　果低要得不啦这样可不可以呢

谓语　就果低啦，你说□［le³⁵］就这样吧，你说呢

　　　你带个人偷位果低你这个人故意这样

　　　咱果低，你在底等倒，我去回去驮钱咱这样，你在这儿等着，我回家去拿钱

　　　做后承个要果低做晚辈的应该这样

宾语　我不爱敬果低我不喜欢这样

　　　我打利果低，把旧屋拆了唆我准备这样，先把旧房子拆了

　　　只你一个人果做，别个哈不是果低只你一个人这么做，别人都不是这样⑤

"果低"还常与"像/跟"构成比况结构："像/跟……果低"。整个结构常作谓语、补语或定语。例如：

谓语　我要像你果低，怕连饭都有得喫个我要像你这样，恐怕连饭都没得吃

　　　莫跟佢果低，一日到黑在屋［u³³］地鬼混别跟他那样，整天在外面鬼混

补语　佢壮倒跟那猪果低他胖得像猪一样

　　　谷堆倒跟那山果低谷子堆得像山一样

定语　佢把了包跟那豌豆果低个东西我他给了我一包像豌豆一样的东西

10.2.2.9　带果低［ta³⁵ ko⁵³ tai³³］，那果低［la³⁵ ko⁵³ tai³³］

"带果低、那果低"是"带、那"和"果低"的复合。和"果低"一样，也是表示"这样、那样"的意思，但"果低"是泛指的，"带果低、那果低"是表近指、远指的。功能上也作主语、宾语，条件跟"果低"相同，但作谓语时常需前用能愿动词。例如：

主语　黄瓜凉拌，带果低不晓得几好这样挺好

那果低不划算那样划不来

那果低不蛮保险，带果低靠得住些

宾语　我本来不想那果低个，带是你逼倒我有得法了我本来不想那样的，这是你逼得我没办法了

借出去个钱收不回来，我就怕带果低

是带果低，保险冇错是这样，保险没错

谓语　以后再不能带果低了

佢蛮讲义个，我想佢不会那果低他挺讲义气的，我想他不会那样

要晓得是果回事，我早该带果低个要知道是这么回事，我早该这样的

"带果低、那果低"也能与"像/跟"构成比况结构，不过，结构中间一般只进入表人的词语，不大能进入表物的词语或主谓、动宾之类谓词性短语。下面的最后一例就只能用"果低"，不能用"带果低/那果低"：

你要像小胡那果低也会发财

跟你带果低个人蛮适合做带宗事像你这样的人很适合做这种事

小云见了我父就跟猫子见了老鼠果低小云见了我父亲就像猫儿见了老鼠一样

10.2.2.10　底 [tai⁵³]，里 [lai⁵³]

"底"也有人说成"嘴 [tsai⁵³]"。"底、里"指示处所，"底"表近指，"里"表远指，分别与北京话"这里/这儿""那里/那儿"相当。可作主语、宾语、定语，作定语时必须带"个"。例如：

主语　底有梨子，你自家修倒喫这儿有梨子，你自己削着吃

里总个危险，莫过去那儿非常危险，别过去

底果多水，里又冇得水这儿这么多水，那儿又没有水

底和里差不多的这儿和那儿差不多的

宾语　你看倒底，我去看里你看着这儿，我去看那儿

我看中了里，不想在底了我看中了那儿，不想在这儿了

自家想好，到独要底还是要里自己想好，到底是要这儿还是要那儿

定语　底个茶叶要得这儿的茶叶可以

底个事你莫问这儿的事你别管

里个木料蛮便宜那儿的木料挺便宜

"底、里"常跟介词组合，用在动词前后。例如：

你把底按倒你把这儿按住

你在里待倒莫动你在那儿站着别动

把桌子搬到里去

但"在里"用在动词前边，有时是表示动作的进行或状态的持续，不实指处所。这时"里"需轻读。例如：

佢还在里困醒他还在睡觉

我哥在里做生活我哥哥在干活儿

暖鞋还在里烤倒棉鞋还在烤着

例中"里"如果重读，就是实指"那儿"了。

"底、里"有时对举用在单音动词前边，构成"底 V 里 V"的格式，表示"到处 V""乱 V"等意思；V 前有时还用"果"（轻读），成为"底果 V 里果 V"的形式，但意思上没有什么区别，只是语气上显得和缓一些。进入句子，前式通常要后附"的"字，后式则可附可不附。例如：

佢一到屋就底翻里翻的他一回家就到处乱翻

尽日底果跑里果跑（的），不晓得你忙点谜整天到处跑，不知道你忙点什么

10.3　疑问代词

10.3.1　疑问代词的形式

按询问对象的不同，可以将大冶话的疑问代词分组列表如下：

询问对象	代词形式
物	谜　什谜₁　么　么样₁　哪
人	哪个
处所	哪低
时间	哪帽早　几帽早　几多时
数量	几　几多
行为　性状　方式　原因	么样₂　什抹子　时低　什谜₂　怎　什么

10.3.2　疑问代词的功能

10.3.2.1　谜〔mai³³〕，什谜₁〔sʅ³³ mai³³〕，么〔·mo〕，么样〔·mo iɔŋ³³〕，哪〔lɑ⁵³〕

"谜"和"什谜₁"都用于问物，相当于北京话的"什么"，但在功能上有所区别。"谜"一般作宾语，前边还可以出现"（一）点/些"或"几·量"之类数量词；"什谜₁"一般作主语，前边不能出现数量词。附"个"后都可以作定语，但同样，"谜"所组成的定心结构"谜·个·名"通常出现在宾位，"什谜₂"所组成的定心结构"什谜₁·个·名"只出现在主位。"谜个"和"什谜₁个"都不能单用⑥。例如：

宾语　带是谜啦这是什么呢

驮果多袋子去装谜欸拿这么多袋子去装什么呢

你昨儿上街买了几宗谜欸你昨天上街买了几种什么呢

家婆做生你打利送点谜呢外婆做寿你准备送点什么呢

主语　果一下响，什谜跶了啦这么响，什么摔了呢

什谜是股票啦什么是股票呢

姜什谜最掺钱啦现在什么最赚钱呢

定语　你过客打利请些谜个人啰〔lo⁵³〕你请客准备请些什么人呢

中时舞谜个菜欸中午做什么菜呢

什谜个笔落了啦什么笔掉了呢

什谜个布经牢点啦什么布结实点呢

"谜"常和"为〔uai³³〕、做〔tsʻau³⁵〕"结合成"为谜、做谜（有时读成〔tsʅ³⁵ mai³³〕）"，用在谓语前后，或主前宾后，询问原因或目的。谓语、主语前边多半用"为谜"（a），谓语、宾语后边则倾向于用"做谜"（b）。例如：

a. 你为谜果讨力啦你为什么这么不听话呢

又冇病，为谜几天不到学又没病，为什么几天不上学

带回你能加工资，为谜我不能加

b. 你果下泼做谜啦你这么卖力干什么呢

带又不是喫得喝得，你驮去做谜欸这又不能吃不能喝，你拿去干什么呢

你接果多客做谜哟你请这么多客人干什么呢

a 组 "为谜" 用在谓语及主语前边，问原因；b 组 "做谜" 用在谓语及宾语后边，问目的。它们是不大能够互换的。

"么" 通常读 [·mo]，强调时读成 [mo⁵³]。"么" 也是表示 "什么" 的意思，但只用作定语，不带 "个"。例如：

你找我有么事啵 [po³⁵] 你找我有什么事吧

"么" 现在用得比较少，人们更乐于用同功能的 "谜" 和 "什谜"。

"么样₁" 表示 "什么样" 的意思，强调时读成 [mo⁵³ iɔŋ³³]。它总是带 "个" 作定语。例如：

佢是个么样个人啰，莫把佢货了唻 [·la] 他是一个什么样的人呢，别被他骗了

你爱穿么样个衣裳欸 你喜欢穿什么样的衣服呢

"么样₁" 和 "个 [ko³]" 结合成名词性的 "么样个"，可充当主语、宾语 (a)，还可以跟 "个 [ko³⁵]" 一起构成谓语 (b)。例如：

a. 么样个好我就买么样个 什么样的好我就买什么样的

带个看不中，那个看不中，你到独要找个么样个啦 这个看不上，那个看不上，你到底要找个什么样儿的呢

b. 你漏个洗衣机子个么样个啦 你家的洗衣机是什么样儿的呢

椰子个么样个哟，我还冇看见过来个 椰子是什么样儿的，我还没见过

b 组的谓语前边可以出现判断词 "是"。如：椰子是个么样个哟。

"哪" 在大冶话里可以单用，作主语、宾语，更多的时候是用在 "数·量·名" 前边作定语。作主语主要用于问物，偶尔也用来问人 (a)，作宾语只用于问物 (b)，作定语则没有这种限制 (c)。但不管作主语、宾语，还是定语，都是表示选择，只是有的时候词面上出现选择对象，有的时候选择的对象隐而未现。例如：

a. 哪是你个屋啦 哪是你的房子呢

（指着相片问）哪是你父啦 哪（一位）是你父亲呢

b. 自家想好，到独要哪 自己想好，到底要哪

c. 带几宗东西哪宗为 [uai³¹] 贵点啦 这几样东西哪样珍贵点呢

小说一个人规定只能借两本，你借哪两本

武汉哪条街最闹热欸

带学期哪几个老师跟咱耐上课啦

北京果多位子哪位子好玩点啦北京这么多地方哪个地方好玩点呢

c 组作定语的五例中，第一例是"哪·量"，第二例是"哪·数·量"，第三例是"哪·量·名"，第四例是"哪·数·量·名"，第五例是"哪·名"。可见，"哪"作定语，对"数·量·名"的要求是比较宽松的。不过比较起来，最后的"哪·名"一式少见一些，没有"哪·数"组合的形式。

10.3.2.2　哪个 [·lo ko³⁵]

"哪个"中"哪"通常是读轻声 [·lo]，也有人读成 [·la]，强调时（比如用于反问，参见 10.3.3.1）才读上声 [la⁵³]。"哪个"用于问人，相当于北京话的"谁"。可以作主语、宾语、定语。作定语大多是表示领属，必须带"个"。例如：

主语　今儿哪个不去回今天谁不回家

　　　哪个把窗孔关倒个啦谁把窗户关上的呢

宾语　你打利找哪个打伙办厂欵你准备找谁合伙办厂呢

　　　那双新套鞋你驮去把了哪个了那双新雨鞋你拿去给了谁了

定语　不晓得是哪个个牛把我漏个麦喫了不知道是谁的牛把我家的小麦吃了

　　　带伢是哪个个儿啦这小孩是谁的儿子呢

"哪个"附"个"也可单用，作主语、宾语。例如：

油前儿就分了，哪个个还在里放倒啦油前天就分了，谁的还在那儿放着呢

带顶帽圈是哪个个爒这顶草帽是谁的呢

"哪个"后附语缀"漏"，表示"谁家"的意思，功能跟"哪个"相同。例如：

咱耐屋下哪个漏最有钱咱们村子谁家最有钱

昨儿下昼你在哪个漏昨天下午你在谁家

带是哪个漏个地哟这是谁家的地呢

10.3.2.3　哪低 [·la tai³³]

"哪低"中"哪"通常轻读为 [·la]，只有强调时（比如反问，参见 10.3.3.1）才读本调 [la⁵³]。作为疑问代词，"哪低"是问处所，相当于北京话的"哪里/哪儿"。可以作主语、宾语、定语，作定语时必须带"个"。例如：

主语　哪低有乌龟脚鱼卖嬲哪儿有乌龟甲鱼卖呢

　　　哪低在里打电影啦哪儿在放电影呢

宾语　带回你出差去哪低哟这次你出差去哪儿呢

　　　佢打倒你哪低欸他打着你哪儿呢

定语　哪低个炭好烧些啦哪儿的煤好烧点呢

　　　带个开车子个是哪低个人嬲这个司机是哪儿的人呢

"哪低"还经常跟介词组合，用在动词前后。例如：

带角些杂肌八弄的个东西往哪低搁欸这样些杂东西往哪儿放呢

你打利把屋做在哪低哟你准备把房子盖在哪儿呢

10.3.2.4　哪帽早 $[la^{53}\ mɔ^{33}\ tsɔ^{53}]$，几帽早 $[tɕi^{53}\ mɔ^{33}\ tsɔ^{53}]$，几多时 $[tɕi^{53}\ to^{33}\ sɿ^{31}]$

"哪帽早、几帽早、几多时"中"哪、几"可重读本调，也可轻读为 $[\cdot la]\ [\cdot tɕi]$，就看说话人表达时是否需要强调，强调则重读，不需强调则轻读。严格说来，"哪帽早"等应看作一种组合，而不是词，但因为它们是用来询问时间的比较常用也比较固定的表达形式，所以这里暂且作为一个词来处理。其实，询问时间除了这三种常用的形式，还有"么帽早、么时候，几时"的说法，这几种说法在意义和用法上跟"哪帽早"相当，只是因为人们用得比较少，所以在 10.3.1 的表中没有列出。

"哪帽早、几帽早"都可以用来询问时点，表达"什么时候"的意思。不过，就询问时点而言，"哪帽早"比"几帽早"的使用频率要高，尤其是当作定语的时候。例如：

你哪帽早有喜了个欸你什么时候怀的孕呢

带个鬼天哪帽早能得落雨哦 $[o^{53}]$ 这个鬼天什么时候能够下雨呢

哪帽早咱两个人把账结了佢呢什么时候咱们两个把账结了它呢

带窠猪儿你打利蓄到哪帽早欸这窝小猪你打算留养到什么时候呢

带是哪帽早个事哦这是什么时候的事呢

这些例子，"哪帽早"都可以换用"几帽早"，尽管人们实际上用"哪帽早"的倾向性更强。从位置上看，前两例中"哪帽早"用在动词前边，这种位置最为常见；第三例中用在主语前边；第四例中与介词组合，用在动词后边；第五例中用作定语，需要带"个"。

"几帽早"还可以用来询问时量，表达"多久"的意思。"哪帽早"则没有这种用法。下面例子中，"几帽早"不能换用"哪帽早"：

带个片子要打几帽早欸 这个片子要放多久呢

小陈走了几帽早了哦 小陈走了多久了呢

还要等佢几帽早哟 还要等他多久呢

前两例"几帽早"紧跟在动词后边，后例中"几帽早"置于宾语之后。

"几多时"也是用来询问时量的，功能与"几帽早"相同。不同的是，"几帽早"偏向于问较短的时量，"几多时"则偏向于问较长的时量。上面三例中前一例如果换用"几多时"，话就显得不合理，因为一个片子的放映时间不会太长。后两例虽可换用"几多时"，但换用后所反映出的时间观念就不一样了："几帽早"反映的时量可能是几个小时，"几多时"反映的时量当在几天、几周，甚至几月以上。下面两例所述之事经历的时间都不会太短，受语义的制约，例中"几多时"决不能换成"几帽早"：

你在武汉住了几多时欸 你在武汉住了多久呢

佢带膏病得了几多时了 他这场病害了多久了

10.3.2.5　几 [tɕi⁵³]，几多 [·tɕi to³³]

"几"是上声，但在"几多"中一般轻读，需强调时才读本调。作为疑问代词，"几"和"几多"都是用来询问数量的，[⑦]意思相当于北京话里表疑问的"多/多少"。表示"多"的意思时，两者用法相同，都是直接用在无标记的度量形容词前边。[⑧]下面例子中，"几"都可换用为"几多"：

做桌子面要几厚个板子哦 做桌面要多厚的木板呢

带个猪麻谱子有几重欸 这头猪估计一下有多重呢

眠床你打利做几宽 床你准备做多宽

几大个位子才放得下去欸 多大的地方才能放下呢

表示"多少"的意思时，两者用法不同：①"几"不能直接用在名词前边，而需带上量词；"几多"相反，总是直接用在名词前边，不需带量词。②"几"一般不单用；[⑨]"几多"可以单用，多作宾语，有时也作主语。③"几"常与动量词结合，用在动词后边询问动量；"几多"这样用得少。④"几"一般用于询问较小的数量（不超过"九"⑩）；"几多"在量上虽说没有严格的限制，但更偏向于用来询问较大的数量。例如：

a. 你漏买了几乘脚踏车子欸你家买了几辆自行车呢

你身上穿了几件毛绒衣哟

b. 你一天能得抄几多字欸你一天能抄多少字呢

一石田打得倒几多谷欸十亩田可以收到多少谷子呢

做带宗生意一年赚得倒几多欸做这种生意一年能赚到多少呢

几多才保本呢多少才保本呢

c. 油漆还要刷几套哟油漆还要刷几遍呢

你总共去了几回

a 组两例中"几·量"不宜换用"几多"，因为从情理上讲，一家不会买很多自行车，一个人身上不会穿很多毛衣。b 组前两例"几多"用在名词前边，依情理也不宜换用"几·量"；后两例"几多"单作宾语、主语，不能换成"几"。c 组两例中"几"是询问动量，换用"几多"就不如原句来得自然。

10.3.2.6 么样₂ [·mo iŋ³³]，什抹子 [ʂɿ³³ mɑ¹³ tsɿ³]，时低 [ʂɿ³¹ tai³³]，什谜₂ [ʂɿ³³ mai³³]，怎么 [tsan⁵³ mo⁵³]，什么 [ʂɿ³³·mo]

前五组所讨论的都是体词性疑问代词，这一组都是谓词性疑问代词。这组词在用法上或基本相同，或同中有异，从使用频率上看，有的比较活跃，有的则用得较少。

"么样₂"相当于北京话的"怎么样"。也有人（主要是读书人）说成"怎么样"，但这在方言区的人们听来，是一种较文的说法。"么样₂"通常是作谓语、补语。例如：

谓语 佢带个人么样他这个人怎么样

经理对你么样

补语 调动个事办得么样了啦调动的事办得怎么样了呢

上回进个货卖得么样了上次进的货卖得怎么样了

有时也作主语、宾语。作宾语时，谓语动词一般是心理活动动词。例如：

主语　么样划算点啦怎么样划得来点呢

　　　　么样才算讲义欤怎么样才算讲义气呢

宾语　你觉得么样啦你觉得怎么样呢

　　　　带也不行，那也不行，你到独想么样欤你到底想怎么样呢

　　"什抹子"（"子"也可不用）、"时低"都可以作谓语或用在心理活动动词后边作宾语，表示"怎么办"的意思。就这一方面而言，它们可以看作同义形式。下面三例中，"什抹子"可以换用"时低"，意思上没有什么差异。

谓语　姜你什抹子啦现在你怎么办呢

　　　　咱要是驮不倒钱，那什抹子欤咱如果拿不到钱，那怎么办呢

宾语　你打利什抹子啦你打算怎么办呢

　　但"什抹子"更多的时候是用在动词前边作状语，表示"怎么"的意思，而这种情况下的"什抹子"是不大能够换成"时低"的，换句话说，"时低"不大能够作状语。"什抹子"作状语有时是问方式（a），有时是问原因（b）。例如：

　　a. 油菜什抹子栽啦油菜怎么栽呢

　　　　泡菜什抹子做懈泡菜怎么做呢

　　　　电话什抹子打欤

　　　　收音机子你什抹子搞败了个啦收音机你是怎么搞坏了的呢

　　b. 灯泡子什抹子破了啦灯泡怎么破了呢

　　　　果个简单个题你什抹子做错了这么简单的题你怎么做错了

　　　　角个便宜个化肥你什抹子冇买几包呢这么便宜的化肥你怎么没买几包呢

　　　　果手好牌什抹子冇和［xu³¹］欤这么好的牌怎么没和呢

　　"什抹子"问方式还是问原因，在句式上有所反映。如果谓语动词是否定式（如 b 组后两例）或是过去式（如 b 组前两例），一般就是问原因的。但如果谓语动词的过去式后边又出现"个［ko³］"字，则往往是问方式，如 a 组最后一例是问方式的，不用"个"就是问原因，b 组前两例"了"后如果用"个"，就不再是问原因，而是问方式了。

　　10.3.2.1 中讲到"为谜、做谜"的形式可用来问原因。与"什抹子"比较，"为谜"偏向于问主观方面的原因，"什抹子"则偏向于问客观方面的原因，如 b 组第一例所问原因当是客观的，所以"什抹子"

不能改用"为谜"。下面一例中所问原因当是主观的，"为谜"也不宜改用"什抹子"：

　　你为谜不肯学剃头欸你为什么不肯学理发呢

　　"做谜"问原因一般是用在动词或宾语后边，"什抹子"问原因是用在动词前边。

　　"什谜₂"也是作状语问原因，表示"怎么"的意思。与"什抹子"不同的是：①"什抹之"只能用在动词前边；"什谜₂"既可以用在动词前边（a），也可以用在主语前边（b）。②"什抹子"只是询问事件的原因，不含别的意味；"什谜₂"除了询问事件的原因外，往往还包含说话人对事件本身感到意外的意味，如下面 a 组第一例，在说话人的意识中，"你"应该早结婚了，可事实上"还有结婚"，出乎说话人意料之外。③用"什抹子"的问句句末不能用语气词"欸"，用"什谜₂"的问句句末常用语气词"欸"。

　　a. 你什谜还有结婚欸你怎么还没结婚呢

　　　　分个西瓜你什谜有要欸分的西瓜你怎么没要呢

　　　　带个月个工资什谜果快就用完了欸

　　b. 光咱出钱，什谜佢不出钱欸光咱出钱，怎么他不出钱呢

　　　　什谜你还有到学去欸怎么你还没上学去呢

　　　　什谜塘漏个鱼哈死了啦怎么塘里的鱼都死了呢

　　a 组"什谜₂"用在主语后边，可以前置；b 组"什谜₂"用在主语前边，可以后移。

　　"怎么"用在动词前边作状语，多问方式，是一种较文的说法，疑从普通话里进入，除了读书人，一般人用得较少。例如：

　　走到带一步，姜怎么办呢走到这一步，现在怎么办呢

　　带个账你说怎么算

　　前一例"怎么办"是一较固定的说法，后一例"怎么"可换用为"什抹子"。

　　"什么"也是用在动词前边作状语，问方式，表示"怎么"的意思。不过它的使用频率也比较低，而且要求动词后边附带语缀及语法成分"法子·的"。例如：

　　带普棋什么走法子的欸这盘棋怎么走呢

带果高什么上去法子的欸这么高怎么上去呢

三代人一间屋什么住法子的啦三代人一间房子怎么住呢

10.3.3 疑问代词的非疑问用法

疑问代词有的时候不表示疑问。这主要有三种情况。这些情况普通话里也都是有的，只是大冶话里某些疑问代词在表示非疑问用法时所能出现的环境（句式）与普通话有所不同。下面主要是通过列举实例来反映这些情况。

10.3.3.1 表示反问

疑问代词大多可以用来表示反问，而且多半在句式上跟疑问用法没有什么区别，究竟是表反问还是疑问，需视语境而定；但也有的在句式上区别于疑问用法。例如：

带值个谜欸这值什么呢（这不值什么）

那不是朱朵花是谜啦那不是栀子花是什么呢（那是栀子花）

佢什谜不想要啦他什么不想要呢（他什么都想要）

什谜个人我冇见过啦什么人我没见过呢（什么人我都见过）

自家人还讲么礼喷自己人还讲什么客气呢（自己人不需客气）

四川人舞个菜哪样个不辣啦四川人做的菜哪样的不辣呢（四川人做的菜样样都辣）

哪个想到你会做果个事呢谁想到你会做这样的事呢（没人想到）

带角个钱哪个不想赚啦这样的钱谁不想赚呢（谁都想赚）

我哪低冇去过啦我哪儿没去过呢（我哪儿都去过）

佢哪低把钱当个数啦他哪里把钱当回事呢（他不把钱当回事）

我哪/几帽早求过人啦我什么时候求过人呢（我没求过人）

我做个是小本生意，一个月能掺几个/几多钱呢一个月能赚多少钱呢（赚不到多少钱）

我什抹子能得跟你比欸我怎么能跟你比呢（我不能跟你比）

叫你去什抹子能得不去呢叫你去怎么能不去呢（叫你去就得去）

果个硬饭什抹子喫得下去欸这么硬的饭怎么吃得下呢（吃不下）

为了搏嘴跑去奏死，你什抹子/时低（计）果糊涂欸因为吵嘴去寻死，你怎么这么糊涂呢（你太糊涂了）

经理让了别个当，你什抹子/时低（计）果□ $[\text{saŋ}^{31}]$ 欬经理让给别

人当，你怎么这么蠢呢（你太蠢了）

值得注意的是后两例，"什抹子/时低"用在"果·形容词"的结构形式前边，总是表示反问，这种句式是疑问用法所没有的；而且，在这种用法中，"时低"可以说成"时低计"，这在疑问用法中更是不容许的。

10.3.3.2　表示任指

即指在所涉及的范围内没有例外。疑问代词的这种用法往往是出现在一些特定的句式里。例如：

a. 佢是个老好人，哪个都不想得罪

我哪低都想去，就是冇得钱我哪儿都想去，就是没有钱

佢管什谜往娘屋漏驮她不管什么都往娘家拿

佢随么事一个人阴倒搞他不论什么事都一个人躲着搞

佢总个拉横，屋下漏不论哪个都怕佢他蛮不讲理，村子里不管谁都怕他

带年把我管了哪低都有去这一年左右我哪儿都没去

不管你哪/几帽早来我都在屋漏不管你什么时候来我都在家

管你耐什抹搞不管你们怎么搞，我都无所谓

随你什告法子的都告不会不管你怎么教都教不会

b. 什谜最便宜咱就买谜什么最便宜咱就买什么

哪最值钱你就得哪

碰倒哪个是哪个

我跟倒你，你到哪低我就到哪低我跟着你，你到哪儿我就到哪儿

我不急倒用，你想哪/几帽早还就哪/几帽早还我不急着用，你想什么

时候还就什么时候还

佢要时低/么样就时低/么样，太惯倒冇得行了他要怎样就怎样，太娇

惯了

我听乎你，你说时低/什抹子我就时低/什抹子我随你，你说怎么办我

就怎么办

c. 佢听什抹要跟我学他一定要跟我学

我听什抹不肯去我无论如何不肯去

佢总个懒，百谜（都）不想做他非常懒，什么都不想做

佢天不怕地不怕的个，百谜个话（都）敢说他天不怕地不怕，什么话

都敢说

佢冇得么本事他没有什么本事

带个片子冇得么看首这个片子没什么看头

三组例子表现出几种不同的句式特点。a 组的句式是"管（随、不论、不管、管了）……都……"前项"管"之类是同义形式，相互可以自由替换，只是位置上因疑问代词的性质不同而有所区别：疑问代词如果是名词性的，只用在代词前边；如果是谓词性的，就既可用在代词前边，也可用在主语前边，但比较起来，后一位置更为常见。一、二两例前项没有出现"管"类词，必要的话，可以添上。后项"都"也可隐可现。b 组的句式特点是同一疑问代词前后呼应，指称同一对象。唯独有点例外的是第一例，前用"什谜"后用"谜"，这种情况与这两个代词的功能差异却是相吻合的（参见 10.3.2.1）。c 组包括三种句式，但它们都只涉及个别的代词，没有 a、b 两式的普遍性大。前两例"听"按语义及作用，也该属"管"类词，如果宽泛点，这两例也可算作 a 式，但"听"不能替换"管"之类，"什抹"也不能改用别的疑问代词，"听什抹"近于一种固定说法，表示"一定/无论如何"的意思，强调的意味比较重；再者，此式不用后项"都"。中间两例也可归入 a 式，因为"百"语义及功用上也跟"管"类词相同，而且可以替换为"管、管了"等，还可出现后项"都"，但"百"后限用"谜"，"百谜"总是连用，这又是不同于 a 式的地方。最后两例的句式为"名/代_主·冇得·么·名_宾"。这是一种表达否定意思的句式，但话又不是说得那么绝对，不用"么"，语意上就重些了。

10.3.3.3　表示虚指

即用来指称说话人不知道或说不上的人、物、处所、时间、原因等。例如：

你要冇得么事就帮我做点谜你要没有什么事就帮我做点什么

带件汗夹子细了，把了哪个算了这件背心小了，送给谁算了

带种鱼我好像在哪低看倒过来这种鱼我好像在哪儿看见过

等哪/几帽早有空了跟你好好的□［k'u $\tilde{A}^{53}$］下子的等什么时候有空了跟你好好地聊一聊

佢什谜冇来唠［lɔ³］他不知怎么的没有来

10.3.3.4 特殊的非疑问用法

佢总个会编路子，什么头痛啊，腰痛啊，肚子痛啊，一大挂那个病 他很会扯谎，什么头痛啊，腰疼啊，肚子疼啊，一大堆病

佢什么不想跟咱打伙 他说什么不想跟咱合伙了

佢到处投人，什么我乱日要佢做生活，我有把点好个佢喫，又什么我时刻把气佢受 他到处跟别人说，说什么我整天要他干活儿，我没给他点好的吃，又说什么我经常让他受气

你带帽早说得么样么样好，过了身只怕又不是那话了 你这时候说得怎么怎么好，过后恐怕就不作数了

说什谜佢昨儿冇来上班呢 [ŋ̩i³]，还是果回事 怪不得他昨天没来上班呢，还是这么回事

第一例"什么"表示列举，二、三两例"什么"表示转述别人的原话或原意，第四例"么样"叠用，表示程度高，第五例"说什谜"是一固定说法，意思是"怪不得"。

10.3.3.5 末了交代一句，后畈、大箕铺等乡问人是用□ [man⁵⁵³]（疑是"么人 [‧mo zan³¹]"的合音），问处所是用"么□ [tɕ‧au⁵³]"（"□ [tɕ‧au⁵³]"疑是"处首 [tɕ‧y³⁵sau⁵³] 地方"的合音）。

附注

①为了方便排版，我们曾在有的文章中将单数第三人称代词记为"他"。

②参见拙作《大冶话的情意变调》。

③复数后缀" [la⁵/la³⁵]"的本字不易确定。因一时写不出本字，我们曾在有的文章中借同音字"那"来标记。为了避免跟远指代词"那"发生字面上的混淆，现改记为"耐"。"耐"也只是个音近字，其实际读音为 [la³³]，因找不到合适的同音字，只好暂时借用。

④"自家人"是一例外。"自家人"也可以说成"自家漏"。如：咱是个自家人/漏。

⑤"不是果低"有时是作为一种固定说法，表示"不是滋味""不舒服"或"不对劲"等意思。如：我心里总觉得不是果低（我心里总觉得不是滋味）。

⑥这里所说"单用"，是指单独成句或单独充当主语、宾语成分。

下文提到"单用"时所指相同。

⑦"几"有时是用来询问数目的，这时我们看作疑问代词，有时是表示不定数目，这时我们看作数词。这与某些著作的处理不太一致。如《现代汉语八百词》都是处理为数词的。"几"在大冶话里有时还用来表示程度高的意思，是程度副词，参见拙作《大冶话里的"很"类程度副词》。

⑧普通话里用来询问数目或程度的"多"，一般著作是处理为副词的。与"多"相类，大冶话里用于度量形容词前的"几、几多"似乎也应看作副词，但因为都是用来询问数量的，所以我们还是放在疑问代词中一并讨论。

⑨只有在计算的时候才单用。如：二加三等于几？

⑩但可用于位数词之前和"十"之后。如：几百；十几。

第 11 章　语气词[*]

提要　本章描写分析大冶话的语气词所能表示的种种语气意义，并说明其用法上的特点。一共列了 35 个大冶话里常用的语气词（包括同形词和特殊语气词），它们是根据在大冶城关和金湖街办调查所得的自然谈话录音材料和访谈记录收集的。金湖话跟城关话的语气词基本一致。

11.0　引言

语气词是一种后附虚词，一般附着在句子末尾，有的有时也附着在分句或句子的某一成分后边。汉语各方言都有语气词，但情况不尽相同，很能够体现方言的个性。就大冶话的语气词而言，有以下三点值得注意。

（1）数量较大，方言色彩浓厚，跟北京话比较，有明显的差异。有的在北京话里可以找到大体对应的形式，有的则很难找到；有的虽然在词形上跟北京话相同，但在意义及用法上并不一致。

（2）好些语气词可以分布于不同的句式，表示不同的语气意义。正是这种表义上的多能性，使得我们难于按通常的分类来对它们进行描写。文中语气词的排列顺序基本上是随意的，当然有时候也考虑到同类比较的方便。

（3）同一种语气意义往往可用不同的语气词表示。换句话说，大冶话里好些不同的语气词可以表示相同的语气意义。但也存在细微的差

　＊　本章内容原载《方言》1995 年第 2 期。

异。对于这种差异，文中尽可能地加以辨析。

语气词除了少数可以采用通行的写法外，大多数不容易确定汉字形式，文中好些语气词记的是同音字，或声韵相同、调值稍有不同的音近字，实在找不到合适的汉字形式的，就用方框"□"代替。语气词的读音也比较特殊，有的超出了语音系统，有的常与附着的前一音节产生音变或合音。这些情况，文中都加以描写和说明。文中还用代替号"～"表示所论语气词，下加波浪线"‿‿‿"表示同音（只在初次出现时才标）。同形词分别在右下角标"1 2 3"区别。为了节省篇幅，引例都不标音，引例中难懂的方言词句随文加注。例句与例句之间用竖线隔开。下列方言词在引例中出现次数较多，这里先作解释，例中不再加注。

带 [ta^{35}] 这

家业 [kɑ^{33} ȵe^{13}] 家具

果 [ko^{53}] 这么，那么

屋下 [u^{33} xɑ^{33}] 村子

谜 [mai^{33}] 什么

伢 [ŋai^{31}] 小孩

底 [tai^{53}] 这儿，这里

舞 [u^{53}] 弄（饭/菜）

里 [lai^{53}] 那儿，那里

驮 [t'o^{31}] 拿

什谜 [sɿ^{33} mai^{33}] 怎么

欠 [tɕ'iɛ^{35}] 想念

什抹（子）[sɿ^{33} mɑ^{13} tsɿ^{33}] 怎么，怎么办

困 [k'uan^{35}] 睡

哪低 [lɑ^{53} tai^{33}] 哪儿，哪里

喫 [tɕia^{13}] 吃

时低 [sɿ^{31} tai^{33}] 怎么办

齐 [ts'ai^{31}] 让

姜 [tɕiɔŋ^{33}] 现在

打利 [tɑ^{53} lai^{33}] 打算，准备

帽早 ［mɔ³³ tsɔ⁵³］时候

过夜 ［ku³⁵ ia³³］吃晚饭

下昼夜 ［xɑ³³ tsau³⁵ iɑ³³］晚上

莫 ［mo³³］别；［mɔ³³］没有

一向儿 ［i¹³ ɕiɔŋ⁵⁵］一段时间

哈 ［xɑ³³］都

（一）懈儿 ［i¹³ xaɻ⁵⁵］（一）会儿

蛮 ［mÃ³¹］很

总个 ［tsaŋ⁵³ ko³⁵］非常

个 ［ko⁰］结构助词，相当于"的"

倒 ［tɑ］相当于"着""得"

漏 ［le⁰］名词后缀，表"家、里"等义；状态形容词后缀，相当于"的"

耐 ［lɑ³⁵］后缀，表示复数，相当于"们"

11.1　吗₁ ［mɑ³¹］

用于疑问句，表示询问。由"吗₁"构成的问句跟北京话的反复问句"V 没 V"（"V"指动词或动宾、动补短语）相应。例如：

你看到我娘~你看见我伯母没有

你那个大个开亲~你的老大订亲没有

单被晒干~床单晒干没有

把"吗₁"构成的问句看作反复问句，基于以下三个事实。其一，V 的形式。"吗₁"问句中，V 不能是完成形式，即 V 不能带动态助词"了"和"过"，但问句问的是动作是否已经发生。其二，回答方式。对"吗₁"问句的回答如果是肯定的，要用"V 了"的形式作答；如果是否定的，则用"冇 V"的形式作答，也可以采用简省的形式，单用"冇"。这种回答方式正是对应于已然体反复问句的。其三，"吗₁"问句中的"吗₁"可以直接说"冇啦"，从表询问上看，两者是等值的，即"V 吗₁"＝"V 冇啦"，只是用"吗₁"，问话显得和气，用"冇啦"，语气上要重一些。事实上，这种不用"V 吗₁"而用"V 冇啦"

的情况也是比较常见的（参见 11.21 "啦"）。

11.2　吗₂　[ma⁵⁵]

"吗₂"用于祈使句，表示吩咐，一般用于长对幼或上对下，有关心、亲昵的意味。例如：

事办完了就快点回～

下昼夜我要有回，你就先困～

东西现成个，你自家舞倒吃～

有时还可以用"听吗₂"的形式放在句子后边，表示强调或提醒。例如：

莫去玩水，听～

11.3　个吗　[ko³⁵ ma⁰]

"个吗"用于是非问结构。通常用来表示反问或怀疑，有时也用来表示询问。以下举三组例句，a 组表示反问；b 组表示怀疑，不一定要求听话人回答；c 组表示询问，要求听话人回答。

a. 我把你个钱还少了～我给你的钱还少了吗

　要你在里个话，他敢果鞠～要是你在那儿的话，他敢那么傲气吗

b. 你坐果远，看得倒黑板～你坐那么远，能看清黑板吗

　一回借果多书，你看得完～一次借这么多书，你能看完吗

c. 你下昼夜回吃饭～你晚上回来吃饭吗

　打家业个事你跟他商量了～

11.4　吧₁　[pa²¹]

同"吗₁"一样，也是用在疑问句中，表示询问。例如：

明年子你打利做屋～明年你打不打算盖房子

你欠你阿母～你想不想你奶奶

带果多你驮得了～这么多你拿得了拿不了

你骑得倒脚踏车子～你会不会骑自行车呢

"吧₁"问句问的是人们的主观意愿或可能。回答如果是肯定的，就直接用问句中的动词作答；如果是否定的，就在动词语前边加"不"作答（但动词如果是表示可能的"动·得·补"形式，就要用"动·不·补"的形式作答，如后两例）。大冶话里也用"V 不啦"（或"V不 V 啦"，"啦"也可以不用）的形式，在表询问上跟"V 吧₁"是等值的，但"V 吧₁"在问话的口气上显得和气一些，因而更为常用，"而 V不啦"在问话的口气上要硬一些（不用"啦"口气更硬）。这种区别跟"V 吗₁"和"V 有啦"的区别是类似的。

11.5　吧₂〔pɑ³⁵〕

"吧₂"用于疑问句。又分两种情况。

11.5.1　表示猜度，希望得到证实，功能及用法跟北京话表猜度的"吧"字相当。例如：

大学生在里考试了～

你还有过夜～

带帽早有见倒人，只怕不得来了～这时候没见到人，恐怕不会来了吧

11.5.2　表示反问。例如：

带些年间我对你个照顾还少了～

通屋下就你一个人能为～（难道）全村就你一个人有本事吗

你怕他把你当个人～你以为他把你当人看吗

又有做亏心事，我怕哪个～

11.6　吧₃〔pɑ⁰〕

11.6.1　用于陈述句，表示特意告诉别人某事。所述之事对说话人来说通常是不如意的，或是中性的；如果是告知如意的或高兴的事情，一般不用"吧₃"。例如：

我那狗把人家一铳打死了～

我那个大个是果讨力～我那个老大就是这么不听话

去年子我不见了两乘脚踏车子 ~去年我丢了两辆自行车

他先前年子大前年借个钱今年子还冇还我 ~

11.6.2 用于祈使句，表示劝阻或鼓励。例如：

他那个人总个尖微，莫跟他打伙 ~他那个人非常小气，别跟他合伙

你莫吱声 ~，就做个找不倒个你别吭声，就装着不知道

你去做 ~，做了还怕他不跟你开工钱哦

你直接去找厂长 ~，厂长要安排个

11.6.3 用在感叹句"太 A 了"（A 表示形容词性词语）的后边，表示反语，同时表明说话人一种不合作的态度。例如：

我才懒得借钱他得，他太好了 ~｜让我跟你办喜事，你太听话了 ~

"吧₃"和"吧₂"在读音上比较接近，但细辨起来，还是有区别的。"吧₂"读得稍重一点，略呈升势；"吧₃"则读得轻短一些，大体上是个平调。不过，有人有时也可能会把"吧₃"读得重一点，很像"吧₂"的样子，但"吧₃"和"吧₂"在功能上的不同却是很清楚的，听话人凭借语境完全可以分辨出来，不会因为读音的相似而混淆。

11.7 呢₁ $[\eta i^{35}]$

11.7.1 用于特指问句，并且多用于询问原因的特指问句，句中出现"什抹、谜"等疑问代词或"为谜、做谜"等疑问性结构（a）。询问人物、数量、方式等的特指问句的后边倾向于用"欻₁/嘿"（参见11.9"欻₁"和11.17"嘿"），用"呢₁"的时候少（b）。"呢₁"有时也用于反复问句（c）。但"呢₁"不大用于选择问句，不能用在名词性成分后边，构成"NP 呢"问句。例如：

a. 你果大个人了，什抹还果不知事 ~你这么大的人了，怎么还这么不懂事呢

　个电视总不明朗，是谜个理 ~电视总不清晰，是什么原因呢

　你想借钱，做谜不早点儿跟我说 ~

b. 今儿舞谜个过夜 ~今天晚饭吃什么呢

　人生地不熟的，你去找哪个 ~

c. 带个礼咱收不收送 ~

　果多年冇有来往了，晓得他还认不认咱 ~这么多年没来往了，谁知他还认

不认咱

11.7.2 有时还用在句中表示语意未完，稍作停顿。例如：

他先是学砌匠，之后~，又去做生意

那细伢~，一年~，要长果多长

11.8　呢₂ [n̩i⁰]

"呢₂"用于陈述句。具体用法有两种。

11.8.1 跟"怪不得、说什谜_{难怪}"之类词语配合使用，强调一种醒悟的语气，并常常跟有说明原因的后续句。例如：

怪不得他两个人见了面不说话~，还是前一向儿搏吵了一膏嘴

他怪不得成绩单子不肯把我看~，原来是考试几门不及格

说什谜他带一向儿果积极~，原来还是要当科长了

11.8.2 跟"那/带"配合使用，表示一种确信的语气，强调事实显而易见，或看法、估断不用置疑。这里，"那/带"并无实义，只是跟"呢₂"构成"那/带……呢₂"的语气格式。例如：

他在厂漏那/带混得可以 ~他在厂里混得不错

你那/带赚了钱~，只我就有赚倒钱吧₃

接他回过月半，那他带欢喜~接他回来过元宵节，那他肯定高兴

木匠要学倒他带个样子，那带不是一天两天个事~

11.9　欸₁ [e⁰]

"欸₁"是大冶话里一个很常用的语气词。

11.9.1 用在特指问句（a）、反复问句（b）和反问句（c）的末尾，作用相当于北京话里表疑问语气的"呢"。下面的例句大多可以不用"欸₁"，用"欸₁"，句子更自然一些，语气上也温和一些。

a. 你哪帽早有喜了个 ~你什么时候怀上孕的呢

你乱日忙□ [man³⁵] 的漏，忙点谜 ~你整天忙忙碌碌的，忙什么呢

姜咱什抹子跟他交代 ~现在咱们怎么跟他交代呢

果大个事为谜不跟我商个量 ~这么大的事为什么不跟我商量呢

b. 你下昼夜回不回过夜个 ~ 你晚上回不回来吃晚饭呢

　　上回买个米吃冇吃完 ~

　　带间桌子你还要不 ~

　　我叫你洗衣裳个，你洗冇 ~

c. 见了老师什抹子能得不说话 ~

　　带角个忙法子的这么忙，哪个还有心思去看戏 ~

　　我连买冰箱个钱都驮不出来，哪低还有钱去集资做屋 ~

反复问句中，后项否定形式"不/冇 V"的 V 如果不出现，"欸₁"就总是跟否定词"不""冇"合音为"［pe⁰］呗"和"［me⁰］茂"。

11.9.2　用在带"几"的感叹句末尾，加强感叹语气，使话语富于情绪，作用相当于北京话里表感叹语气的"啊"。例如：

他漏几个伢几晓得事 ~ 他家几个小孩多懂事啊

那帽早吃冇得吃个，穿冇得穿个，几伤心 ~

11.10　欸₂［e⁵³］

11.10.1　用于陈述句，有时是指明事实（a），有时是表示埋怨或懊悔等情绪（b）。但不管是指明事实还是表示情绪，都使句子具有一种隐含意义，意味着事情出现了不如意的结果。这种不如意的结果有时作为后续句说出，如 a 组的最后一例；有时并不说出。为了强调出隐含意义，说话人还常常将"欸₂"的声音拖长。例如：

a. 他说了要来个 ~

　　《红楼梦》我买了一套个 ~

　　他蛮老实个 ~，冇想倒会去做果个事 没想到会去做这种事

b. 你不该跟他说那些个 ~

　　我该齐他去学砌匠个 ~

以上 a 组例一意味着：他失约了，没有来；例二意味着：《红楼梦》不见了或找不到了。其余类推。如果不用"欸₂"，句子就不具有这种隐含意义，a 组就只是陈述一件事实，b 组虽说也还有埋怨或懊悔的意味，但这种意味已经很淡了。

11.10.2　用在呼语后边。这时"欸₂"有两读。一读上声［e⁵³］，

可用于当面称呼，也可用于距离听话人远一点时的称呼；一读阳平
[e³¹]，只用于当面称呼。读上声，口气随便些；读阳平，口气温和些。
如果要表现出说话人一种语重心长的语气，就只能读阳平，如下面
例二。

胖子～，你还有几多冇搞完啦

桂英～，你不好过就在屋漏歇两天啦你不舒服就在家里歇两天吧

11.11　□ [le³⁵]

11.11.1　用于疑问句。常用在：a 名词性成分后边，构成"NP～"
问句；b 选择问句的前项后边；c 假设性的问句后边；d 征询性的问句
后边。作用上，"[le³⁵]"和"欤₁"和"呢₁"一样，也跟北京话里表
疑问语气的"呢"字相当，但在分布上与"欤₁""呢₁"不同，它们大
体上呈一种互补状况（参见 11.9"欤₁"11.7"呢₁"）。例如：

a. 你父～——做生活干活去了

带些报纸～，哈驮去卖了它啊

b. 你说带宗颜色好点儿～，还是那宗颜色好点儿

是先割谷～，还是先窖种玉榴

c. 要是我找不倒他个人～

明儿不出日头～，那被窝还洗不欤₁

d. 就果低啦就这样吧，你说～

我说齐他在底住一向儿梭我解放前让他在这儿住一段时间再说，你看～

"[le³⁵]"虽说有时也用于特指问句和反复问句，但这种情况下更
倾向于用"欤₁"或"呢₁"。下面的例子，用"[le³⁵]"就没有用
"欤₁"或"呢₁"来得自然。

带帽早了这时候了，你叫我去找哪个～/欤₁

他为谜跟人家搞不倒～/呢₁他为什么跟人家搞不好呢

带回分屋咱要不～欤₁/呢₁

11.11.2　用于陈述句，指明事实或情况。常用在答句的末尾。
例如：

裁缝机子什谜踩不动了啦——把被桂芬搞败了～

你不是有间老屋个啊——那间老屋把我那个大个住倒了～

卖猪个四百块钱还在里吗₁——那四百块钱驮去还账了～

11.12　呵₁［a⁵³］

11.12.1　用于陈述句，表示强调或提醒。例如：

a. 他冇得人教，读书不效～他没有人教，读不好书

　　他兄弟两个总个扯平仗～他们兄弟俩什么事儿都要扯平

　　带幢屋是他耐做个～

b. 开工了～

　　还不吃，菜哈冷了～还不吃，菜都冷了

a 组用不用"呵₁"意思相同，但用"呵₁"，语气上要重一些。b 组"呵₁"用和不用，句子的意思有差异：不用是一般的陈述，用则是一种提醒，提醒中也带有几分强调的意味。如例一不用"呵₁"，是陈述"开工了"这一事实，用"呵₁"是提醒对方"该开工了"或"到开工的时候了"，而事实上也可能并没有开工。

11.12.2　有时用于祈使句，表示语气较为直率的吩咐或劝告等意思。例如：

出去把门锁好～

带筒路总个趏，挑担子过细点～这段路非常滑，挑担子小心点

莫出去七说八说的～别出去乱说

11.13　呵₂［a³⁵］

"呵₂"表示因事情出乎意料或超出寻常而感到惊讶的语气。通常是用于"好 A"式的感叹句（a），这类句子如果不用"呵₂"，就只是一般的感叹，没有事出意外而惊讶的语气。也用在由疑问代词"谜"构成的表示责问的疑问句（b）的后边，这类句子如果不用"呵₂"，句子不光失去了责问的意思和惊讶的语气，而且还不自然，得用上别的表示疑问的语气词。例如：

a. 两斗畬地一上昼就犁完了，好快～

　　果件褂子要三十块钱，好贵～

　　带伢好晓得事～这个小孩好懂事啊

b.　你说个谜～

　　带个搞谜个经～这是搞的什么名堂

11.14　呵₃［a⁰］

"呵₃"总是用在句中，有两种情况：

11.14.1　用在并列的两个句子当中，表示埋怨、为难或不如意的情绪。例如：

　　当倒面～不说，过了身～又突是裸意见当着面不说，过后又尽是意见

　　那帽早～有得钱，姜有钱了～又买不倒了

　　说得来～，他不高兴，不说得来～，咱又看不惯

　　去～不是，不去～不是，你叫我什抹怎么办子欸

11.14.2　用在选择问句的前项后边。例如：

　　你是吃饭～还是吃面

　　带个工程你接～还是不接

这种句子不用"呵₃"也很自然，意思上也没有什么变化，但用"呵₃"，语气上显得舒缓一些。

11.15　唻［la³⁵/la³¹］

"唻"通常读去声［la³⁵］，也可以读阳平［la³¹］，读去声语气上稍显重些；但如果在前后相关的两句末尾同时"唻"，就要求前后读音相异，一般是前读去声，后读阳平，如 a 组例一。

a.　钱放好～，莫齐那［tsʻo¹³］白个□［lɔ³⁵］去了～别让小偷偷去了

　　汤一回少兜点儿～汤一次少舀一点儿

　　开车子确实要过细～开车千万要小心

b.　带是你说个～

　　水总个［uo¹³］～水非常烫

　　你要再果搞，我就对你不客气了个～

c. 带个账我哈一笔笔的跟大家算清楚了个～

　评奖个事我冇插手～

　班主任我说了不当个～

以上 a 组表示吩咐、叮嘱，一般是祈使句。b 组是陈述句，表示提醒、警告，但这种提醒、警告之中往往也隐含着某种祈使的意义。如"带是你说个～"，隐含的意思是"你别到时候不承认"；"水总个□ [uo^{13}] ～"，隐含的意思是"别烫着"。c 组也是陈述句，表示申明某种情况，或说话人的某种态度、决定等。

"唻"有时还跟副词"才"配合使用，表示夸张的语气。这时只读阳平。例如：

他一张嘴才会说～

他一笔字写得才好～他写得一手好字

11.16　盖 [ka^{35}]

11.16.1　用于祈使句，但一般不用于带"莫"的否定性祈使句。常用来表示命令、指使，并常表现说话人一种不满、厌烦的情绪，或含有一种责备、教训、赌气的意味，这时一般读得比较重，口气也显得比较硬（a）。"盖"有时也用来表示一般的要求，这时读得比较轻弱，口气要舒缓一些（b）。例如：

a. 你自家看～，一身以上蹲倒滚得像个谜了

　坐倒冇得事，帮我把屋收下子～

　你就不去～，看他能把你什抹子

b. 把你那脚踏车子借我用下子～

　你先穿倒试～，要不得就悄换一件

　咱再等懒儿会儿～，算不倒他过懒儿就回了

"盖"还可以和动词构成"V～试～"的格式，用于警告、威吓对方。例如：

你骂～试～你骂一声试试

带间屋是分了我个，你叫他占～试～

例一言外之意是：你敢骂一声，我就对你不客气了。

11.16.2　"盖"有时还用在表示反事实的假设分句"要是/要不是……"的后边，强调甲事对乙事的决定性影响。下面的例子如果不用"盖"，就没有强调的意味。

要是你不去～，恐怕就有得带回事了

要不是他老弟给他寄钱～，他几个伢只怕老早就读不起书了

11.17　嘿［xa³⁵］

11.17.1　用于特指问句。例如：

a. 个病果不能好，是谜个哩～这病老是不好，是什么原因呢

一车子砖什谜只剩倒果几块了～一车砖怎么只剩下这么几块了呢

黑绝了烟，他为谜还不去回～天完全黑了，他为什么还不回家呢

b. 鼎罐里炆个谜～，果个香法子的锅里炖的什么呢，这么香

哪帽早才能得窖玉榴～什么时候才可以种玉米呢

他那套家业去了几多钱～他那套家具花了多少钱呢

以上 a 组询问原因。特指问句的后面也可以用"呢₁"（参见 11.7 "呢₁"），但用"嘿"更能突出说话人一种疑惑、好奇的心理。而且，询问原因的"嘿"问句常常是因疑惑或好奇而发出的一种自问，不一定要求回答，因此，主语不能是"你/你耐"（主语如果是"你/你耐"，指明了答问的对象，就要求对方作出回答）；询问原因的"呢₁"问句就没有这个限制。b 组分别询问事物、时间、数量和方式。

11.17.2　用于祈使句，表示吩咐或商议等。例如：

a. 你要饿了就先吃～

花绒跟我缂厚点儿～

碰倒有便宜个藕就带倒顺带跟我买几斤～

b. 工钱我过一向儿把你～

明儿下县咱一路去～明天咱一起去县城吧

要是他人手做不来，你就去帮下得～

以上 a 组表吩咐。"吗₂"和"唻"也表示吩咐（参见 11.2 "吗₂"和 11.15 "唻"），但"吗₂"多用于长对幼或上对下，带有关心、亲昵的色彩；"唻"不受说话人身份的限制，口气上也要硬一些，吩咐中多

少含有一点指令的味道；"嘿"则既不受说话人身份的限制，同时语气上又比较温和、亲切，丝毫没有强迫对方听从的意思。b 组表示商议，带有征求对方意见或请求对方允许的意味。

11. 18　嘛［ma⁰］

读音上，［a］受前面的［m］影响而带点轻度的鼻化。

11. 18. 1　用于陈述句，表示一种确证的语气，即表示事实确凿，可以作证。例如：

那日算账他在里～，有问题当时做谜不说欸₁

我把钱他诊病他不要～，不信你问他自家啦

他说了今儿要回个～

11. 18. 2　用在推论句和假设句的前分句的后边。例如：

a. 既然他不讲仁～，那咱就不跟他讲义了

你既然答应了人家～，就要跟人家办啦

b. 他要是能帮下～，我就快活轻松点儿啦

要不是我人熟～，人家早就把他辞了

要是你在里～，他就不得果个态度对我了

a 组是推论句。b 组前一例表示一般性的假设，后两例表示反事实的假设。这种反事实的假设分句后边的"嘛"也可以换为"盖"，但用"盖"，重在强调甲事对乙事的决定性影响，用"嘛"则重在强调一种庆幸、惋惜或埋怨等的情绪。如后两例用"盖"，强调的意思是：正因为我人熟，人家才没有辞退他 | 正因为你没在那里，他才那种态度对待我；用"嘛"，强调的意思是：幸亏我人熟 | 可惜你没在那里。

11. 18. 3　用在句中，表示稍有停顿，让人注意后边的话。例如：

端阳节～，我又跟他捉了只鸡，送了个礼吊子

之后～，我就径直冇跟他来往了

11. 19　得［ta⁰］

作为语气词，含有"可以"的意味。其用法有两种：

11.19.1　用于陈述句，指明事实或情况。例如：

他快三岁了还不晓得说话～

东西多了有得哪低放～

两床被窝一直有得空洗～

11.19.2　用于祈使句，表示语气较为直率的请求，但在使用上很受限制，一般只出现在带动量补语"下［xa^0］"的祈使句的末尾。例如：

把絮褥子驮那炉子去烤下～

灶下个扬尘用帚子扫下～厨房的灰尘用扫帚扫一下

天太热了，叫大家坐倒歇懒儿～

你管下你那老孙～

11.20　啊［a^0］

11.20.1　用于疑问句，但只用于是非问句，不用于特指问句、选择问句和反复问句。例如：

a. 咱父看［$k'\tilde{\varepsilon}^{33}$］牛还有回～

　兴果多西瓜不怕人家□［lo^{35}］～种这么多西瓜不怕别人偷吗

b. 带字是他写个～，信倒不蛮像这字是他写的吗，看去不太像

　带果多书你本本都看过了～这么多书你每本都看过了

c. 听说你带一向儿总个忙～

　你细老子在学堂子告书～（听说）你小叔叔在学校教书

"啊"在 a 组表示一般的询问，在 b 组表示对事情的怀疑。这两组中的"啊"都可以换用"个吗"，句子的基本意思不变。不过比较起来，b 组用"个吗"所表示的怀疑程度比用"啊"稍深一些（参见11.3"个吗"）。c 组用"啊"，表示对事情不能确信，希望得到证实，但又不同于"吧₂"。"吧₂"问句希望证实的是说话人猜测的情况（参见11.5.1），句中常用"只怕"一类表示猜测的副词；而"啊"问句希望证实的是说话人"听说"的情况，句中常出现"听说"一类表明消息来源的词语（后一例虽没有出现"听说"二字，但包含听说的意思；"听说"二字也可以加在前面）。大冶话里，回声问的末尾如果要用语

气词的话，总是用"啊"，情形跟 c 组是类似的。例如：

散会了你留一下——我留一下～

你那个细个老幺么样啦——我那个细个～？细个还要讨力不听话点
儿啊₁

"啊"还可以用于反问句，但限于是非问结构。例如：

带像个乡干部说个话～

你个细伢小孩打得赢他个大人个～

11.20.2　用在假设分句的后边，表示假设语气。常跟"要是/要不是"配合使用。例如：

a. 要是果划得来～，你就做下去，划不来就算了。

　　他连巴老回子要是果好顺和睦～，生活还是过得个

　　明儿不落雨～，我想去趟武汉

b. 要不是我接倒搞～，带个钱就水泡汤了

　　他要是个晓事个～，一年决不止存带几个钱

a 组表示一般性的假设。b 组表示反事实的假设，"啊"也可以换用"嘛"，但句子带有说话人的某种情绪（参见 11.18.2"嘛"），用"啊"只是客观地表达一种假设的语气，不带感情倾向。

11.21　啦 $[l\alpha^{21}]$

"啦"的使用频率很高，分布范围也比较广。

11.21.1　用在疑问句的末尾，表示询问。但只用于反复问句（a）和特指问句（b），不用于是非问句和选择问句。例如：

a. 出去果多时你想不欠屋子～

　　年终结算搞冇搞～

　　带丘田今儿犁不～

　　你阿爹个病好冇～

b. 你耐班漏读书数哪个效式～你们班上读书谁好一些呢

　　带间眠床买成么价～这张床花多少钱买的？

　　带糟猪儿哪帽早能得出糟～这窝猪崽什么时候能卖呢

a 组"V 不/冇 V 啦"（Ⅰ式）和"V 不/冇啦"（Ⅱ式）也可说成

"V 吧₁/V 吗₁"（Ⅲ式，参见 11.4 吧₁ 和 11.1 吗₁）。三式比较，Ⅲ式语气温和，Ⅱ式语气重些，有时还表现出说话人的某种情绪（不太耐烦或不太客气等），Ⅰ式语气上更重一些。这就是说，三式中，格式的繁简是跟语气的轻重程度成比例的。从使用频率上看，也与格式的繁简相关：Ⅲ式最常用，Ⅱ式次之，Ⅰ式则用得少些。当然，这里面也有礼貌的因素，因为在表达上，Ⅲ式最客气，所以最常用，Ⅰ式最不客气，所以用得少些。"啦"有时也用在特指问结构的反问句的末尾，表示反问。例如：

我哪低冇得熟人～我哪儿没有熟人呢

通屋下个人哪个不怕他～全村的人谁不怕他呢

11.21.2　用在祈使句的末尾，表示命令、请求、劝阻、催促或建议、征询等，例如：

a. 你走开点～，徛在底抵手绊脚的你让开点，站在这儿碍手碍脚的

因了醒起来把那眠床牵下～睡了觉起来把床理一下

他一个人在里玩得好好的，你莫去缠倒他哭～你别去把他弄哭了

你快点儿去～，不是不然人家走了

b. 我去剁两斤肉回～

我就去舞过夜个～我就去做晚饭吧

就果底～就这样吧，你说呢

11.21.3　用在某些感叹句（a）或带有某种情绪的陈述句（b）末尾，表示感叹或肯定语气。例如：

a. 带果低几好～这样多好啊

带伢长倒几等痛～这个小孩长得多可爱啊

b. 只他就拐～他才坏呢

带是他做个好事～

在感叹句中，"啦"常跟具有感叹作用的"几"配合使用，但不跟"几"作用相同的"好、真、太"等词配合，大冶话里没有"好/真/太好～"之类的说法。b 组的例二是反语，因为说话人的情绪较重，所以末尾用了"啦"。

11. 22　噢₁　[ɔ³⁵]

11. 22. 1　"噢₁"常用在祈使句和陈述句的末尾表示吩咐、叮嘱或提醒、申明等，作用上跟"唻"基本相当（参见11. 15"唻"）。一般情况下它们可以互换，用此用彼，多半取决于人们的习惯〔有时在前后相关的两句的末尾错综使用，通常前面用"噢₁"，后面用"唻"（读阳平），如a组例一和b组的两例〕。不过比较而言，"唻"更常用一些，但在说话的态度上，用"噢₁"比用"唻"显得更恳切一些。下面的例子，a组是表示吩咐、叮嘱的，b组是表示提醒的，c组是表示申明的，例中"噢₁"都可以用"唻"替换。

a. 你把糖囤藏好~，不是他看倒要吃个唻

　　莫走远了~，就要过夜了

b. 他总个顽皮个~，你招呼倒唻

　　怕要变天~，把伞带倒唻

c. 屋漏个事我一概不问了个~

　　带是你答应个，出了事你负责~

11. 22. 2　"噢₁"有时还用来表示看法，并希望得到对方的肯定或认可，有"你说是/对吧"之类的意思。这种句子往往含有感叹意味，句中常出现"好、真、太"等带有感叹意味的词。例如：

带伢好刁个~这个小孩好聪明的（你说是吧）

他真心健（指老人身体）健康~

这些句子如果不用"噢₁"，就成了一般的感叹句。

11. 23　噢₂　[ɔ⁵³]

11. 23. 1　用在祈使句末尾，表示商量的语气。例如：

带两套西服折价卖了它~

化肥明儿去买~

11. 23. 2　用在句中，表示强调，语音上比前一种用法读得重些，后边要作停顿。又可以区分为两种情况。（1）用在主语或补语标记

词"倒"的后边,极力强调主语或"倒"字前后的动、补成分,带有明显的夸张色彩;这时"倒"要读作 $[tɔ^{53}]$,如果不用"噢₂","倒"一般读 $[tɑ^{0}]$(a)。(2)用在表示反事实的假设分句的后边,极力强调甲事对乙事的影响(b)。例如:

a. 他~,乱日只晓得玩_{他啊,整天只知道玩}

　　我昨儿累倒~,那腰就直不起来了

　　前儿发火,那楼漏个柴草~,烧倒~,那火之果□ $[p'aŋ^{33}]$ _前
_{天着火,楼上的柴草烧得火焰冲天}

b. 要不是我赶去~,人家要把他活活的果打死

　　要是早两年齐他当队长~,那咱耐屋下不是姜带个样子

b组"噢₂"可以换用"盖"(参见 11.16"盖"),但用"盖",强调的语气没有用"噢₂"重。

11.24　阂 $[lɔ^{0}]$

"阂"用在陈述句中,指明事实或情况,常常带有提醒的意味。例如:

锅漏还有饭~,你去盛倒吃啦

你还要找我十块钱~

他早就有做木匠了~,你还不晓得个唦

11.25　耗 $[xɔ^{35}]$

11.25.1　用于祈使句,表示命令、禁止或警告等,语气比较直率生硬。例如:

你跟我滚到一边去~

过年不准抹牌赌博~

放规矩点儿~,莫动手动脚的漏

你少戳点拐~,招呼倒我搂你个人_{你少使点坏,小心我搂你}

11.25.2　用在说明看法的句子中,表示不肯定的语气,并往往含有征询的意味,希望得到对方的赞同。这种情况下的"耗"也可以读

成高平降调553。例如：

带张牌只能果打～

带宗色气可得～

例中如果不用"耗"，语气是很肯定的，用"耗"，语气就变得不那么肯定了，说话人也就显得不那么自信了，并使句子带有一种征询的口气。如例一等于说：这张牌我看只能这么打，你看呢？虽说是征询，但说话人心理上还是希望得到对方的赞同，而不是否定。

11. 26　哦〔o^{53}〕

11. 26. 1　用在特指问句（a）和反复问句（b）的末尾，表示询问，作用大体上也跟北京话表询问的"呢"字相当。当反复问句"V不/冇 V"中的后 V 不出现时，"哦"就跟否定词"不""冇"合音为〔po^{53}〕啵和〔mo^{53}〕么。例如：

a. 你两个人在里叽叽咕哝的说点谜～

咱阿爹到哪低去做生活去了～咱爷爷到哪儿干活去了呢

果多高什抹子架起去～这么高怎么架上去呢

b. 你还想不想吃带碗饭～

落了果多时个雨，湖地淹冇淹～

年里带栋屋做得起来不～

这些例子中，"哦"都可以换用"欸₁"，但就表询问来说，"哦"和"欸₁"有区别。用"欸₁"，口气软和些，用"哦"口气直率些，生硬些，如果是对位尊的一方说话，用"哦"就显得不够恭敬了。其次，"哦"一般不用于询问原因的特指问句；"欸₁"没有这个限制。再者，"哦"有时也用于反问句，但范围有限，常见的是用在以"怕"为谓语动词的是非问结构的反问句（a），而很少用于特指问结构的反问句（b）；"欸₁"不用于是非问结构的反问句，但用于特指问结构的反问句是很自由的（参见11. 9"欸₁"）。例如：

a. 你怕我总个喜你～你以为我非常喜欢你（我并不喜欢你）

他打起人来怕你死～（他打起人来不怕把人打死）

b. 姜你冇得钱了，哪个还腮你～谁还理你呢（没人理你）

11.26.2 表示推测的语气，作用上有点类似于"吧₂"，但它并不要求得到证实。句中常用"只怕、恐怕、估计"之类推测词。例如：

带几天那屋果个潮法子的屋子这么潮，只怕要落雨了～

他今儿冇带伞个，只怕要打一身湿～

带个酒冇得人喝～

后一例没有出现推测词，如果不用"哦"，说明的就是事实，语气是肯定的；用"哦"，就变成了一种推测，语气是不肯定的。

11.26.3 用于祈使句，表示建议，口气比较随便。例如：

咱先把带个位子占倒～

猪儿看一向儿再卖～猪崽养一段时间再卖

11.26.4 跟具有感叹作用的"好/几"配合，表示感叹语气。例如：

他看倒好后生～他看上去好年轻

乡下过年，又是玩狮子，又是唱戏，几闹热～

11.27 啰₁ ［lo⁵⁵³］

"啰₁"常用在疑问句（一般用于特指问句，不用于是非问句）（a）、祈使句（b）和感叹句（c）的末尾，有时也用在陈述句的末尾（d），表示一种轻松、随便的语气。它只用于一般的场合，并只用于亲朋好友或地位等同、关系亲密者之间；如果是在一种庄重的场合用"啰₁"，或位卑的一方对位尊的一方用"啰₁"，就显得不庄重，对人不尊敬。例如：

a. 箱子内面装个谜～

　　带道题什抹子做～

b. 把你个脚踏车子借我用下～

　　明儿帮我把屋粉下～

c. 你那屋收拾倒好干净～

　　带筒甘蔗真甜个～

d. 我把你个事忘见了～

　　我不想做生意了～

11.28　啰₂ [lo³⁵]

"啰₂"用在陈述句的末尾，强调事实或看法。当强调事实时，有的还表现出对事实不满的情绪（a）；有时则表现出对事实无可奈何的情绪，这时句子往往隐含着一种反事实的假设（b）。例如：

a. 姜把他气走了～

　　果谱好棋把你几下走输了～

b. 他不肯来～

　　我答应他了～

b 组两例隐含这样的意思：要是他肯来……｜要是我没有答应他……"啰₂"有时候就是用在反事实的假设句的末尾，起强调的作用。例如：

　　要是他肯上场，带场球咱不得输得果惨～

　　你要早来一脚就赶倒车子了～

　　下面是"啰₂"用来强调看法的例子：

　　今年油菜要打个百把斤油～

　　做庄稼你就敌不倒他～干农活你就不及他

11.29　唦 [so³¹]

"唦"用于疑问句。有两种情况：

11.29.1　用于询问，表示对某种原先不知的情况感到惊讶的语气，作用上跟"呵₂"有些相似，但分布不同，不能换用（参见 11.13 "呵₂"）。例如：

a. 他是你个细儿～他是你的小儿子

　　你参加工作了～

b. 你还有成家个～

　　带个月个工资只一百块钱～

a 组虽说是问句，但疑问程度很低，它只是要求对方肯定或证实一下。b 组却不同，它侧重于询问事情的原因，疑问程度比 a 组要高。这组句子的主谓之间很容易进入疑问代词"什谜",如例一就可以说成"你什谜还有成家个～"。用了"什谜",询问原因的意思就更突出了。这两组例子如果不用"唝",就只是一般的是非问句。"唝"也可以用于特指问句,只是这样用的时候比较少。例如:

你哪帽早去找了他～

屉子个东西哪个动了～

这类句子要求听话人就疑点作出回答,但同样带有惊讶的语气。

11.29.2　用于反问句,表示反问的语气。在表示反问这一点上,"唝"跟"个吗"作用相当(参见 11.3 "个吗")。但"个吗"只用于是非问结构,"唝"没有这个限制。下面例子最后一例中的"唝"是不能换用"个吗"的。

你是人,偏个就不是人～

我为你用个钱还少了～

他哪低把上班当回事～

11.30　唆〔so⁰〕,啄〔tso⁰〕

"唆,啄"是两个自由变体,用于祈使句,表示要求、建议或劝告等。不同于其他祈使语气词的是,它们只用在要求/建议/劝告先做某事或先维持某种状况的祈使句末尾。例如:

把谷抢倒割了～,玉榴过几天去窖

现饭吃了～ 先把剩饭吃了

你在底住倒～ 你先在这儿住着,等新屋做起来了再搬,带些板子齐他在屋漏堆倒～ 这些木板先让它在屋里堆着再说

11.31　"个"〔ko⁰〕

11.31.1　"个"作为语气词,主要用在陈述句的末尾,加强肯定语气,相当于北京话的语气词"的"。例如:

我隔头以前总个喜走棋～

他说了今儿跟咱送钱来～

调动个事办个差不多了～

"闹"和"嘛"也用于陈述句，表示的语气意义跟"个"大体相同（参见 11. 24"闹"和 11. 18"嘛"），但有差异。"闹"表示情况如此，是客观地陈述事实，带有提醒意味；"个"表示情况本来如此，是肯定地陈述事实；"嘛"表示情况绝对如此，是确证地陈述事实。比较：

王主任出差回了闹 (你不知道?)

王主任出差回了个 (肯定没错!)

王主任出差回了嘛 (不信去问!)

11. 31. 2　"个"有时还用在包含"真/好"的感叹句的末尾。例如：

带伢有得娘老子，真作孽～真可怜

带位子好阴沁个这个地方好阴凉

例中用"个"，使感叹中带有确信的语气。

11. 32　了 [le⁰]

"了"作为语气词，跟北京话的语气词"了"字相当。

11. 32. 1　用在陈述句的末尾，表示事情有了变化或将有变化。例如：

工商局同意我在底开餐馆～

天果一阴倒天阴沉沉的，只怕要落雨～

等懒儿再走，饭就熟～

11. 32. 2　用在否定性祈使句的末尾，表示劝止。例如：

板头莫丢～，留倒带勒还有用小木块别丢了，留着以后还有用

11. 32. 3　有时还用在"最 A"形式作谓语的句子后边，加强肯定的语气。例如：

他那个人最不讲义～

双抢带季生活最坐累～双抢 (抢收抢种) 时农活最累

例中"了"的作用跟"个"相当，但不能换用。

11.33　楞能 $[lan^{35}\ l\tilde{\varepsilon}^{31}]$

"楞能"常常合音为 $[l\tilde{\varepsilon}^{553}]$。用于陈述句或祈使句末尾，表示一种勉强、无奈或厌烦的情绪。例如：

就果低这样算了 ~

你走远点，我你怕 ~

莫乱日秦倒我果结 ~ 别整天缠着我闹

11.34　上升尾音

大冶话里还有两个表示语气的尾音形式：上升尾音和下降尾音。从作用上考虑，这两个尾音形式可以看作两个特殊的语气词。上升尾音总是出现在是非问结构的末尾，表示反问语气。例如：

带道题还不好做 ~

带屋咱买得起 ~

带角这样个衣裳他看得中 ~

这些句子也可以不用上升尾音，但作为反问句，必须带上疑问语调，不然，就成了一般的陈述句；用上升尾音，是为了加强反问语气。

11.35　下降尾音

下降尾音总是出现在陈述句的末尾，表示强调，有时还表明说话人一种不满、不乐意或不耐烦的情绪。例如：

我留他歇，他红黑不肯 ~ 我留他住下，他执意不肯

我跟他说了几多好话，他就是不听 ~

带对猪儿总个好高 ~ 这两头小猪非常挑食

今儿下昼夜我要上课 ~

这些句子如果不用下降尾音，就是一种客观的叙述，不含强调意味和感情态度。

第 12 章　有定成分 "a"[*]

提要　本章考察了大冶方言语法成分"a"的用法，讨论了"a"的性质，认为"a"是一个表示有定的成分。文中指出，要加强对方言语法现象的深入调查。

12.0　引言

本章考察的是大冶方言的一种语法成分"a⁴⁵"。这一现象我们曾在《大冶方言的"把"字句》一文的附注中提及（汪国胜 2001），没有作为一个专门的问题来讨论。例如：

（1）a 牛奶忘见了把糖 牛奶忘记了加糖

（2）渠把 a 细个抱了人家了 他把小的给别人领养了

本章主要说明"a"的用法，其次讨论"a"的性质。语料大多取自自然谈话录音的转写材料，也有的是自拟的。年轻人和老辈人在"a"的使用上存在一定的差异。

12.1　"a"的用法

12.1.1　用在作主语的名词语前边

12.1.1.1　处于句首，前无别的成分。如例（1）。又如：

a 老师经常说渠个 老师经常批评他的

a 菜多把点油，不是不好喫 菜多放点油，不然不好吃

＊　本章内容原载《语言研究》2012 年第 2 期。

12.1.1.2 前有领属性成分。

（a）最常见的是人称代词。例如：

渠 a 老孙好多大［t'a³³］了他的孙子很大了

咱 a 新屋装修有花么钱咱的新房子装修没花多少钱

（b）其他领属性成分。例如：

我父 a 汗夹子破了个眼我父亲的背心破了个洞

汪家山 a 树哈把人家斫了汪家山的树都被别人砍了

（c）有时，领属性成分前边也可用 "a"。例如：

a 箱子 a 底层把 a 老鼠哈扼了箱子的底层都被老鼠咬了

a 公园 a 花哈开满了，不晓得几好看公园的花都开满了，非常好看

12.1.1.3 前有表对象或范围等状语成分，中间往往有停顿。例如：

渠那些人眼里，a 钱不算个谜他那些人眼里，钱不算什么

在咱带几家，a 细伢哈蛮好［xɔ³⁵］顺个在咱这几家，小孩都挺和睦的

12.1.1.4 并列的名词语前边可分别用 "a"。例如：

a 语文啦，a 数学啦，a 英语啦，渠有得一门效个语文啦，数学啦，英语啦，他没有一门行的

渠 a 书、a 笔、a 本子，哈把人家□［lɔ³⁵］去了他的书、笔、本子都被别人偷去了

12.1.2 用在作介宾的名词语前边

12.1.2.1 最常见的是用在处置式介宾的名词语前边。如例（2）。特别是在 "把 + N + 一 + V 倒" 这一格式中，N 前用 "a" 更为普遍。例如：

渠把 a 脸一垮倒，吓死个人他阴沉着脸，吓死人

渠把 a 灯一亮倒，搞倒我睏不着醒他亮着灯，搞得我睡不着觉

把 a 裤脚一扎倒卷着裤腿

把 a 眼睛一翻倒翻着眼睛

12.1.2.2 用在其他介宾的名词语前边。例如：

我一五一十的［ta³］跟 a 老板娘哈说了我原原本本地都跟老板娘说了

渠有驼伞，把 a 雨夺了他没拿伞，被雨淋了

12.1.2.3 根据收集到的语料，我们看到下面几种情况一般不出现"a"。

第一，动词后边的宾语位置。不过，表位移地点的处所宾语前边可以出现。例如：

渠把 a 电视搬 a 客厅去了 _{他把电视搬到客厅去了}

渠一起早就跑 a 学堂去了 _{他一清早就跑到学校去了}

第二，人名等专名的前边。

第三，不跟数量词同现。即用 a 的名词语前边不能出现数量词。

12.2 "a"的性质

12.2.1 有的先生把这种成分看作"语缀"（张惠英 2011）。但从这种成分的实际功能看，看作语缀还有待商榷。语缀是构词或构语成分，它只出现于词语层面；而"a"固然是用在名词语的前面，但它只是在句子层面上才会出现，或者说，它只是在实际的言语交际中才会用到，孤立的一个名词语，我们不会在它前面用上"a"。

12.2.2 有的先生把类似的成分看作发语词（张济民 1993，转引张惠英 2011）。例如：

α^{33} α^{35} qei^{42} $ȵe^{55}$ $ȵtɕ\,ɯ^{55}$ $mpə^{42}$。（我家没有食盐）

（发语词） 家 我 有 盐 没

作者指出：α^{33} 的粘着性不是很强，有时也可以省略，不影响句子的完整性和明确性；又说：发语词和其他词没有结构上的关系，也没有意义上的牵连，它只起引发全句的作用。

大冶方言的"a"固然可以出现在句首，但也可以出现在句中；既可以用在作主语的名词语前面，也可以用在作介宾的名词语前面。显然，其作用不在引发句子。

12.2.3 我们觉得，大冶方言的"a"更像是一个表示有定的语法成分，作用类似于英语的定冠词"the"。我们知道，英语往往是通过冠词"the"和"a"表示对象的有定和无定；汉语没有冠词，普通话里往往是借助词汇手段（a）或通过句法位置（b）等来区分和显示对象的有定和无定。例如：

a. 那批客人来了｜来了一批客人（有定｜无定）

b. 客人来了｜来客人了（有定｜无定）

方言的情况有所不同，比如大冶方言，除了借助词汇成分和句法位置，还可以用 "a" 来表示对象的有定。

"a" 表有定，这是一种笼统的说法。具体来说，"a" 所表示的有定对象通常是交际双方共知的事物，但也可以是说话人所要议论的一个话题。例如：

a 人还是要讲义，不能太无□〔n̩a¹³〕人还是要讲义气，不能太不讲情义

a 电不晓得是谜果狠电不知道为什么这么厉害

12.3　结语

大冶方言 "a" 表有定的现象值得我们重视。

12.3.1　"a" 表有定的现象很能够显示方言的特点。过去人们大都认为，语法上方言与普通话的差别不大；随着近 30 年来对方言语法研究的展开和深入，人们的这种认识在逐渐改变。其实，通过对方言事实、方言细节的深入考察，我们常常会发现一些很有意思的现象。大冶方言的 "a"，我想不会是一种孤立的表现，在别的方言里，有没有相同功能的成分或类似的语法现象，这是需要我们做进一步的调查的。

我们看到，广州话的量词有定指的功能（周小兵 1997）：

条石梯好企这条石阶很陡

啲雨咁大点行呀这雨这么大怎么走啊

这一现象跟大冶方言的 "a" 有点类似，但又不同。

12.3.2　要进一步加强对方言语法现象的深入调查。本章的语料，大多取自自然谈话录音的转写材料。但我们都知道，现在方言（特别是偏远地区的小方言）的面貌变化得越来越快，如不及时记录备案，就有可能消失，使我们失去宝贵的语言资料。

比如大冶方言，我们注意到，就现时来说，"a" 的使用有随意的现象，即有时不是强制性的。这种随意性主要有两种情况：其一，在适用的条件下，如果是一般场合，倾向于用；如果是比较正式的场合，则

倾向于不用。其二，老辈人倾向于用，年轻人多倾向于不用。这就说明，"a"的用频在减少。随着强制性的削弱，随意性的增强，"a"就有可能逐渐萎缩直至消亡。

第 13 章　情意变调[*]

提要　情意变调是指为表达某种情感或意义而使用的一种变调。大冶话的情意变调与词类相关，规律性很强，本章主要对它的变调形式及表达的情意作了一个比较全面的考察。从表达的情意看，变调可以区分事物的大小，表示动作的交替、程度的不适中、数量的微少，或表达喜爱、轻蔑的感情，缓和说话的语气。

13.0　引言

变调是汉语方言里普遍存在的一种音变现象，但在不同方言中的具体表现不尽相同。北京话、苏州话等许多方言中的变调是因音节的连读而发生的，它并不引起意义上的变化。大冶话里这种连读变调是很少的，情况比较单纯，也不太典型^①；更多的、情况比较复杂的是为了表示某种情感或/和意义而使用的变调^②，我们称为情意变调。这种变调因变调的形式不同，表达的情意也有不同，而这些与词类又有一定的对应关系。例如：

碗 u$\tilde{\varepsilon}^{53}$ 泛指碗　u$\tilde{\varepsilon}^{51}$ 特指小碗

妹 mai^{33} 不含感情色彩　mai^{553} 带有亲昵感情

刷刷洗洗 ɕya^{13} ɕya^{331} sai^{53} sai^{53} 又是刷又是洗　ɕya^{13} ɕyaŋ^{13} sai^{53} saiŋ^{331} 时而刷刷，时而洗洗

高高（的）kɔ^{33} kɔ^{33} 很高　kɔ^{33} kɔŋ^{331} 高了点儿

两幅（画）n̠iɔŋ^{53} fu^{13} 客观的说明　n̠iɔŋ^{53} fu^{553} 表量少，含轻蔑意味

下面就以词类为目，分别从变调的形式及其情意、词的变调形式与

＊　本章内容原载《中国语文》1996 年第 5 期。

本调形式在情意及功能上的差异等方面来加以说明。

13.1　名词的变调

13.1.1　名词视字的本调不同而采用两种不同的变调形式。如果变调词是双音节或多音节的，变调一律只出现在后一音节。

阴平、去声、入声字变读为一种高平降调553。这种变调形式出现的频率最高。例如：

阴平　缸 kɔŋ³³⁻⁵⁵³（左为本调调值，右为变调调值，下同）

眼睛 ŋÃ⁵³ tɕian³³⁻⁵⁵³（横线表示白读音，下同）

拖拉机 tʰo³³ la³³ tɕi³³⁻⁵⁵³

去声　凼 tɔŋ³⁵⁻⁵⁵³　扁担 p ĩ⁵³ tÃ³⁵⁻⁵⁵³

按暖褂 ŋɛ̃³⁵ ʒɿ⁵³ kuɑ³⁵⁻⁵⁵³ 冬天穿在里面的短褂儿

入声　桌 tso¹³⁻⁵⁵³　麻雀 mɑ³¹ tɕʰio¹³⁻⁵⁵³　頓钵 tan³⁵ po¹³⁻⁵⁵³钵子

上声字变读为阳平。例如：

伞 sÃ⁵³⁻³¹　窗孔 tsʰɔŋ³³ kʰaŋ⁵³⁻³¹　棉袄 m ĩ³¹ ŋɔ⁵³⁻³¹

阳平字不能变调。阳平字名词如果需要获得变调所表达的情意，就在名词前边用上词汇成分"细〔sai³⁵〕"，并按去声变调，读作〔sai⁵⁵³〕。例如：

细塘 sai³⁵⁻⁵⁵³ tʰɔŋ³¹　细竹床 sai³⁵⁻⁵⁵³ tsau¹³ tsʰɔŋ³¹

细鲤鱼 sai³⁵⁻⁵⁵³ lai⁵³ n̠y³¹

用"细"变调也适用于非阳平字名词。就是说，非阳平字名词要获得变调所表达的情意，可以有两种选择：一是名词本身变调，二是用"细"变调（a），比较起来，前者更常用，因为它只需变音，不需增加语言符号，显得经济而方便。两者一般不同时兼用，只有上声字名词有些特殊，变调后还可以再在前边用"细"变调（b）①；但为了使情意表达得显豁些，强调些，在变调后的名词前边用上不变调的"细"，则是常见的（c）。例如：

a. 包 pɔ³⁵⁻⁵⁵³/细包 sai³⁵⁻⁵⁵³ pɔ³³　洞 tʰaŋ³⁵⁻⁵⁵³/细洞 sai³⁵⁻⁵⁵³ tʰaŋ³³

b. 细桶 sai³⁵⁻⁵⁵³ tʰaŋ⁵³⁻³¹　细窟窿 sai³⁵⁻⁵⁵³ kʰu³³ laŋ⁵³⁻³¹

细锅铲 sai³⁵⁻⁵⁵³ uo³³ tsʰÃ⁵³⁻³¹

c. 细树 sai³⁵ ɕy³⁵⁻⁵⁵³   细屋 sai³⁵ u¹³⁻⁵⁵³

细冬瓜 sai³⁵ taŋ³³ kua³⁵⁻⁵⁵³

b 组"细"和名词也可以只变其中的一项，成为 a（斜线右边）和 c 的形式④。

"子"尾词也不能直接变调。如要变调，就需去掉"子"尾⑤，或改换词面形式。如，平常一般是说"猫子"和"剪子"，但变调时，前者要去掉"子"，再将"猫"变读为〔mɔ³⁵⁻⁵⁵³〕；后者要换用"夹剪"，再变读为〔ka³³ tɕi⁵³⁻³¹〕。同样的例子：

索子→索 so¹³⁻⁵⁵³   汗衫子→汗衫 xɛ̃³³ sÃ³³⁻⁵⁵³

袱子→袱 fu³³⁻⁵⁵³   鼻子→鼻孔 pʻai³³ kʻaŋ⁵³⁻³¹

巷子→巷道 xuɔŋ³³ tʻɔ³³⁻⁵⁵³

需要说明的是，大冶话里的情意变调还常常伴随着音节的儿化。儿化一般不引起韵母发音的变化，只需直接在韵母后边加上儿化音〔ɻ〕。〔ɻ〕韵母不变。例如：

盒 xo³³ xoɻ⁵⁵³   箱 ɕiɔŋ³³ ɕiɔŋɻ⁵⁵³

柜 kʻuai³³ kʻuaiɻ⁵⁵³   刺 tsʻɿ³⁵ tsʻɿ⁵⁵³

但儿化对于名词变调来说，并不是必需的，也可以不儿化。为了简便，在下面举例的记音中，如果不是需要特别指明，一般不记儿化音⑥。

13.1.2 名词变调所表达的情意主要表现在以下两个方面。

13.1.2.1 表示小称。名词变调往往可以区分同类事物的大小。其中又包括两种情况：

其一，名词的本调形式表示统称，通常泛指整类事物，也可单指同类中的大的事物；变调后表示小称，特指同类中的小的事物。属于这种情况的比较多。例如：

汽车 tɕʻi³⁵ tsʻe³³泛指汽车   tɕʻi³⁵ tsʻe⁵⁵³小汽车

收音机 sau³³ ian³³ tɕi³³泛指收音机   sau³³ ian³³ tɕi⁵³³小收音机

黑板 xa¹³ pÃ⁵³泛指黑板   xa¹³ pÃ³¹小黑板

水罐 ɕy⁵³ kuɛ̃³⁵泛指水罐   ɕy⁵³ kuɛ̃⁵⁵³小水罐

茶盅 tsʻa³¹ tsaŋ³³泛指茶盅   tsʻa³¹ tsaŋ⁵⁵³小茶盅

帽圈 mɔ³³ tɕʻyɛ̃³³泛指草帽   mɔ³³ tɕʻyɛ̃⁵⁵³小草帽

楼梯 le^{31} t'ai^{33} 泛指梯子   le^{31} t'ai^{553} 小梯子

锅 uo^{33} 泛指锅   uo^{553} 小锅

灶下 tsɔ^{35} xa^{33} 泛指厨房   tsɔ^{35} xa^{553} 小厨房

屋下 u^{33} xa^{33} 泛指村子   u^{33} xa^{553} 小村子

堰沟 iɛ̃^{35} ke^{33} 泛指水渠   iɛ̃^{35} ke^{553} 小水渠

雨 y^{53} 泛指雨   y^{31} 小雨

乌鳢 u^{33} lai^{53} 泛指乌鳢   u^{33} lai^{31} 小乌鳢

蟆虾 ma^{31} xa^{33} 泛指虾子   ma^{31} xa^{553} 小虾子

老鼠 lɔ^{53} çy^{53} 泛指老鼠   lɔ^{53} çy^{31} 小老鼠

"汽车"本调表示统称，当说话人不需指明汽车的大小，或只需单指大汽车时，就要用本调形式；变调表示小称，当说话人需要特别指明是小汽车时，就要用变调形式。其余各例类推。

其二，名词的本调形式指称同类中的大的事物，变调形式指称同类中的小的事物，在指称范围上两者没有包容关系。例如：

刀 tɔ^{33} 大的刀   tɔ^{553} 小的刀

被窝 p'ai^{33} uo^{33} 大的被子   p'ai^{33} uo^{553} 小的被子

鸡 tçi^{33} 大的鸡   tçi^{553} 小的鸡

山 sÃ^{33} 大的山   sÃ^{553} 小的山

"刀"本调是指菜刀、柴刀一类大刀，变调是指水果刀、削笔刀一类小刀。"被窝"本调是指成人盖的大被子，变调是指小孩特别是婴幼儿盖的小被子。

当然，事物大和小的界限有时是难以绝对划清的。比如，究竟多大的刀才够得上是大的刀，用本调形式，多大的刀才算是小的刀，用变调形式，有时就很难确定，甚至还可能因人而异，但"刀"这个词的本调形式和变调形式分别表示同类中大、小不同的两种刀子，却是很清楚的。

由于名词变调主要是表示小称意义的，所以除了语音上的限制外（参见13.1.1），词义上变调的名词还要求必须是表示具体事物且能区分大小的名词。抽象名词所指对象无形可言，自然不能变调；虽属具体名词而所指事物并无大小之分的，也不能变调，如"饭、水、庄稼"等。就是所指事物可以区分大小的具体名词，也还有的不能变调。这些名词大都不是方言里的基本词汇，它们所指称的事物不是方言区人们日常生活中经常接触到的，如"熊猫、炸弹、卫星"等。或者它们是一种比较文雅、正规的说法，口语中不常用，虽然它们所指的事物也很常见。这类名词大多是从普通话中进入的。例如：

鸡公 tɕi³³ kaŋ³³⁻⁵⁵³——公鸡 kaŋ³³ tɕi³³

茅厕 mɔ³¹ sʅ³³⁻⁵⁵³——厕所 tsʻa¹³ so⁵³

窗孔 tsʻɔŋ³³ kʻaŋ⁵³⁻³¹——窗户 tsʻɔŋ³³ xu³³

每组等义词中，左边的说法是方言里固有的，常用的，可以变调；右边的说法是从普通话里进入的，除了一些读书人，一般人不大使用，它们不能够变调。

名词变调后一般不能再受"大"的修饰，但可以受"大点"的修饰。如"大点个锅〔tʻa³³ ŋan⁵⁵³ ko³ uo³³⁻⁵⁵³〕"，表示小锅中大一点儿的。相对地也可以说"细点个锅〔sai³⁵ ŋan⁵⁵³ ko³ uo³³⁻⁵⁵³〕"，表示小锅中小一点儿的。值得指出的是，"细点个锅"和"细锅〔sai³⁵ uo³³⁻⁵⁵³〕"中"细"的作用不同。前者"细"是起区别作用，意义比较实在；后者"细"只是配合变调名词表示小称，使小称意义更加显豁（参见13.1.1）。

13.1.2.2　表示爱称。有的名词变调后除表示小称意义外，还表示爱称。这种爱称意义在特定的语境中体现得尤为明显。例如：

①小燕个鼻孔、眼睛长倒真等痛 ɕie⁵³ iɛ̃³⁵ ko³ pʻai³³ kʻaŋ⁵³⁻³¹、ŋÃ⁵³ tɕian³³⁻⁵⁵³ tsɔŋ⁵³·tɑ tsan³³ tɛ̃⁵³ tʻaŋ³⁵ 小燕的小鼻子、小眼睛长得真可爱

②带条裤色气蛮好，在哪低买个欸 ta͜³⁵ tɕʻie³¹ kʻu³⁵⁻⁵⁵³ sa¹³ tɕʻi³⁵ mÃ³¹ xɔ͜⁵³、tsʻa³³·lɑ tai³³ ma⁵³ ko³ e³ 这条小裤儿颜色挺好，在哪里买的呢

③他看个那只猫总个乖 kʻe³¹ kʻɛ̃³³ ko³la͜³⁵ tsʅ³³ mɔ³⁵⁻⁵⁵³ tsaŋ⁵³ ko³⁵ kua³³ 他养的那只小猫非常乖⑦

例中变调名词都具有小称意义："鼻孔""眼睛"特指小孩儿的小鼻子和小眼睛；"裤"特指小孩儿穿的裤子（如果要用来指称大人的鼻子、眼睛和裤子，就不能变调，不然就会闹成笑话）；"猫"特指小猫。同时，它们又表达出说话人一种喜爱的感情。大冶话里，表示晚辈和年幼的平辈的亲属称谓词，变调后往往兼表小称和爱称。例如：

④你媳妇生了个谜欸——生了个老孙 ŋ⁵³ ɕi³⁵ fu³³ sɛ̃³³ le³ ko³⁵ mai³³

e³——sɛ̃³³ le³ ko³⁵ lɔ⁵³ san³³⁻⁵⁵³ 你儿媳妇生了个什么呢——生了个孙子

　　⑤我弟今年考上了大学 ŋo⁵³⁻³³ t'ai³³⁻⁵⁵³ tçan³³ ŋɛ̃³¹ k'ɔ⁵³ sɔŋ³³ le³ tɑ³³ çio³³

　　例④ "老孙"不变调，表明答话人是不带感情倾向的，变调后就表达出答话人一种内心的喜悦。同样，例⑤ "弟"变调，表达了说话人一种亲昵的感情，如果要表达得更为亲昵一些，还可以在 "弟"前边加上词缀 "老"。像 "老孙、弟（老弟）"以及 "妹（老妹）、表妹、表弟、表侄、外甥、外甥妖〔tɑ³⁵〕外孙女"等词，如果用来指称的具体对象是成年人，就不能变调，变调后所指称的对象一般是未成年人。

　　13.1.2.3　此外，名词变调有时还可以使词义发生转移，或使词的义项减少。例如：

　　媳妇 çi³⁵ fu³³ 儿子的妻子　　　　çi³⁵ fu⁵⁵³ 妻子

　　眼 ŋÃ⁵³ 眼睛：瞎了~；窟窿：墙上有个~　　ŋÃ³¹ 小窟窿

　　盖 ka³⁵ 盖子：把~揭开；遮掩：~被窝　　ka⁵⁵³ 小盖子

　　尖 tçĩ³³ ㊀末端细小，尖锐：~鼻孔｜针蛮~；㊁物体锐利的末端或细小的头儿：鼻孔~都是灰｜针~断了　　tçĩ⁵⁵³ 同㊀

　　从词性上看，"盖""尖"读本调，分别为动名、形名兼类词，变调后就只是一个名词了。

　　还有变调后使非名词转化为名词的情况。例如：

　　一向 i¹³ çiɔŋ³⁵ 表示从过去到现在　　　　i¹³ çiɔŋ⁵⁵³ 过去的某一段时间

　　立刻 lai¹³ k'a¹³ 马上　　　　　　　　　lai¹³ k'a⁵⁵³ 刚才

　　词性不同，在功能分布上也就不一样。例如：

　　⑥他一向待我不错 k'e³¹ i¹³ çiɔŋ³⁵ t'a³³ ŋo⁵³ pu¹³ ts'o³⁵

　　⑦带一向个雨总个多 tɑ³⁵ i¹³ çiɔŋ³⁵⁻⁵⁵³ ko³ y⁵³ tsaŋ⁵³ ko³⁵ to³³ 这一段时间的雨非常多

　　⑧他在武汉很住了一向 k'e³¹ ts'a³³ u⁵³ xɛ̃³⁵ xɛ̃⁵³ tç'y³³ le³ i¹³ çiɔŋ³⁵⁻⁵⁵³ 他在武汉很住了一段时间

　　"一向"在例⑥中本调作为时间副词，充当状语；在例⑦例⑧中变调作为时间名词，分别充当定语和补语。

13.2　动词的变调

　　13.2.1　动词的基本形式是不变调的，能够变调的只有单音节动词的叠连格式。叠连的动词要求都是表示具体动作的动词，而且在意义上应具有相关可连性。如"搓搓揉揉"，"搓"和"揉"有类义关系，"开开关关"，"开"和"关"是反义关系，它们表示的动作都可以连接进行。为了便于叙述，我们把这种格式记为"AABB"。

动词变调都是出现在叠连的各项动词的后一音节，变调的形式也视词的本调而定。变调时往往还需儿化。

动词本调是阴、上、入三声的，变读为中平降调331。例如（依叠连的前一动词分项举例）：

阴平　搓搓（揉揉）ts'o³³ ts'o³³⁻³³¹（zau³¹ zauɿ³¹）

　　　穿穿（脱脱）tɕ'yɛ̃³³ tɕ'yɛ̃ɿ³³⁻³³¹（t'o¹³ t'oɿ¹³⁻³³¹）

　　　开开（关关）k'a³³ k'aɿ³³⁻³³¹（ku ã³³ ku ã ɿ³³⁻³³¹）

　　　装装（拆拆）tsɔŋ³³ tsɔŋɿ³³⁻³³¹（ts'a¹³ ts'aɿ¹³⁻³³¹）

上声　走走（歇歇）tse⁵³ tseɿ⁵³⁻³³¹（ɕie¹³ ɕieɿ¹³⁻³³¹）

　　　滚滚（蹭蹭）kuan⁵³ kuanɿ⁵³⁻³³¹（ts'ɛ̃³⁵ ts'ɛ̃ɿ³⁵⁻⁵⁵³）

　　　写写（擦擦）ɕĩ⁵³ ɕĩɿ⁵³⁻³³¹（ts'a¹³ ts'aɿ¹³⁻³³¹）

　　　扠扠推推（拉拉）saŋ⁵³ saŋɿ⁵³⁻³³¹（la³³ laɿ³³⁻³³¹）

入声　哭哭（笑笑）k'u¹³ k'uɿ¹³⁻³³¹（ɕie³⁵ ɕieɿ³⁵⁻⁵⁵³）

　　　插插（抽抽）ts'a¹³ ts'aɿ¹³⁻³³¹（ts'au³³ ts'auɿ³³⁻³³¹）

　　　独独用缝纫机缝（撩撩用针缝）tau¹³ tauɿ¹³⁻³³¹（ȵie³³ ȵieɿ³³⁻³³¹）

　　　挖挖（铲铲）ua¹³ uaɿ¹³⁻³³¹（ts'ã⁵³ ts'ã ɿ⁵³⁻³³¹）

本调是去声的，变读为高平降调553。例如：

做做（玩玩）tsau³⁵ tsauɿ³⁵⁻⁵⁵³（u ã³¹ u ã ɿ³¹）

背背（抱抱）pai³⁵ paiɿ³⁵⁻⁵⁵³（p'ɔ³³ p'ɔɿ³³⁻³³¹）

跪跪（徛徛站站）kuai³⁵ kuaiɿ³⁵⁻⁵⁵³（tɕ'i³³ tɕ'iɿ³³⁻³³¹）

唱唱（说说）ts'ɔŋ³⁵ ts'ɔŋɿ³⁵⁻⁵⁵³（ɕya¹³ ɕyaɿ¹³⁻³³¹）

本调是阳平的，不能直接变调，但发生儿化。下面例词中的后连动词都是非阳平字的变调、儿化形式，所以整个格式仍属变调形式：[8]

骑骑（推推）tɕ'i³¹ tɕ'iɿ³¹（t'ai³³ t'aiɿ³³⁻³³¹）

停停（开开）tɕ'ian³¹ tɕ'ianɿ³¹（k'a³³ k'aɿ³³⁻³³¹）

跑跑（歇歇）p'ɔ³¹ p'ɔɿ³¹（ɕie¹³ ɕieɿ¹³⁻³³¹）

犁犁（耙耙）lai³¹ laiɿ³¹（p'a³³ p'aɿ³³⁻³³¹）

　　动词变调通常是两项叠连的格式，偶尔也有三项叠连的，但变调规律相同。下备两例。由于此类情况比较少见，除了格式上是三项叠连外，其他方面没有什么特别，所以在下面的讨论中一般不再涉及。

　　坐坐躺躺困困_{睡睡} ts'o^{33} ts'oŋ$^{33-331}$ t'oŋ^{53} t'oŋ$^{53-331}$ k'uan^{35} k'uaŋ$^{35-553}$

　　锯锯刨刨钉钉 tçy^{35} tçyŋ$^{35-553}$ p'ɔ^{33} p'ɔŋ$^{33-331}$ tçian^{35} tçianŋ$^{35-553}$

　　13.2.2　动词变调的意义，细分起来也有两种。如果叠连的两项动词（往往是持续性动作动词）在意义上是类义关系，那么变调表达的意义是"时而AA，时而BB"。如"搓搓揉揉"，变调后的意思是"时而搓搓，时而揉揉"。如果叠连的两项动词（往往是短时性动作动词）在意义上是反义关系^⑨，那么变调表达的意义是"A了又B，B了又A"。如"开开关关"，变调后的意思是"开了又关，关了又开"。但不管是"时而AA，时而BB"，还是"A了又B，B了又A"，叠连的单音节动词的变调形式都是表示两种动作的交替进行。有时为了强调动作进行时的轮番不断，还将叠连的两项动词再逆序连用，造成一种词面回环的格式。例如：

　　⑨几件衣裳搓搓揉揉，揉揉搓搓，洗了大半天 tçi^{53} tçʽɛ̃^{33} i^{33} soŋ^{31} ts'o^{33} ts'oŋ$^{33-331}$ zau^{31} zauŋ^{31}，zau^{31} zauŋ^{31} ts'o^{33} ts'oŋ$^{33-331}$，sai^{53} le^{3} t'a^{33} pɛ̃^{35} tçĩ^{33}

　　⑩细旭把那个旧收音机开开关关，关关开开，玩倒蛮起劲 sai^{53} çiau^{13} pɑ^{53} la^{35} ko^{35} tçʽau^{33} sau^{33} ian^{33} tçi^{33} k'a^{33} k'aŋ$^{33-331}$ kuã^{33} kuã ŋ$^{33-331}$，kuã^{33} kuãŋ$^{33-331}$ k'a^{33} k'aŋ$^{33-331}$，uã^{31} · tɑ mã^{31} tçi^{53} tçan^{35}

　　大冶话里，动词的叠连格式有的也可以不变调，但在意义和功能上同变调形式有着明显的对立。首先，变调形式是表示两种动作的交替进行，本调形式则表达"又是A又是B"的意思，是表示一定时间内两种动作的同时进行（句中常出现表示时段的词语），虽然客观上，这两种动作也可能是交替的，但说话人在表达上并不注重动作进行的交替性，而是要突出动作在一定时间内进行的同时性。其次，变调形式还有放慢动作节奏的作用，含有轻松悠闲、漫不经心或懒散无聊等意味，而本调形式则有加快动作节奏的作用，给人一种紧张繁忙的感觉。再次，变调形式在句中只能作谓语，本调形式在句中也作谓语，但更多的是作状语，而且不管是作谓语还是状语，都必须后附"的"字语法成分。此外，变调形式可以是三项叠连，本调形式叠连的只能是两项。比较下面的句子：

⑪a. 昨儿你在办公室漏画画写写的，在忙谜欻 ts'o³³ zʅ³ ŋ̍⁵³ ts'a³³ p'Ã³³ kaŋ³³ sʅ¹³ le³ xuɑ³³ xuɑ³³ çĩ⁵³ çĩ⁵³ ta³，ts'a³³ mɔŋ³¹ mai³³ e³ 昨天你在办公室里又是画又是写的，在忙什么呢

b. 他在办公室漏冇得事，就驮张纸画画写写 k'e³¹ ts'a³³ p'Ã³³ kaŋ³³ sʅ¹³ le³ mɔ³³ ta¹³ sʅ³³，tɕ'iau³³ t'o³¹ tsɔŋ³³ tsʅ⁵³ xuɑ³³ xuɑŋ³³⁻³³¹ çĩ⁵³ çĩŋ⁵³⁻³³¹ 他在办公室里没有事，就拿张纸时而画画，时而写写

⑫a. 他两个人唱唱跳跳的练到下昼黑才搁落 k'e³¹ ȵiɔŋ⁵³ ko³⁵ zan³¹ ts'ɔŋ³⁵ ts'ɔŋ³⁵ tɕ'ie³⁵ tɕ'ie³⁵ ta³ ŋ̍ĩ³³ tɔ³⁵ xɑ³³ tsau³⁵ xa¹³ ts'a³¹ ko¹³ lo¹³ 他们两个又是唱又是跳的练到傍晚才结束

b. 他两个人唱唱跳跳，到下昼黑了还不想搁落 k'e³¹ ȵiɔŋ⁵³ ko³⁵ zan³¹ ts'ɔŋ³⁵ ts'ɔŋ³⁵⁻⁵⁵³ tɕ'ie³⁵ tɕ'ieŋ³⁵⁻⁵⁵³，tɔ³⁵ xɑ³³ tsau³⁵ xa¹³ le³ xa³¹ pu¹³ çiɔŋ⁵³ ko¹³ lo¹³ 他们两个时而唱唱，时而跳跳，到傍晚了还不想结束

⑬a. 两斗地个麦割割捆捆的搞了一天 ȵiɔŋ⁵³ te⁵³ t'ai³³ ko³ ma¹³ ko¹³ ko¹³ k'uan⁵³ k'uan⁵³ ta³ kɔ⁵³ le³ i¹³ tɕ'ĩ³³ 两亩地的麦子又是割又是捆的搞了一天

b. 他割割捆捆，一斗地个麦一天还冇搞完 k'e³¹ ko¹³ koŋ¹³⁻³³¹ k'uan⁵³ k'uaŋ⁵³⁻³³¹，i¹³ te⁵³ t'ai³³ ko³ ma¹³ i¹³ tɕ'ĩ³³ xa³¹ mɔ³³ kɔ⁵³ <u>xuɛ³¹</u> 他割割捆捆，一亩地的麦一天还没搞完

例⑪ "画画写写" 在 a 句中用本调形式，带 "的" 作谓语，意思是 "又是画又是写"，显得 "你" 紧张繁忙；在 b 句中用变调形式，也作谓语，意思是 "时而画画，时而写写"，显得 "他" 悠闲自得。例⑫ "唱唱跳跳" 在 a 句中用本调形式，带 "的" 作状语，意思是 "又是唱（歌）又是跳（舞）"，表明 "他两个人" 是在加紧排练；在 b 句中用变调形式作谓语，意思是 "时而唱唱（歌），时而跳跳（舞）"，表明 "他两个人" 是在娱乐消闲。同样，例⑬ "割割捆捆" 在 a 句和 b 句中因声调形式不同而表现出语义上的对立。这些例子中，叠连动词在 a、b 句中的声调形式是绝不能互换的，否则，句子就难以成立。

13.3　形容词的变调

可以变调的形容词有两类：一类是单音节形容词的重叠式 AA 式，一类是带后缀的 Ac 式状态形容词（大写 A 表示词根，小写 c 表示后

缀）。这两类形容词的变调也都是出现在后一音节，但它们的变调形式及所表达的情意不一样。

13.3.1　AA 式形容词

13.3.1.1　AA 式形容词有三种变调形式，变调时一般需要儿化。阴平、入声字变读为中平降调 331。例如：

阴平　薄薄 p‘o³³ p‘oŋ³³⁻³³¹　　　高高 kɔ³³ kɔŋ³³⁻³³¹

　　　淡淡 t‘Ã³³ t‘Ã ŋ³³⁻³³¹　　　稀稀 ɕi³³ ɕiŋ³³⁻³³¹

　　　宽宽 k‘uɛ̃³³ k‘uɛ̃ŋ³³⁻³³¹

入声　密密 mai¹³ maiŋ¹³⁻³³¹　　　窄窄 tsa¹³ tsaŋ³³⁻³³¹

　　　辣辣 lɑ¹³ lɑŋ¹³⁻³³¹　　　黑黑 xa¹³ xaŋ¹³⁻³³¹

　　　湿湿 sŋ¹³ sŋ¹³⁻³³¹

去声字变读为高平降调 553。例如：

贵贵 kuai³⁵ kuaiŋ³⁵⁻⁵⁵³　　　瘦瘦 se³⁵ seŋ³⁵⁻⁵⁵³

细细 sai³⁵ saiŋ³⁵⁻⁵⁵³　　　烫烫 t‘ɔŋ³⁵ t‘ɔŋŋ³⁵⁻⁵⁵³

暗暗 ŋɔŋ³⁵ ŋɔŋŋ³⁵⁻⁵⁵³

上声字变读为阳平。例如：

紧紧 tɕan⁵³ tɕaŋ⁵³⁻³¹　　　矮矮 ŋa⁵³ ŋaŋ⁵³⁻³¹

短短 tɛ̃⁵³ tɛ̃ŋ⁵³⁻³¹　　　少少 se⁵³ seŋ⁵³⁻³¹

远远 yɛ̃⁵³ yɛ̃ŋ⁵³⁻³¹

阳平字不能直接变调，但有儿化。例如：

长长 ts‘ɔŋ³¹ ts‘ɔŋŋ³¹　　　咸咸 xÃ³¹ xÃ ŋ³¹

斜斜 ɕia³¹ ɕiaŋ³¹　　　凉凉 ɕiɔŋ³¹ ɕiɔŋŋ³¹

聋聋 laŋ³¹ laŋŋ³¹

13.3.1.2　AA 式形容词变调一般是表示"过度"，程度不适中，有"A 了点儿"的意思。它们在句中通常是带"的"作谓语。例如：

⑭带套衣裳你穿大大的 ta³⁵ t‘ɔ³⁵ i³³ sɔŋ³¹ ŋ̍⁵³ tɕ‘yɛ̃³³ t‘a³³ t‘aŋ³³⁻³³¹ ta³ 这套衣服你穿大了点儿

⑮带间屋做歇房窄窄的 ta³⁵ kÃ³³ u¹³ tsau³⁵ ɕie¹³ fɔŋ³¹ tsa¹³ tsaŋ¹³⁻³³¹ ta³ 这间房做卧室窄了点儿

⑯鱼个味道淡淡的，再搁点盐 ŋy⁵³ ko³ uai³³ t‘ɔ³³ t‘Ã³³ t‘Ã ŋ³³⁻³³¹ ta³，

tsa³⁵ ko¹³ ȵan⁵⁵³ iɛ̃³¹ 鱼的味道淡了点儿，再放点盐

⑰司机台坐三个人挤挤的 sɿ³³ tɕi³³ tʰa³¹ tsʰo³³ sÃ³³ ko³⁵ zan³¹ tsai⁵³ tsaiŋ⁵³⁻³¹ ta³ 驾驶室坐三个人挤了点儿

⑱他个子矮矮的，只怕人家看不中 kʰe³¹ ko³⁵ tsɿ³ ŋa⁵³ ŋaɿ⁵³⁻³¹ ta³，tsɿ⁵³ pʰa³⁵ zan³¹ <u>ka</u>³³ kʰɛ̃³⁵ pu¹³ tsaŋ³⁵ 他个子矮了点儿，恐怕人家看不上

只有"慢慢、轻轻、少少、细细"四个词有点例外，变调形式可以在祈使句中作状语；它们在状位上不是表示程度不适中，而是使说话的语气变得缓和、亲切，程度上也因此而显得（比本调形式，见下）有所减轻，含"A 点儿"的意思。例如：

⑲慢慢的走，莫跶倒 mÃ³³ mÃ ɿ³³⁻³³¹ ta³ tse⁵³，mo³³ tɑ¹³ ·tɑ 慢点儿走，别摔着

⑳鸡蛋蛮好破，轻轻的放 tɕi³³ tʰÃ³³ mÃ³¹ xɔ³⁵ pʰo³⁵，tɕʰan³³ tɕʰaŋ³³⁻³³¹ ta³ foŋ³⁵ 蛋很容易破，轻点儿放

㉑少少的把，不是一斤糖几天就喫完了 se⁵³ seŋ⁵³⁻³¹ ta³ pa⁵³，pu¹³ sɿ³³ i¹³ tɕan³³ tʰɔŋ³¹ tɕi⁵³ tɕʰĩ³³ tɕʰiau³³ tɕʰɑ³³ <u>xuɛ̃</u>³¹ le³ 每次少给点儿，不然一斤糖几天就吃完了

㉒钱剩倒不多了，要细细的用 tɕʰĩ³¹ san³³ ·tɑ pu¹³ to³³ le³，ie³⁵ sai³⁵ saiŋ³⁵⁻⁵⁵³ ta³ iaŋ³³ 钱剩下不多了，要节约点儿用

AA 式形容词带"的"后也可以以本调形式进入句子，不过在功能及意义上跟变调形式有些区别。本调形式进入句子经常是作补语，有时也作状语；作谓语的时候比较少。当作补语、状语时，表示程度加深，有"很 A"的意思；当作谓语时，表示一种轻微的程度，有"还比较 A"的意思。这跟普通话的情况有些相似。不同的是，普通话里，AA 式形容词还常作定语；当作定语、谓语时，往往包含爱抚、亲昵的意味，大冶话里则一般不作定语，作谓语时也不带什么感情色彩。例如：

㉓水井打得深深的，出来个水才清凉 ɕy⁵³ tɕian⁵³ tɑ⁵³ ta³ san³³ san³³ ta³，tɕʰy¹³ la³¹ ko³ ɕy⁵³ tsʰa³¹ tɕʰian³³ ȵioŋ³¹

㉔他把我古得紧紧的，红黑不让我走 kʰe³¹ pa⁵³ ŋo⁵³ ku⁵³ ta³ tɕan⁵³ tɕan⁵³ ta³，xaŋ³¹ xa¹³ pu¹³ zoŋ³³ ŋo⁵³ tse⁵³ 他把我抱得很紧，硬不让我走

㉕牛肉炆得烂烂的才好喫 ȵau³¹ zau¹³ uan³¹ ta³ lÃ³³ lÃ³³ ta³ tsʰa³¹ xɔ⁵³ tɕʰɑ¹³

㉖墙上薄薄的刷上一层漆 tɕʰiɔŋ³¹ sɔŋ³³ pʰo³³ pʰo³³ ta³ ɕya¹³ sɔŋ³³ i¹³ tsʰɛ̃³¹ tsʰai¹³

㉗明儿要早早的起来，免得又误车 mia¹³ zɿ³ ie³⁵ tsɔ⁵³ tsɔ⁵³ ta³ tɕʰi⁵³ la³¹，mĩ⁵³ ta³ iau³³ u³³ tsʰe³³明天要很早就起床，免得又误车

㉘带间眠床大大的，困三个人有得问题 ta³⁵ kÃ³³ m ĩ³¹ tsʰɔŋ³¹ tʰa³³ tʰa³³ ta³，kʰuan³⁵ sÃ³³ ko³⁵ zan³¹ mɔ³³ ta¹³ uan³³ tʰai³¹这张床还比较大，睡三个人没有问题

㉙带布个颜色浅浅的，老人穿要得 ta³⁵ pu³⁵ ko³ iÃ³¹ sa¹³ tɕʰĩ⁵³ tɕʰĩ⁵³ ta³，lɔ⁵³ zan³¹ tɕʰyɛ̃³³ ie³⁵ ta¹³这布的颜色还比较浅，老人穿可以

例中 AA 都是本调形式，在前五例中分别作补语、状语，表达"很A"的意思；它们不能换用变调形式。在后两例中作谓语，表达"还比较A"的意思；它们可以换用变调形式，但换用后表达的意思是"A了点儿"，而且不能再接用后一分句，否则就会造成前后分句的语意抵触，使句子不能成立（例㉙如果再后接分句"年轻人穿就不合适"，便又可以成立了）。

13.3.2　Ac 式形容词

13.3.2.1　我们对 Ac 式形容词作了一个比较全面的考察。在我们所掌握的材料中，可以变调的都是阴、去、入三声的例子。虽然也有一些阳平和上声的，但或因语音限制（阳平），或因语义限制（表义消极，见下）而不能变调。从可以变调的这部分例词来看，都是变读为553。例如：

阴平	轻飘 tɕʰan³³ pʰie³³⁻⁵⁵³	冷冰 lɛ̃⁵³ pian³³⁻⁵⁵³
	凉悠 ŋiɔŋ³¹ iau³³⁻⁵⁵³	重吞 tsʰaŋ³³ tʰɛ̃³³⁻⁵⁵³
去声	香喷 ɕiɔŋ³³ pʰaŋ³⁵⁻⁵⁵³	新露 ɕian³³ lau³⁵⁻⁵⁵³
	脆蹦 tsʰai³⁵ paŋ³⁵⁻⁵⁵³	笑眯 ɕie³⁵ mai³⁵⁻⁵⁵³
入声	辣霍 la¹³ xo¹³⁻⁵⁵³	光殊 kuɔŋ³⁵ ɕy¹³⁻⁵⁵³
	胖独 pʰɔŋ³⁵ tau¹³⁻⁵⁵³	硬绷 ŋɛ̃³³ paŋ¹³⁻⁵⁵³

13.3.2.2　Ac 式形容词变调是表示一种喜爱的感情色彩。具体表现为两种情况。一种情况是，有些 Ac 式形容词意义本来是积极的，有的本身就含有喜爱的意味，变调后更加深了这种感情色彩。下面两例

中，形容词变调与不变调，在表达感情的分量上是有差异的，变调，感情色彩就显得浓重一些：

㉚香喷的个饭，真好喫 çioŋ³³ p·aŋ³⁵/p·aŋ³⁵⁻⁵⁵³ ta³ ko³ fÃ³³，tsan³³ xɔ⁵³ tç·a¹³ 香喷喷的饭，真好吃

㉛带乘新露的个脚踏车子还有买好长吧 ta³⁵ ts·an³¹ çian³³ lau³⁵/lau³⁵⁻⁵⁵³ ta³ ko³ tço¹³ t·a³³ ts·e³³ tsɿ³ xa³¹ mɔ³³ ma⁵³ xɔ⁵³ ts·ɔŋ³¹ pa⁴⁵ 这辆很新的自行车还没买多久吧

另一种情况是，有些 Ac 式形容词在大冶话里是中性的，但变调后明显地带上喜爱的感情色彩。比较下面的句子：

㉜a. 带盒雪枣轻飘的漏，肯定有假 ta³⁵ xo³³ çi¹³ tsɔ⁵³ tç·an³³ p·ie³³ ta³ le³，k·ɛ̃⁵³ tç·ian³³ iau⁵³ tçɔ⁵³ 这盒雪枣轻得很，肯定有假

b. 羽绒服轻飘的漏，穿倒又蛮暖爽，我劝你也去买一件 y⁵³ iaŋ³¹ fu³³ tç·an³³ p·ie³³⁻⁵⁵³ ta³ le³，tç·yɛ̃³³ · ta iau³³ mÃ³¹ lɛ̃⁵³ soŋ⁵³，ŋo⁵³ tç·yɛ̃³⁵ n̩⁵³ i̠a⁵³ tç·i³⁵ ma⁵³ i¹³ tç·ɛ̃³³ 羽绒服很轻，穿着又很暖和，我劝你也去买一件

㉝a. 落雪天他不穿棉袄，一双手冻倒冷冰的漏 lo¹³ çi¹³ tç·ĩ³³ k·e³¹ pu¹³ tç·yɛ̃³⁵ m ĩ³¹ ŋɔ⁵³，i¹³ soŋ³³ sau⁵³ taŋ³⁵ · ta lɛ̃⁵³ pian³³ ta³ le³ 下雪天他不穿棉袄，一双手冻得冷冰冰的

b. 冰箱漏个西瓜冻倒冷冰的漏，喫了蛮好过 pian³³ çioŋ³³ le³ ko³ sai³³ kua³³ taŋ³⁵ · ta lɛ̃⁵³ pian³³⁻⁵⁵³ ta³ le³，tç·a¹³ le³ mÃ³¹ xɔ⁵³ ku³⁵ 冰箱里的西瓜冻得冷冰冰的，吃了挺舒服

如果只是孤零零的一个词，"轻飘""冷冰"是不含褒贬的，但在两例的 a 句中要用本调，它反映出说话人一种不满、责备的情绪，而进入 b 句则需变调，它表达出说话人一种喜爱的感情。看来，这类形容词在运用中变不变调，是与具体语境，与表达者的主观态度相关的。从上面的比较中还可以看到，Ac 式形容词的变调形式跟本调形式在功能分布上没有什么区别，都是后附"的漏"作谓语、补语。它们还可以后附"的个"作定语，如例㉚㉛。至于意义消极的 Ac 式形容词，受语义的限制，一般不能变调。例如：

黑抹 xa¹³ ma³³　　　淡□t·Ã³³ piɑ⁵³　　　苦□k·u⁵³ n̩iÃ⁵³

臭殊 ts·au³⁵ çy¹³　　　皱巴 tsaŋ³⁵ pɑ³³

13.4 量词的变调

能够变调的量词主要是物量词，动量词变调的情况比较少。根据变调形式及表达情意的不同，我们也将能够变调的物量词区分为两类。一类是“数量”结构中的单用量词。这类量词最多，其中有相当一部分是由表示容器之类的事物名词和表示具体动作的动词临时借用过来的（如“碗、缸；抱、捧”），也有一些是纯粹的量词（如“件、双、个、粒”）。另一类是叠用量词（如“家家、本本”）。

13.4.1 单用量词的变调形式及规律跟名词相同（参见13.1.1）。单用量词变调主要是表示量少。例如：

㉞今年上春我漏做了三间屋 tɕan^{33} ȵɛ̃^{31} sɔŋ^{33} tɕ'yan^{33} ŋo^{53} le^{3} tsau^{53} le^{3} sÃ^{33} kÃ$^{33-553}$ u^{13} 今年春季我家做了三间房子

㉟我结婚他送了七尺布 ŋo^{53} tɕe^{13} xuan^{33} k'e^{31} saŋ^{35} le^{3} ts'ai^{13} ts'ʅ$^{13-553}$ pu^{35}

㊱我过夜喝了几泡酒 ŋo^{53} ku^{35} iɑ^{33} xo^{13} le^{3} tɕi^{53} p'ɔ$^{35-553}$ tɕiau^{53} 我吃晚饭喝了几杯酒

㊲中时落了一阵雨 tsaŋ^{33} sʅ^{31} lo^{13} le^{3} i^{13} ts'an$^{33-553}$ y^{53} 中午下了一阵雨

㊳面莫煮多了，二三两就有了 m ĩ^{33} mo^{33} tɕy^{53} to^{33} le^{3}，zʅ^{33} s Ã^{33} ȵiɔŋ$^{53-31}$ tɕ'iau^{33} iau^{53} le^{3} 面条别煮多了，二三两就够了

但也不是任何数量结构中的量词都可以变调的。是否变调，除了受说话人的主观看法的影响外，还与现实情况有关。如果某一事物的数量超出现实常情，或达到一种高限，那么量词就不大能够变调。例如：

㊴今年上春我漏做了十间屋 tɕan^{33} ȵɛ̃^{31} sɔŋ^{33} tɕ'yan^{33} ŋo^{53} le^{3} tsau^{35} le^{3} sʅ^{33} kÃ^{33} u^{13}

㊵我过夜喝了几十泡酒 ŋo^{53} ku^{35} iɑ^{33} xo^{13} le^{3} tɕi^{53} sʅ^{33} p'ɔ^{35} tɕiau^{53}

对于一个普通家庭来说，一次做三间房还不算多，可一次做十间就决非是一个小数目，就有点超出常情了。同样，喝几杯酒是在常情之中，但一次喝几十杯，就有些过量了。因此，这两例中量词都不能变调。同样是大数量，在下面一例中量词可以变调：

㊶带趟生意我亏了两千块钱 ta^{35} t'ɔŋ^{35} sɛ̃^{33} i^{35} ŋo^{53} k'uai^{33} le^{3} ȵiɔŋ^{53}tɕ' ĩ³³ k'ua⁵³⁻³¹ tɕ'ĩ³¹

"两千"的亏额不算少，但又是在可能之中。例中量词用变调形式，是有意把数量往少里说，表明说话人不大在乎，有点财大气粗。若用本调形式，说话人的口气就不是那么不在乎了。单用量词变调，有时还表现一种轻蔑的感情。为了强调这种感情，还常在变调量词后边带上"裸"。例如：

㊷莫说你来了四个（裸）人，就是来了四十个我也不怕 mo³³ ɕya¹³ ɳ̩⁵³ la³¹ le³ sʅ³⁵ ko³⁵⁻⁵⁵³ （lo⁵³） zan³¹, tɕ'iau³³ sʅ³³ la³¹ le³ sʅ³⁵ sʅ³³ ko³⁵ ŋo⁵³ ia⁵³ pu¹³ p'ɑ³⁵

㊸帮忙插了五升（裸）田，就叫腰痛倒不得了 pɔŋ³³ mɔŋ³¹ ts'ɑ¹³ le³ u⁵³ san³³⁻⁵⁵³ （lo⁵³） tɕĩ³¹, tɕ'iau³³ tɕe³⁵ ie³³ t'aŋ³⁵ · tɑ pu¹³ tɑ¹³ ɳie⁵³ 帮忙插了五分田的秧，就叫腰疼得厉害

㊹他比我多写了两篇（裸）文章 k'e³¹ pai⁵³ ŋo⁵³ to³³ ɕĩ⁵³ le³ ɳiɔŋ⁵³ p'ĩ³³⁻⁵⁵³ （lo⁵³） uan³¹ tsɔŋ³³

13.4.2 叠用量词的变调形式及规律跟 AA 式形容词相同，变调时也需儿化（参见 13.3.1.1）。

叠用量词表达的意义跟它的句法位置有关。在主语位置上，表示遍指，有"每一"的意思，变调后附加一种喜爱的感情。与此相对，如果是表现一种厌恶或不满的情绪，就要用本调形式，不能变调。比较：

㊺a. 城市个伢个个都长得等痛 ts'an³¹ sʅ³⁵ ko³ ŋai³¹ ko³⁵ koŋ³⁵⁻⁵⁵³ tau³³ tsɔŋ⁵³ tɑ³ tɛ̄⁵³ t'aŋ³⁵ 城市的小孩儿个个都长得可爱

b. 城市个伢个个都娇贵倒不得了 ts'an³¹ sʅ³⁵ ko³ ŋai³¹ ko³⁵ ko³⁵ tau³³ tɕe³³ kuai³⁵ · tɑ pu¹³ tɑ¹³ ɳie⁵³ 城市的小孩儿个个都娇贵得很

㊻a. 带摞纸张张都蛮白 ta³⁵ lo³³ tsʅ⁵³ tsɔŋ³³ tsɔŋŋ³³⁻³³¹ tau³³ mÃ³¹ p'e³³

b. 带摞纸张张都有点把龌龊 ta³⁵ lo³³ tsʅ⁵³ tsɔŋ³³ tsɔŋ³³ tau³³ iau⁵³ ɳan⁵⁵³ · pɑu¹³ ts'o¹³ 这摞纸张张都有点儿脏

例中 a 句叠用量词是用变调形式，表达出说话人一种喜爱的感情；当然也可以用本调形式，但感情色彩就随之减弱。b 句说话人是要表达一种不满的情绪，受这一情绪的制约，叠用量词只能用本调形式，不能用变调形式。此外，主位上叠用量词的本调形式都可以在后边连用

"一"字，以强调遍指，而变调形式后边是绝不能连用"一"的。如例⑮：

　　a. ＊城市个伢个个［ko³⁵ koŋ³⁵⁻⁵⁵³］一都长得等痛

　　b. 城市个伢个个［ko³⁵ ko³⁵］一都娇贵倒不得了

　　叠用量词处在状语位置上（必须带"的"），表示逐指，有"逐一"的意思，变调后使说话的语气变得缓和。例如：

　　⑰衣裳要件件的折平放好 i³³ soŋ³¹ ie³⁵ tɕʰɛ̃³³ tɕʰɛ̃ŋ³³⁻³³¹ ta³ tsa¹³ pʰian³¹ foŋ³⁵ xɔ⁵³ 衣服要一件一件地叠平放好

　　⑱账笔笔的算清楚，莫搞错了 tsoŋ³⁵ pai¹³ paiŋ¹³⁻³³¹ ta³ sɛ̃³⁵ tɕʰian³³ tsʰau⁵³，mo³³ kɔ⁵³ tsʰo³⁵ le³ 账一笔一笔地算清楚，别搞错了

　　⑲砖块块的码好，莫□倒满地都是 tɕyɛ̃³³ kʰua⁵³ kʰuaŋ⁵³⁻³¹ ta³ ma⁵³ xɔ⁵³，mo³³ tɕʰiɑ⁵³·ta mɛ̃⁵³ tʰai³³ tau³³ sʅ³³ 砖一块一块地摆好，别散着满地都是

　　⑳椰了个谷要粒粒的抬起来，免得支擦了 ie³³ le³ ko³ ku¹³ ie³⁵ lai¹³ laiŋ¹³⁻³³¹ ta³ ŋɛ̃³³ tɕʰi⁵³ la³¹，mĩ⁵³ ta¹³ tsʅ³³ tsʰɑ¹³ le³ 掉了的谷子要一粒一粒地捡起来，免得浪费了

　　例中叠用量词也可以换用"一量"连用格式，如"件件"可以说成"一件一件"，但"一量"连用格式不能变调，语气上也要显得硬一些。

13.5　小结

　　变调作为一种情意表达手段，在大冶话里使用得十分频繁而广泛，涉及名词、动词、形容词和量词，其变调形式及表达的情意也是与词类相关。就形式而言，因各类词的本调不同而有高平降调、中平降调和阳平三种不同的变调形式。从情意上讲，变调可以区分事物的大小，表示动作的交替、程度的不适中、数量的微少，或表达喜爱、轻蔑的感情，缓和说话的语气，这些都在一定程度上与一种"量"的观念相联系。有时词的变调形式和本调形式在情意上的差异比较微妙，需要在特定的语境中体味和把握。

附注

①大冶话里的连读变调只有一种情况，就是上声字作为双音节词或多音节词中前边的音节的时候，变读为阳平（在别的词前边变调的时候少）。例如：

好生 xɔ⁵³⁻³¹ sɛ̃³³　　　　　眼眉 ŋÃ⁵³⁻³¹ mai³¹　　　　火闪 xo⁵³⁻³¹ sɛ̃⁵³

古怪 ku⁵³⁻³¹ kua³⁵　　　　享福 ɕiɔŋ⁵³⁻³¹ fu¹³　　　米粉厂 mai⁵³⁻³¹ fan⁵³⁻³¹ tsʻɔŋ⁵³

在"子"尾的前边不变调。例如：

毯子 tʻÃ⁵³ tsʅ³　　　　　口子 kʻe⁵³ tsʅ³

但这种上声的变调远没有北京话那么严格。北京话里上声的变调具有约束性和普遍性。大冶话里上声的变调则表现出一定的灵活性：日常口语中可以变调的，念读文章时却往往不变调；即使是在日常口语中，如果说话的速度较慢，语气较重，也不变调。同时也不具有普遍性：书面语色彩较浓的词不变调。比较：

口语词　　　　　　　　　书面语词

口粮 kʻe⁵³⁻³¹ ȵiɔŋ³¹　　　口供 kʻe⁵³ kaŋ³⁵

伙食 xo⁵³⁻³¹ sʅ³³　　　　伙同 xo⁵³ tʻaŋ³¹

有名 iau⁵³⁻³¹ mian³¹　　　有待 iau⁵³ tʻa³³

就是口语词中也还有的不变调。例如：

马上 ma⁵³ sɔŋ³³　　　　　晓得 ɕie⁵³ ta¹³

所以说，大冶话里的连读变调是不太典型的，在本章用例的记音中我们也不标明。

②这里所说的意义主要是指语法意义，也包括概念意义，而和情感（色彩）意义相对。为了表述简便，在下面的说明中我们将它们合称为"情意"，或统称"意义"。

③这大概是因为上声字变读为阳平后，容易与本调阳平字相混，所以才在前边用"细"变调，加以区别。

④需要区别的是，（以"细包"为例）在下面的三种说法中，"细"的作用是不一样的：

a. sai³⁵⁻⁵⁵³ pɔ³³　　　　b. sai³⁵ pɔ³³⁻⁵⁵³　　　　c. sai³⁵ pɔ³³

在 a 中，"细"变调，表示小称（详见 13.1.2.1）；在 b 中，"细"虽未变调，但用在变调名词前，是配合变调名词表示小称，使意义更加显豁；在 c 中，"细"和名词都未变调，"细"是相对"大"而言的，起一种区别作用。

⑤这一条只适用于"子"尾的前一音节为非阳平字的"子"尾词。由于阳平字不能直接变调，所以"子"尾的前一音节为阳平的"子"尾词只能用"细"变调的形式来表达变调的意义。

⑥大冶话里，情意变调常常伴随着儿化，但有的也可以不儿化；而儿化则总是伴随着变调，不变调的情况很少（只有阳平字受语音的限制不能变调）。比较起来，我们觉得变调的独立性更强一些，所以选择了变调作为本章说明的角度。

⑦"裤""猫"不变调就要说成"裤子""猫子"。参见 13.1.1。

⑧动词的叠连格式中，只要有一项变调、儿化，或两项阳平都儿化，就可以看作动词的变调形式。

⑨这里所说的反义不是指严格意义上的反义。只要两种动作具有对立性，在结果上是互相否定的，我们就认为是反义关系。

第 14 章　人称代词的变调[*]

提要　大冶方言人称代词的单数形式用在亲属称谓词前边，必须变调，不管本调如何，一律变读为阴平。作为语法手段，领位上人称代词的变调是为了表示亲昵或尊敬。

变调是汉语的一种常见现象。过去，学者们讨论得较多的是作为语流音变的连读变调，对表达情意的语法变调发掘不够。我们曾考察过湖北大冶方言的情意变调，但只涉及名词、动词、形容词和量词等主要词类（汪国胜 1996）。本章考察大冶方言人称代词的变调，算是对大冶方言情意变调问题的一点补充。

14.1　人称代词和声调

大冶方言的人称代词见下表（材料均取自金湖话）：

	第一人称		第二人称	第三人称
单数	我 ŋo⁵³	咱 xan⁵³	你 n̩⁵³	渠 k‘e³¹
复数	我耐 ŋo⁵³ la⁵	咱耐 xan⁵³ la⁵	你耐 n̩⁵³ la⁵	渠耐 k‘e³¹ la⁵

复数词尾"耐"的调子实际有点高升，值近 45，但因调子较为轻短，故记为 5。表中只包括三身代词"我、咱、你、渠"及其复数形式，不包括"自家［tsɿ³¹ kɑ³³］、别个［p‘i¹³ ko³⁵］、人家［zan³¹ kɑ³³］、

---

* 本章内容原载《中国语文》2003 年第 6 期。

大家［tʰa³³kɑ³³］"等词，因为"自家"等词不涉及变调问题。

还需说明的是"咱耐"和"我耐"的区别："咱耐"跟普通话一样，只用于包括式，"我耐"跟普通话不同，只用于排除式，两者分工明确。正式讲话场合也用包括式的"我们"，但那明显是属于普通话的借用形式，而不是大冶方言的固有成分。

大冶方言的声调有5个（不包括轻声）：阴平33，阳平31，上声53，去声35，入声13。

14.2　人称代词变调的条件

大冶方言的人称代词有时需要变调。"我、咱、你"本调上声，"渠"本调阳平，但不管本调如何，变调后都一律读为阴平。变调跟三方面的因素相关。

14.2.1　跟句法位置相关。人称代词单独处于主语、宾语的位置，不需变调；处在定语的位置上、表示领属时才发生变调。比较：

我⁵³喜个喫饭，不喜个喫面_{我喜欢吃米饭，不喜欢吃面条}

渠³¹管是个都不怕，就怕你⁵³_{他谁都不怕，只怕你}

我⁵³⁻³³舅爷不在得蛮早_{我舅舅去世得很早}

渠³¹⁻³³妹总个紧细，不像你⁵³⁻³³姐_{他妹妹非常节约，不像你姐姐}

"我""渠"和"你"在前两例中分别作主语、宾语，都读本调；在后两例中作定语，表示领属，都发生变调，读为阴平。

14.2.2　跟领属对象相关。只有当领属对象为亲属对象时，人称代词才发生变调。亲属对象一般是由亲属称谓词表示，也可以是人名表示。例如：

我⁵³⁻³³父一起早就出去做生活去了_{我父亲清早就出去干活去了}

带个礼拜日去看下咱³¹⁻³³家婆_{这个星期天去看一下咱外婆}

你⁵³⁻³³旭光蛮有能为个_{你的旭光挺能干的}

通屋下个人冇得那个不念倒渠³¹⁻³³秀英_{全村的人没有谁不想着他的秀英}

后两例表亲属对象的都是人名。反过来看，人名前边用上变调的人称代词，则表明两者所指称的对象之间具有某种亲属关系（通常人称代词所指为长辈或长者，人名所指为晚辈或后生）。即使两对象实际上并不存在亲属关系，但人称代词变调后，至少表明两对象之间关系亲近或者亲密。

需要说明两点：其一，人称代词在亲属词前的变调是必需的，而且两者在语法上只可能是领属关系；但在人名前的变调不是必需的：可以变，也可以不变。变和不变，意思上有区别：变调，表明两者在语法上是领属关系，语义上是指关系亲近或亲密的两个人；不变调，表明两者在语法上是同位关系，语义上指的是同一个人。例如：

渠^{31}福胜又有么裸个狠啦他福胜又有什么可怕的呢

我^{53}海洲就是去讨米，也不得求你^{53}细瘌子我海洲就是去讨饭，也不会求你细瘌子

例中"渠""我""你"读本调，表示的是同位关系；如果变调，就是表示领属关系。

其二，单音节的亲属词前边一般要用人称代词，这可能是出于表意方面的需要，也许还有节律方面的要求。例如：

你$^{53-33}$侬一日忙到黑，一㦳儿都不空你妈妈一天忙到晚，一会儿都不闲

那套旧家业把我$^{53-33}$哥了那套旧家具给我哥哥了

例中"侬""哥"前面必须用人称代词。从表意上看，是为了限定对象，明确关系，表示亲昵。从节律上讲，亲属词和人称代词组成双音节，这比单音节稳当和谐；同时增加词长，也利于强化信息，合乎语言通则。一个证明是，好些方言区里，比如大冶境内，同村往往同姓，因此使用人名指称时，总是不带姓的。人名有双名，也有单名，而用单名时，必须在后边加"喽［le^{31}］"，凑成双音节。例如：

水芝到人家去了水芝走亲戚去了

良喽带貌早还有来，只怕不得来了良这时候还没来，恐怕不会来了

你^{53}过客什抹不接桂喽唉［e^{3}］你请客怎么不请桂呢

前一例"水芝"是双名，后边不能带"喽"；后两例"良""桂"是单名，后边必须带"喽"。又如南方的粤语等方言，在单音的称谓或人名前加"阿"，构成双音节，如"阿公、阿婆、阿哥、阿慧、阿兰、阿敏"等，同样也是为了增加词长，强化信息，同时还表示一种亲昵。

双音节的亲属词前边多数情况下也需用人称代词，当然有时也可以

不用。用和不用，主要取决于交际场合。在非亲属交际场合，一般要用，以明确关系；在亲属交际场合，则倾向于不用。例如：

我$^{53-33}$阿爹带一向儿人不蛮好_{我爷爷这段时间身体不太好}

阿爹到哪低去了啦_{爷爷到哪儿去了呢}

前例"阿爹"前边带"我"，表明交际双方没有亲属关系；后例"阿爹"前边没有带"我"，表明交际双方存在亲属关系。

14.2.3　跟"数"相关。只有单数人称代词可以变调，复数人称代词不能变调。因为在大冶方言里，复数人称代词不用在亲属称谓词前边。也就是说，亲属称谓词前边只出现单数人称代词。

14.3　变调对领属标记成分的选择

大冶方言里，表示领属关系，有时可以或者需要使用标记成分。这种标记成分有两个："漏 [le³]"和"个 [ko³]"。它们功能相同，都跟北京话的"的"字相当，但使用的条件不同。

14.3.1　人称代词用在亲属对象前发生变调后，中间如果要用表领属的标记成分，则只能用"漏"，不能用"个"。例如：

我$^{53-33}$漏依到人家去了，中时才回得来_{我母亲走亲戚去了，中午才能回来}

渠总个喜你$^{53-33}$漏细老子_{他非常喜欢你小叔叔}

例中"漏"决不能换用"个"。当然，"漏"也可以不用；用"漏"，语气上显得舒缓一些，增添了一份亲昵。不过，在倾向上，似乎不用的时候更多。从句法分布看，"代＋漏＋名"形式在主语位置上出现得多些，其次是宾语，定语位置上出现得很少。

需要指出的是，人称代词和亲属对象之间有时也可以用"个"，但这不属例外。因为用"个"后，人称代词就不能变调，要读本调。再说，用"个"和用"漏"，或者不用标记，意思上也有差异。比如，"我（漏）老婆"，其重心偏后，突出指称；"我个老婆"则重心偏前，强调领属。

14.3.2　人称代词用在非亲属称谓词前不变调，但中间一般要用标记成分"个"。例如：

我^{53}个事不要你耐管_{我的事不要你们管}

那是我^{53}个屋 那是我的房子

渠^{31}个脾气太拐了 他的脾气太坏了

带几个哈是我^{53}个学生 这几个都是我的学生

渠^{31}个细伢［ŋai^{31}］姜哈大［t'a^{33}］人了 他的小孩现在都长大成人了

前三例表领属对象的是事物名词，后两例表领属对象的是人物名词，但因为都不是亲属称谓词，所以前边表领属的人称代词都不能变调，同时中间要用标记成分，而且只能用"个"，不能用"漏"。（如果不用标记成分，就要用定指成分，如"我^{31}a^{5}屋｜渠^{31}那脾气"[①]）当然，例三、例四不用"个"也能成立，但取消"个"后，就改变了句子结构，"渠"不再是表领属的定语，而是全句的主语；作为主语，"渠"同样也是不变调的。

前面说到，人称代词出现在亲属称谓词前边，只能是单数形式。但是，如果是用在非亲属对象前边，就不限于单数形式，也可以是复数形式。复数形式表领属，有时需要用"个"，有时可以不用，但不用有时会造成歧义。例如：

我耐个衣裳好多时冇换了 我们的衣服好久没有换了

你耐学堂姜搞倒蛮好看了 你们学校弄得挺好看了

渠耐医院福利蛮好，管了迷都发 他们医院福利很好，什么东西都发

我耐老师上课哈不晓得几着真 我们老师上课都非常认真

复数形式用在表物名词前边，一般需要用"个"，如例一；用在表学校、医院、工厂、机关等单位或部门的名词前边，一般不需用"个"，如例二例三；用在表人的名词前边，用"个"表领属，不用"个"，可以是领属关系，也可以是同位关系，如例四。但不管用不用"个"，复数形式都不变调。

14.4　变调的性质和功能

人称代词的变调在汉语方言中并不是个别现象。它不只是存在于大冶方言，在南方的好些方言中也能见到，而且表现形态不尽相同。有的只发生在领属位置，有的不限于领位；有的只是单纯的变调，有的还伴随着变韵。例如：

湖南衡山方言（彭泽润 1999）

非领位：我 ŋo^{33} 来　　你 n̠ĩ^3 找　　　他 t'a^{33} 讲

领　位：我 ŋo^{44} 娘　　你 n̠ĩ^{44} 爷　　　他 t'a^{44} 伯伯

福建大埔客家方言（何耿镛 1993）[②]

主宾位：倻 ŋai^{24}　　　　□hen^{24}　　　　　佢gi^{24}

领　位：□ŋa^{44}（我的）□hɛ^{44}（你的）　　□giɛ^{44}（他的）

广东增城城关方言（甘于恩 1997）

	第一人称	第二人称	第三人称
单数	ŋɔi^{13}	nei^{13}	k'œ^{13}
复数	ŋɔi^{51}	nei^{51}	k'œ^{51}

衡山方言单数人称代词只在领位上变调，其复数形式是"我人、你 [n̠eŋ^{11}] 人、他人"。大埔客家方言单数人称代词的变调也只限于领位，并伴随着变韵，复数形式是"倻人□ [deu^{44}]、□ [hen^{24}] 人、佢人"。增城城关方言跟衡山方言一样，也只是单纯的变调，但不限于领位。

我们考察了几十种方言人称代词的变调情况，发现最常见的是领位上的变调。一般地说，可以只领位变调，非领位不变调；但如果非领位变调，领位也一定变调。

对于限于领位的人称代词的变调，其性质和功能怎么认识，学者们有不同的看法。

（1）性质上，有学者认为是连读变调，即看成一种语流音变现象。如陈泽平（1999）。

如果孤立地就某种方言而言，解释为连调似无不可；但联系其他方言的相关现象来看，这样解释又是值得怀疑的。比如大冶方言，根据我们的调查，是不存在连调现象的；即使有，"我、咱、你、渠"在相同的音境中应该有一致的反应，可为什么只在亲属称谓词前才变调，而在非亲属称谓词前不变调呢？同样，衡山方言中，除了几种"模式化的声调变化"，我们没有看到有关连调现象的描述，其领位人称代词的变调，是一种"特殊的声调变化"。这种"特殊的声调变化"，从音境（音系）上也是难以解释的。（彭泽润 1999）又如大埔客家方言，人称代词居于领位，不管音境如何，都产生相同的变调，如果看作连调的结果，却又为什么不合连调因境而变的规律呢？

其实，领位人称代词的变调跟音节连读并无关系，不属语流音变，而是一种形态变化。就大冶方言来说，变调总是作为一种语法手段来使用的，这不仅反映在领位的人称代词上，也反映于别的词类。当然，词类不同，变调所表达的语法意义也不一样。（汪国胜 1996）

再从南方方言来看，领位人称代词的变调是一种较为常见的现象，如湖北蒲圻方言（陈有恒 1990）、黄冈方言和英山方言，湖南衡山方言（彭泽润 1999）、绥宁方言（曾常红 2000）和汝城方言（黄伯荣 1996），广东大埔方言（何耿镛 1993）和阳江方言（黄伯荣 1996），福建福州方言（陈泽平 1999）等，而且都跟连读无关。

当然，变调作为一种语法手段，体现在人称代词上，在不同的方言中有着不同的表现。比如，增城方言就不同于大冶、衡山、大埔等地方言，人称代词的变调跟句法无关，变和不变决定于"数"的表达：表单数读本调，表复数才变调。

（2）领位上人称代词变调的功能，学者们一般都认为是表"格"，如陈昌仪（1995）、严修鸿（1998）等。也就是说，把人称代词的本调形式和变调形式看成两种不同的形式，一种是通格形式，另一种是领格形式。

我们觉得，把人称代词的变调解释为表"格"，对好些方言来说，是有困难的。

其一，作为一种"格"形式，应该是一种固定形式。在有的方言中，所谓表"格"的人称代词的变调形式也许是一种固定形式，就像古汉语的"冠 [kuan^{55}]（阴平）"和"冠 [kuan^{51}]（去声）"、英语的"he"和"his"一样；但在好些方言中，比如大冶方言，变调形式就不是一种固定形式。作为单字的"我、咱、你、渠"是没有人念阴平调的，变调是一种临时的念法，是进入领位才发生的。湖北英山方言也是一样，"我、你"和"他"本调分别为上声和阴平，进入领位后一律变读为入声调。例如：

我^{34}是学生 ｜ 我$^{34-213}$爸送我去

你^{34}先走 ｜ 我冇看到你$^{34-213}$妈

我冇看到他^{31} ｜ 他$^{31-213}$哥来了

其二，既然是"领格"，在用法上就应该具有一致性，可是，在绝大多数的方言中，所谓表"格"的人称代词的变调形式，都只出现在亲属称谓词前边，而排斥非亲属称谓词；非亲属称谓词前边表示领属，要用本调形式，并且往往要用"的"字成分。

领位上人称代词的变调不是为了表"格"，那么它的作用何在？我们认为，变调是为了表示亲昵或尊敬。拿大冶方言来说，领位上人称代词变调后，就明显地带有亲昵或尊敬的意味。说它表"领属"，这是就语法关系而言的；实际从语义上看，其"领属"的意味是很淡的。

我们并不否认，在有的方言里，领位上人称代词的变调形式也许已经成了一种固定形式，成为"领格"，但从发生的角度看，其变调最初应该是作为一种表"情"手段来使用的。在我们所考察的方言中，所谓"领格"形式，一般都含有亲昵、喜爱或尊敬的色彩，这可以看作一个明证。

人称代词变调表示亲昵或尊敬，这在汉语方言中并不是一种孤立的个别现象。一方面，它在好些方言中都有反映，如在湖北东南方言中就是一种较为普遍的现象。另一方面，它也不只是反映在人称代词上，在别类词中同样也有表现。比如，名词通过小称变调，表示亲昵、喜爱等色彩，这在南方方言中是比较常见的，如赣语阳新方言（黄群建1993）、粤语信宜方言（叶国泉等1982）。又如，赣语黎川方言中，亲属称谓词可以通过变调来表示一种爱称（颜森1993）。例如：哥 ko$^{22-35}$｜姑 ku$^{22-35}$父亲的妹妹｜公 kuŋ$^{22-35}$祖父｜母舅 mu^{44} k·iəu$^{13-35}$｜宝宝崽 pou$^{44-35}$ pou$^{44-0}$ tsɛi^{44}对小儿的爱称。吴语崇明方言中，某些称谓词通过首字或后字的变调来表示亲热、爱昵。例如：老师 lɔ$^{242-55}$ sʅ^{55}｜母妈 m$^{424-55}$ mɑ^{55}母亲｜姆姆 mu$^{424-55}$ mu$^{424-55}$称天主教、基督教的修女｜儿郎 n$^{24-55}$ nɑŋ$^{24-55}$对孩子的爱称｜嬢嬢 ȵia$^{24-55}$ ȵia$^{24-55}$姑母。徽语绩溪方言中，某些称谓词通过变调，表示"一种敬称或爱称"。（赵日新1999）例如：外公 ŋɔ^{22} ku ã$^{31-44}$｜妈妈 mɔ^{31} mɔ$^{31-44}$｜叔 sɤ$^{32-35}$｜姑 ku$^{31-44}$｜姐姐 tɕiɔ$^{213-31}$ tɕiɔ$^{213-35}$｜弟弟 tsʅ$^{213-31}$ tsʅ$^{213-35}$。这种情况在北方某些官话方言中也同样存在，如中原官话户县方言中，亲属称谓词在口语里也是通过变调来表示爱称。（孙立新2001）例如：哥哥 kɤ^{31} kɤ$^{31-35}$｜叔叔 sɤ u^{31} sɤu$^{31-35}$｜伯伯 pei^{31} pei$^{31-35}$｜妈妈 ma^{31} ma$^{31-35}$｜婶婶 ṣẽ^{51} ṣẽ$^{51-35}$｜嫂嫂 sau^{51} sau$^{51-35}$ │ 姐姐 tçiɛ^{51} tçiɛ$^{51-35}$。

附注

① ［a^5］是一个表定指的语法成分，因找不到合适的同音字，径用语音形式表示。

②例中用的是著者的记音。

附记：文中崇明方言和英山方言的材料分别是由张惠英先生和项菊先生提供的，在此表示感谢。

第 15 章　语法札记[*]

提要　这里收录了有关大冶方言词类方面问题的札记四篇。(1)"时间词"部分着重分组说明了大冶话里时间名词的意义和用法,其次例释了大冶话里特有的一些时间副词。(2)"过、过来、伐丝"部分分两组比较了大冶话里"过、过来、伐丝"这三个动态助词在用法上的异同。(3)"唆"部分说明了大冶话里特有的祈使语气词"唆"及其变体在句中的四种不同的用法及所表示的"先、暂且、再说"等三种不同的语义。(4)"都、哈"部分说明了大冶话里"都、哈"这两个同义副词在分布范围上的差异。

15.1　时间词

时间词有两类:一类是时间名词,一类是时间副词。

15.1.1　大冶话的时间名词,形式上多半与普通话不同。下面分组列举,小号字是普通话的对应形式或相应的意思,读音比较特殊的或值得注意的都记上音标。

a. 先前〔$\mathrm{\varphi i}^{35}\,\mathrm{t\varphi \tilde{i}}^{13}$〕大前天　前〔$\mathrm{t\varphi \tilde{i}}^{13}$〕前天　昨〔$\mathrm{ts'o}^{33}$〕昨天　今〔$\mathrm{t\varphi a}^{33}$〕今天　明〔$\mathrm{mia}^{13}$〕明天　后后天　老后大后天　往儿往日　头日头天头天

b. 先前〔$\mathrm{\varphi \tilde{i}}^{35}\,\mathrm{t\varphi \tilde{i}}^{13}$〕年大前年　前〔$\mathrm{t\varphi \tilde{i}}^{13}$〕年　去年　今〔$\mathrm{t\varphi an}^{33}$〕年　明〔$\mathrm{man}^{31}$〕年　后年　老后年大后年　往年　头年　来年

a 组是表"日"的,b 组是表"年"的,"前、今、明"在表

＊　本章原载《华中师范大学学报》1994 年第 2 期。

"日"和表"年"的时间名词中读法不一样。a 组除后三例外，都可以加上语缀"子 $[tsŋ^3]$"或"儿 $[ŋ^3]$"（"儿"是"日"的变音，也可以写作"日"），如：前子——前儿，后子——后儿。b 组除"先前年、老后年"外，都能加"子"，如：今年子，明年子。"先前年、老后年"两例不能加"子"，可能是与音节有关。两组词加缀与不加缀，意思上没有什么区别，只是各人的习惯不同。

c. 起 $[t\textctc \cdot i^{33}]$ 早晨　上昼上午　中时中午　下 $[xɑ^{33}]$ 昼下午　下昼黑傍晚　下昼夜 $[iɑ^{33}]$ 晚上　日子 $[tsŋ^3]$ 白天　夜子 $[iɑ^{33} tsŋ^3]$ 晚上

d. 上春春天　下冬冬天

c 组是表昼夜或昼夜的某一段，其中前四例可以后加"头"或"头子"，如：起早头/头子。加和不加，意思和用法上稍有区别，不加可以跟数量词组合，如：两个起早；加则表示"起端"的意思，不能跟数量词组合。五、六两例以及前四例加"头"、后两例去"子"后可以附"漏"，如：下昼黑漏，起早头漏，日漏。附"漏"后意思和用法上似乎没有什么变化，如：日漏＝日子。d 组是表季节性时间的。"上春"可附加"头"或"头子/头漏"，表示"起端"，"下冬"可附加"底"或"底子/底漏"，表示"末端"，附缀后也都不能再跟数量词组合。d 组中我们没有列出"春天、夏天、秋天、冬天"，是因为这些词乡里人似乎不大习惯说，他们倒是喜欢用相邻的月份来表达季节性时间，如"正二月，二三月，三四月……八九月，上十月，八九上十月"，夏季还说成"热天、热世界"，冬季说成"冬世界"。"正二月"之类也可后附"子/漏"。以上四组词在功能上与普通话对应的词相同。

e. 伐丝子　过去
　　隔头　隔前　先前 $[\textctc i^{33} t\textctc \cdot i^{31}]$　以前　从前
　　姜　现在
　　戴勒　以后　将来
f. 一向儿 $[\textctc oŋ^{553}]$ 一段时间　一㘎儿 $[xaŋ^{553}]$ 一会儿
　　立刻儿 $[k\cdot aŋ^{553}]$ 刚才　刚才　当 $[toŋ^{33}]$ 时

e 组分行排列，每行的词都是同义的，但"伐丝子、隔头、隔前、先前、姜、戴勒"是较土的说法，更常用，"过去、从前、现在、将来"则是较文的说法，除了读书人，一般人用得少。要说明的是，"以前、以后"两词与其同义形式在用法上稍有区别。"以前、以后"可以用在别的词语后边构成表时结构，如：两年以前/以后，天黑以前，老了以后；"隔头、戴勒"等不能这么用。f 组除"刚才、当时"外，读音上都是变调、儿化形式，"刚才"较文，疑是从普通话进入的。这几个变调、儿化词表达的时间概念不同。"一向儿、一懈儿"是表时段的，通常作状语、补语、宾语。例如：

状语　佢一懈儿都不空_{他一会儿都闲不住}

　　　带栋楼一向儿就做起来了_{这栋楼一段时间就做起来了}

补语　你在底等一懈儿_{你在这儿等一会儿}

　　　我打利还在武汉住一向儿_{我打算还在武汉住一段时间}

宾语　饭熟还要一懈儿_{饭熟还需要一会儿}

　　　佢很有一向儿冇到学了_{他很有一段时间没上学了}

还可以跟指示代词"带、果"组合。例如：

带一向儿你去哪低了_{这一段时间你去哪儿了}

我不信你果一懈儿就搞好了_{我不相信你这么一会儿就搞好了}

"立刻儿"是表时点的，常作状语、定语。例如：

状语　佢立刻儿还在底个_{他刚才还在这儿的}

定语　带是立刻儿个事_{这是刚才的事}

g. 开头_{开始的时刻或阶段}　抛抛的　起先　开始

　　了尾　了后　后来

　　最后

　　之前　之后

h. 如今_{现在}　帽早_{时候}

g 组前两行分别也是同义的，下面一例就可以进行同义替换：

开头有点不惯，了尾就惯了

　　不过，用"开头、抛抛的、起先"和"了尾、了后"显得更通俗一些，用"开始"和"后来"就显得稍文一点。"最后"的用法与普通话无异。"之前、之后"除了用在别的词语后边构成表时结构外，还可以单用，单用时意思上有所不同，这是不同于普通话的。例如：

之前我跟佢说了个事_{先我跟他说过的}

之后在归元寺又顶玩_{后来在归元寺又玩了好久}

　　h 组 "如今" 很少单用，通常是跟 "带、姜" 结合使用。"带如今" 和 "姜如今" 都还是表示 "现在" 的意思，不过前者显得特指性强些，所指时间短些，后者要宽泛一些，所指时间长些，这从下面的例子中可以体会得到；前者可以用在 "到" 的后边，如下面第二例，后者不能。

　　你带如今兴芝麻，只怕迟了点你现在（这个时候）种芝麻，可能迟了点

　　我从上春一直忙到带如今我从春天一直忙到现在（这个时候）

　　姜如今不兴带一套了现在不兴这一套了

　　姜如今个事好多说不清楚现在的事很多说不清楚

　　"如今" 有时也跟 "几多" 结合使用，表示时段。例如：

　　一套家［ka^{33}］业打了几多如今还有打起来一套家具做了很长时间还没做起来

　　"帽早" 不能单用，只能跟别的词语组合起来表示时间。如：

　　哪帽早什么时候

　　几帽早什么时候；多久

　　好帽早好久

　　这些是比较固定的组合。又如：

　　票包是坐车子个帽早不见了个钱包是坐车的时候不见了的

　　那帽早我冇想到那时候我没想到

　　玩果帽早可得了玩这么久可以了

　　带件事我多帽早催佢办起，佢总是果懈这件事我早就催他办，他总是那么拖

　　15.1.2　大冶话的时间副词有些是跟普通话一致的，不必说明，如 "经常、时常、随时、已经、从来、马上、立刻［k'a¹³］、快、快要、赶快、迟早、总是、一直、向来、就、才" 等；有些则是普通话所没有的。下面例释的就是大冶话常用而普通话没有的一些时间副词，其中有几个是三音节的，带点习语性质。

　　得头：先。例如：

　　你得头走，我随背就来你先走，我随后就来

　　你得头困，我还要看一懈儿书你先睡，我还要看一会儿书

　　得后：后。例如：

是我得头说个，你是得后说个_{是我先说的，你是后说的}

我买得早，佢得后买个_{他后买的}

随背：随后；马上。例如：

你一走，佢随背就走了

那个要不得，我随背又去换了一个_{那个不行，我马上又去换了一个}

尽日、乱日：整天。含贬义。例如：

佢玩倒尽日不落屋_{他玩得整天不回家}

佢乱日看些不杂经个书_{他整天看些不正经的书}

光是、老是：经常。例如：

佢连巴［·pɑ］佬光是搏嘴_{他们两口子经常吵架}

小陈带几年老是病_{小陈这几年经常病}

胎生：从来。只用于否定式。例如：

我胎生冇打过吊针_{我从来没打过吊针}

我胎生冇骑过脚踏车子_{我从来没骑过自行车}

一挨（子）［ŋa³³（tsɿ³）］；经常。例如：

刘飞在学堂漏一挨子跟别个打架_{刘飞在学校里经常跟别人打架}

佢一挨子玩倒么夜深了才落屋_{他经常玩得很晚才回家}

三不三：不时。例如：

佢三不三跑我底来玩一㜑儿_{他不时到我这儿来玩一会儿}

你三不三去看下子，怕佢有谜个急事_{你不时去看一下，怕他有什么急事}

笔直、径直、一直径、一径：一直。例如：

我笔直冇碰倒佢个人_{我一直没碰到他}

我一直径住在底，冇换位子_{我一直住在这儿，没换地方}

顶：好久。有时后边连用"是果"，加重语气。例如：

佢顶不来，我等了佢半天了_{他好久不来，我等了他半天了}

我昨儿在黄鹤楼顶是果玩_{我昨天在黄鹤楼玩了好久}

嵌（子）：刚；<u>嵌嵌</u>（子）：刚刚。总是跟"一"连用。例如：

你来晚［ŋÃ³⁵］了几分钟，车子嵌子一开_{车子刚开}

你嵌嵌子一走，小张就来了_{你刚刚一走，小张就来了}

<u>抛抛</u>：刚。例如：

佢还是抛抛学，做不快_{他还是刚学，做不快}

我抛抛来，好多人还不认得_{我刚来，很多人还不认识}

当［toŋ³⁵］时：马上，立即。例如：

你当时去当时回_{你马上去马上回}

书看完了就当时还我_{书看完了，就立即还给我}

流□［tsʅ³¹］：赶紧。只能后跟肯定式。例如：

你流□走，不是要碰倒雨个_{你赶紧走，不然会碰上雨的}

看倒我来了，佢流□把东西收起来了

15.2　过、过来、伐丝

"过［ku³⁵］"和"过来［ku³⁵la³¹］"可以是动词，如：过马路｜穿过那条街｜你过来｜车子开过来。这里拿它们跟动态助词"<u>伐丝</u>［fɑ³³ sʅ³³］"②并列，是要说明它们作为动态助词的用法。这三个动态助词是表示完成态或经历态的，用法上有相同的一面，也有不同的地方。下面分两组来比较说明：先比较"过"和"过来"（15.2.1），再比较"过来"和"伐丝"（15.2.2）。

15.2.1　"过"用在动词后边，有时是表示事情已经完结。"过"需重读，后边带"了"；动词前边可以出现"已经、早"之类时间词。"过来"没有这种用法，下面的例子"过"都不能换用"过来"：

会开过了

高考已经考过了

你带帽早才来，饭早喫过了_{你这时候才来，饭早吃过了}

佢带信叫你去下个，你去了冇啦_{他捎（口）信叫你去一下的，你去了没有——}我去过了

这些例子中，"过"都是表"完成"，而不是表"经历"。如第一例是说"开会"这件事情已经完结，第二例是说"高考"这件事情已经完结。

"过"用在动词后边，有时是表示"经历"，即表示过去曾经有这样的事情。这一用法"过来"也是有的，不过，"过来"在句法上所受的限制比"过"多些。看几组例子：

a. 北京、上海我去过/过来

带个米我喫过/过来，蛮好喫这种米我吃过，挺好吃

带个人我好像在哪低见过/过来这个人我好像在哪儿见过

b. 害人个事我胎生有做过/过来害人的事我从来没做过

打麻狮子我以前学过/过来个，姜唅［xɑ³³］忘见了玩狮子我以前学

过的，现在全忘了

带个片子我去年看过（＊过来）

前儿我到佢漏去过（＊过来）前天我到他家去过

c. 小学我教过（＊过来）几年

飞机我坐过（＊过来）几回

佢长带果大还有看过（＊过来）电影他长这么大还没看过电影

我喝过（＊过来）带个酒我喝过这种酒

a 组"过"和"过来"可以替换。与 a 组不同的是，b 组动词前边都用了时间词，其中前两例所指时间是不定的，"过"和"过来"可以替换，后两例所指时间是确定的，"过"和"过来"不能替换，要替换就得去掉时间词。c 组"过"不能换用"过来"，是因为动词后边分别带有补语和宾语，前两例要替换，需去掉补语，后两例需改变一下句子结构，才能替换：

→佢长带果大电影还有看过/过来

→带个酒我喝过/过来

再看一例：

我木匠学过/过来，砌匠学过/过来，裁缝学过/过来，还学过（＊过来）打絮，就是有学过（＊过来）剃头我木工学过，泥工学过，缝纫学过，

还学过打棉絮，就是没学过理发

这表明，"过来"一般只出现在句末（语气词除外），不能有后续成分，^③也不与所指确定的时间词同现。

"过来"虽说不能够有后续成分，但可以偏离动词而出现在宾语之后。这一用法却是"过"所没有的。例如：

a. 我胎生有求人过来我从来没求过人

佢手气总个好，抹牌有输钱过来他手气非常好，打牌没输过钱

我哪帽早货你过来欵我什么时候骗过你呢

b. 佢开了果多年个车，有出过事过来他开了这么多年的车，没出过事

佢妯娌回子蛮好［xɔ³⁵］顺，冇搏过嘴过来他们妯娌之间挺和睦，没吵过嘴

咱耐单位哪帽早分过东西过来啦咱们单位什么时候分过东西呢

从用例来看，"过来"似乎只有在否定句和反问句中才可以置于宾语之后，在陈述句中不大能够后移；而且宾语都须简短，以不超过三个音节为适。可以看到，上面两组例子还有点不同：a组只在宾语后边用了"过来"而动词后边没有用"过"，b组则"过来"和"过"同现。比较起来，b组说法更为常见，a组动词后边都是可用"过"的，用上"过"，说起来还觉得更顺口些。同功能的"过来"和"过"复用，似乎是一种累赘，其实在表达上有强调的作用。就是说，大冶话里用"过"和"过来"表示经历态，带宾语的话有三种格式：Ⅰ.动·过·宾；Ⅱ.动·宾·过来；Ⅲ.动·过·宾·过来。其中Ⅲ式是强式。

15.2.2 "伐丝"跟"过来"一样，一般也只出现在句末[④]：一是用于动词之后，不带后续成分（a）；二是用于宾语之后，并可与"过"同现（b）。但无论是用于动词后边还是宾语后边，都只限于否定句和疑问句，而"过来"用于动词后边时是没有这种限制的（参见15.2.1）。例如：

a. 我只学了两年英语，日语冇学伐丝日语没学过

我袜子我都是一双卖三块，两块冇卖伐丝两块没卖过

广州你去伐丝吗［·mɑ］广州你去过没有

b. 佢冇找（过）我伐丝他没找过我

我长果大还冇打（过）针伐丝我长这么大还没打过针

你以前演冇演（过）戏伐丝你以前演没演过戏

其实，"伐丝"用于疑问句是很少的，用于疑问句中宾语的后边就更少了；而且还只限于正反问句。a组例三形式上有点像是是非问，实际应看作正反问（大冶话里，"吗"是"冇啦"的合音），它的等义句式是"广州你去冇去伐丝啦｜广州你去伐丝冇"。

上面两组例子中，"伐丝"都可以替换为"过来"。但有的时候"伐丝"不能用"过来"替换，这就反映出它们在用法上的差异。例如：

带件大衣买了两年了，一直冇穿伐丝

我买了乘新脚踏车子，还有骑伐丝我买了辆新自行车，还没骑过

前儿买个米还有喫伐丝前天买的米还没吃过

例中"伐丝"用在否定句中，表示某一特定的事物没有使用或动用过。这种情况下，"伐丝"不能替换为"过来"。

15.3　唆

"唆［so³³］"是一个高频词，另外还有三个自由变体：　"上［soŋ³³］""左［tso⁵³］"和"啄［tso³³］"。这些变体在语义及功能分布上没有任何差别，用此用彼完全因人而异。

15.3.1　"唆"只出现在句末（语气词除外）。具体说来有四种情况：①位于动词之后，不带宾、补成分，"动·唆"之间通常要用"了/倒"。②位于形容词之后，"形·唆"之间必须用"了"。形容词用"了"后不再是表示性状，而是表示一种变化，具有动态性。③位于宾语之后，"动·宾"之间可以用"了"，也可不用，用和不用对句意没有什么影响。④位于补语之后，"动·补"之间不容出现别的成分。例如：

a. 你洗了唆，我等一懈儿你先洗，我等一会儿

　　我得头来个，我剃了唆我先来的，我先理（发）

　　你驮件旧个穿倒唆你拿件旧的暂时穿着，明儿去买新个明天去买新的

　　你还是在底住倒唆你暂时还是在这儿住着，等新屋做起来了再搬

b. 细时开亲不好，我想齐佢大了唆小时候定亲不好，我想等他长大了再说

　　李子莫摘早了，齐佢红了唆李子别摘早了，等它红了再说

　　空调莫忙倒买，等天热了唆空调别急着买，等天热了再说

c. 叫佢耐喫（了）饭唆叫他们先吃饭

　　我说买（了）冰箱唆我说先买冰箱，电视以后买

　　饭莫忙倒煮，炒（了）菜唆饭别急着煮，先炒菜

d. 你累了就歇一懈儿唆你累了就先歇一会儿

　　领子要搓两下唆领子要先搓一搓，不是洗衣机洗不干净不然洗衣机洗不干净

　　就倒带一向儿天好，把麦割回来唆趁着这一段时间天气好，把麦子先割

回来

15.3.2 "唆"所表达的语义细察起来也有几种，不同的语义是与其所附成分的不同相关的。①当附于带"了"的动词或宾语、补语之后时，表示先进行某件事情，用普通话里相应的形式来表达，即在动词前边用"先"。a 组的前两例和 c、d 两组例子就属这种情况。这种表"先"义的"唆"字句都还可以在动词前边用"先"，如：你先洗了唆。②当附于带"倒"的动词之后时，表示采取某种行为动作或维持某种状况是暂时的，若用普通话来表达，即在动词前边用"暂时/暂且"，a 组的后两例就属这种情况。这种表"暂时/暂且"义的"唆"字句，都还可以在动词前边用上"暂时"，也可以用"先"。如：你驮件旧个暂时/先穿倒唆。③当附于形容词之后时，表示待情况发生变化后再来办理或考虑某事，普通话里相应的说法是在带"了"的形容词后边用"再说"，b 组例子就属这种情况。这种表"再说"义的"唆"字句，动词或主语前边往往用上"齐/等"。

把"唆"的语义分述为三种，这只是就"唆"在不同情况下表义的侧重方面而言的。其实，后两义也都包含有"先"的意味，"先"义可以看作"唆"的基本语义。再说，"先/暂时、暂且/再说"这些具体的语义也只是根据普通话里相应的表义形式所作的一种描写，准确地或者概括地说，"唆"表示的是一种抽象的语法意义，这种语法意义就是"祈使"，"祈使"先/暂时进行某事、某行动，或维持某种状况等。从上面的几组例子我们也看到，"唆"都是用在祈使句中（不过，有的句子祈使的形式特征不很明显），表达说话人的一种要求、建议、劝告或希望别人能够接受的想法。这样看来，"唆"该是一个表祈使的语气词。有点特殊的是，这一祈使语气词的后边，还可以出现别的语气词。例如：

你说了唆哟你先说
这里"唆"后用了"哟"，语气上就要重些，带有催促的意味。

15.4 都、哈

大冶话里，"都［tau³³］"和"哈［xɑ³³］"是两个同义的副词，但这种同义只是就某一方面的意义而言的。实际上，"都"的意义比"哈"丰富，好些用"都"的地方不能用"哈"，这当中有的是因为分布范围的不同，有的就是因为意义上的分别。下面从它们所能表达的意义方面分项作点比较。

15.4.1 表示总括。这种情况下既可用"都"，也可用"哈"，不过以用"哈"为常，用"哈"显得更自然，乡味更足。例如：

老人哈/都喜个看老戏<small>老人都喜欢看古装戏</small>

要你耐说，你耐哈/都做个不晓得个<small>要你们说，你们都装着不知道</small>

佢把些旧衣裳哈/都驮去送了人<small>他把旧衣服都拿去送给别人了</small>

佢些伢［ŋai³¹］哈/都果大了<small>他的小孩都这么大了</small>

但在无条件让步句中（有时句中不出现"随、管、管了、不管、不论"等让步词）（a），或在重叠的量词（b）、受"每"修饰的名词（c）后边，只能用"都"，不能用"哈"。例如：

a. 佢随哪个都不怕<small>他无论谁都不怕</small>

　管了谜个事你都莫插手<small>不管什么事你都别插手</small>

　不管掺不掺得倒钱，我都想试下子<small>不管能不能赚到钱，我都想试一下</small>

b. 你走棋真不效，普普都输<small>你下棋真不行，盘盘都输</small>

　我个个屉子都找过身，还是冇找倒<small>我每个抽屉都找过了，还是没找到</small>

c. 我每个月都跟屋漏寄钱<small>我每个月都给家里寄钱</small>

　咱耐屋下每家都□［k·ɛ³³］倒有狗<small>咱们村子每家都养了狗</small>

15.4.2 表示强调。这种情况下也只能用"都"，不能用"哈"。例如：

a. 佢连自家个娘老子都不想供［kaŋ³³］<small>他连自己的父母都不愿意供养</small>

　掇饭佢喫佢（连）向都不向<small>端饭他吃他（连）看都不看</small>

　佢总个怕人，见了客（连）话都怕说的<small>他非常怯生，见了客人（连）话都不敢说</small>

　佢一㟓儿都不空<small>他一会儿都不闲</small>

b. 新郎家［kɑŋ³³］都快到屋了，佢还冇办倒炮子<small>新娘都快到家了，他还没准备好鞭炮</small>

　人判都判了，说情还有个屁用

　都六十岁个人了，还果不正经<small>都六十岁的人了，还这么不正派</small>

　　a 组"都"是强调程度之甚，常跟"连"字搭配；b 组"都"是强调时间已经迫近或情况早已存在。

　　15.4.3　"都"有时还跟"是"字合用，说明理由。例如：

　　都是你，平时把佢惯倒冇得行了 都是你，平时把他惯坏了

　　都是你讨力，不是咱不得跟人家搏带膏嘴 都是你不听话，不然咱不会跟人家吵这场架

　　由比较可知，"都"在语义及分布上比"哈"要广。就目前来看，如果表示一般性总括（即排除让步句等情况），老辈人还是严格用"哈"的，但年轻人，尤其是读书人在观念上就开始有些淡薄了。随着普通话影响的日益增强以及语言本身类推作用的促进，"哈"将来完全被"都"排挤不是没有可能的。

　　附注

　　①"伐丝"不同于"伐丝子"，"伐丝子"是时间名词（见《大冶话的时间词》）。又，有的著作把表示动态的"过"看成动词后缀（如朱德熙《语法讲义》第 31、68—72 页）。

　　②只有一种情况例外，就是在正反问句中，否定词"冇"有时出现在"过来"后边，如"立体电影你看过来冇"。不过，像这类句子并不常见，人们还是习惯于将"过来"后置，说成"立体电影你看冇看过来"。

　　③例外的情况也与"过来"相同。

主要参考文献

曹广顺：《近代汉语助词》，语文出版社 1995 年版。

陈昌仪：《赣方言概要》，江西教育出版社 1991 年版。

陈淑梅：《湖北英山方言志》，华中师范大学出版社 1989 年版。

陈泽平：《福州方言的代词》，《代词》，暨南大学出版社 1999 年版。

戴耀晶：《现代汉语时体系统研究》，安徽教育出版社 1987 年版。

丁声树等：《现代汉语语法讲话》，商务印书馆 1980 年版。

丁声树等：《现代汉语语法讲话》，商务印书馆 1980 年版。

郭先珍：《现代汉语量词手册》，中国和平出版社 1987 年版。

何耿镛：《客家方言语法研究》，厦门大学出版社 1993 年版。

胡附：《数词和量词》，上海教育出版社 1984 年版。

胡明扬主编：《汉语方言体貌论文集》，江苏教育出版社 1996 年版。

胡裕树主编：《现代汉语》（增订本），上海教育出版社 1981 年版。

黄伯荣主编：《汉语方言语法类编》，青岛出版社 1996 年版。

蒋冀骋、吴福祥：《近代汉语纲要》，湖南教育出版社 1997 年版。

蒋绍愚：《近代汉语研究概况》，北京大学出版社 1994 年版。

林祥楣：《代词》，上海教育出版社 1984 年版。

吕叔湘：《汉语语法分析问题》，商务印书馆 1979 年版。

吕叔湘：《近代汉语指代词》，学林出版社 1985 年版。

吕叔湘：《释景德传灯录中在、著二助词》，《汉语语法论文集》（增订本），商务印书馆 1984 年版。

吕叔湘：《中国文法要略》，商务印书馆 1982 年版。

吕叔湘主编：《现代汉语八百词》，商务印书馆 1980 年版。

彭泽润：《衡山方言研究》，湖南教育出版社 1999 年版。

乔全生：《晋方言语法研究》，商务印书馆 2000 年版。

任学良：《汉语造词法》，中国社会科学出版社 1981 年版。

邵则遂：《天门方言研究》，华中师范大学出版社 1991 年版。

孙立新：《户县方言研究》，东方出版社 2001 年版。

太田辰夫：《中国历史文法》（蒋绍愚、徐昌华译），北京大学出版社 1987 年版。

万波：《赣语安义方言的人称代词和指示代词》，《代词》，暨南大学出版社 1999 年版。

汪国胜：《大冶方言语法研究》，湖北教育出版社 1994 年版。

汪国胜：《大冶话的情意变调》，湖北教育出版社 1994 年版。

汪平、李崇兴、蒋平：《平江长寿方言的语音语法特点》，张志公主编《语文论集》（三），外语教学与研究出版社 1988 年版。

王还：《"把"字句和"被"字句》，上海教育出版社 1984 年版。

王力：《中国语法理论》（上册），中华书局 1954 年版。

颜森：《黎川方言研究》，社会科学文献出版社 1993 年版。

曾常红：《绥宁方言的代词》，《湖南方言的代词》，湖南师范大学出版社 2000 年版。

詹伯慧主编：《广东粤方言概要》，暨南大学出版社 2002 年版。

张济民：《仡佬语研究》，贵州民族出版社 1993 年版。

张寿康：《构词法和构形法》，湖北人民出版社 1981 年版。

张双庆主编：《动词的体》，香港中文大学中国文化研究所、吴多泰中国语文研究中心出版 1996 年版。

赵元：《汉语口语语法》（吕叔湘译），商务印书馆 1979 年版。

赵元任：《汉语口语语法》，吕叔湘译，商务印书馆 1979 年版。

志村良治：《中国中世语法史研究》（江蓝生等译），中华书局 1995 年版。

中国社会科学院语言研究所词典编辑室：《现代汉语词典》，商务印书馆 1978 年版。

朱建颂：《武汉方言研究》，武汉出版社 1992 年版。

朱德熙：《现代汉语语法研究》，商务印书馆 1980 年版。

朱德熙：《语法讲义》，商务印书馆 1982 年版。

陈昌仪：《江西沿山方言人称代词单数的"格"》，《中国语文》1995 年第 1 期。

陈有恒：《湖北蒲圻方言的人称代词》，《方言》1990 年第 3 期。

范继淹、饶长溶：《再谈动词结构前加程度修饰》，《中国语文》1964 年第 2 期。

甘于恩：《广东粤方言人称代词的单复数形式》，《中国语文》1997 年第 5 期。

胡明扬：《北京话的语气助词和叹词》，《中国语文》1981 年第 5、6 期。

黄丁华：《闽南方言的虚字眼"在、着、里"》，《中国语文》1958 年第 2 期。

黄群建：《湖北阳新方言的小称音变》，《方言》1993 年第 1 期。

李崇兴：《湖北宜都方言助词"在"的用法和来源》，《方言》1996 年第 1 期。

刘宁生：《论"着"及其相关的两个动态范畴》，《语言研究》1985 年第 2 期。

吕叔湘：《很不……》，《中国语文》1965 年第 5 期。

马希文：《北京方言里的"着"》，《方言》1987 年第 1 期。

马真：《"很不——"补说》《语言教学与研究》1986 年第 2 期。

梅祖麟：《汉语方言里虚词"着"字三种用法的来源》，《中国语言学报》1988 年第 3 期，商务印书馆。

饶继庭：《"很"＋动词结构》，《中国语文》1961 年第 8 期。

石毓智：《论现代汉语的"体"范畴》，《中国社会科学》1992 年第 6 期。

汪国胜：《大冶方言的"把"字句》，《中国语言学报》2001 年第 10 期。

汪国胜：《大冶方言的程度副词"闷"》，《方言》1992 年第 2 期。

汪国胜：《大冶话的情意变调》，《中国语文》1996 年第 5 期。

汪国胜：《大冶金湖话的"的""个"和"的个"》，《中国语文》1991 年第 3 期。

汪平：《苏州方言语法引论》，《语言研究》1997 年第 1 期。

萧斧：《"在那里"，"正在"和"在"》，《语法论集》1957 年第 2 集。

邢福义：《否定形式和语境对否定度量的规约》，《世界汉语教学》1995 年第 3 期。

徐丹：《汉语里的"在"与"着（著)"》，《中国语文》1992 年第 6 期。

严修鸿：《客家话人称代词单数"领格"的语源》，《语文研究》1998 年第 1 期。

叶国泉、唐志东：《信宜方言的变音》，《方言》1982 年第 1 期。

伊原大策：《表示进行时态的"在"》，《河北大学学报》1986 年第 3 期。

俞光中：《〈水浒全传〉句末的"在这（那）里"考》，《中国语文》1986 年第 1 期。

詹伯慧：《浠水话动词"体"的表现形式》，《中国语文》1962 年第 8、9 期。

张惠英：《语缀现象评议》，《汉语学报》2011 年第 4 期。

张清源：《成都话的动态助词"倒"和"起"》，《中国语言学报》1991 年第 4 期。

赵日新：《徽语的小称音变和儿化音变》，《方言》1999 年第 2 期。

赵元任：《北京、苏州、常州语助词的研究》，《方言》1992 年第 2 期。

周小兵：《广州话量词的定指功能》，《方言》1997 年第 1 期。

朱德熙：《现代汉语形容词研究》，《语言研究》1956 年第 1 期。

附　　录

附录1　湖北方言的"在"和"在里"*

湖北省境内有三大方言分布：赣语、西南官话和江淮官话。鄂南的大冶、咸宁、崇阳等八县市属赣语，鄂东的英山、黄冈、黄梅等九县市及其西邻的广水、安陆和应城属江淮官话，其他地区（包括武汉、宜昌、荆州、襄樊、十堰、恩施）都属西南官话。三大方言毗邻共处，相互影响，因而形成不少的共性；但它们毕竟地域不同，发展各异，自然也就带来了不少的个性。如"在"和"在里（在这里/那里）"是汉语的很多方言表示进行/持续的常用标记成分①，在对这些体标记的选择及具体使用上，湖北境内的赣语、西南官话和江淮官话就不很一致，这种不一致在一定程度上反映了汉语方言在进行/持续体表达形式上的差异性。大冶方言、武汉方言、英山方言在湖北的三大方言中是具有一定代表性的，下面就以这三种方言为例，来说明湖北方言中的"在"和"在里"，然后联系有关方言，试图就这些标记成分的来源及地域分布问题作点说明。

一　"在"和"在里"

1.1　大冶方言

大冶方言里，表示动作的进行或状态的持续通常是用"在里"。"在里"有点类似于前附成分，只用在动词前面，中间不容许插入别的

---

* 本文内容原载《方言》1999年第2期。

成分。具体格式有两种：

Ⅰ. 在里 + V（ + O）。例如：

我阿母［ŋa³³m⁵³］在里洗衣裳 _{我奶奶在洗衣服}

我去个貌早渠正在里喫饭 _{我去的时候他正在吃饭}

渠在里窖玉榴 _{他在种玉米}

晒场漏在里打谷禾 _{场里在脱粒谷子}

乌地还在里落雨 _{外面还在下雨}

Ⅰ式表示动作的正在进行，主语多为施事，或者是处所词；谓语动词常带宾语。"在里"前面还可以出现"正"或"还"，如例2、例5；用"在、还"，更强调出"正在进行"的意思。

Ⅱ. 在里 + V + 倒。例如：

渠在里困倒不肯起来 _{他睡着不肯起床}

渠在里等倒，你赶快去回 _{他在等着，你赶快回去}

饭在里煮倒，等一㸃儿就能得喫了 _{饭在煮着，等一会儿就可以吃了}

衣裳在里泡倒，你要有空就帮倒洗下子 _{衣服在泡着，你要有空就帮着洗一下}

渣子还在里堆倒，冇得哪个问事 _{垃圾还在堆着，没有谁过问}

Ⅱ式表示状态的持续。对Ⅱ式来说，"在里"和"倒"都是必要成分，不用"在里"，将转化为祈使句，不用"倒"，将转化为进行体[②]。不过，Ⅱ式作为持续句，"倒"是主标记，相当于普通话的助词"着"，"在里"是辅助性标记。跟Ⅰ式比较，Ⅱ式的主语固然可以是施事，但更常见的是受事；不带宾语，但可以出现连谓成分或后续句；"在里"前面不大能出现"正"，但可以出现"还"，如最后一例。

表示动作的进行，大冶方言通常是不用副词"在"的，但如果是对动作的进行情况加以肯定，也可以用"在"。例如：

几貌早了啦，渠还不舞饭——渠在舞饭 _{都什么时候了，他还不做饭——他在做饭}

当然，年轻人在语言的使用上毕竟比老辈人开放一些，在他们的语言里，"在"也慢慢地用得多了，而并不拘守于上述情形。

1.2　武汉方言

武汉方言没有"在里"，只有"在"。跟体有关的"在"既是副词，用在动词前面；又是助词，用在句子末尾。助词"在"主要用于以下三种格式。

Ⅰ. V（+O）+在。例如：

妈妈打电话在

张经理在会议室开会在

小华在房里看书在

快六点钟了，还不做饭？——做在

我拐子睡觉在_{我哥哥在睡觉}

Ⅰ式表示动作的进行，相当于大冶方言的Ⅰ式"在里+V"。不同的是，大冶方言Ⅰ式"在里"和V的前面都不容许出现"在+N"之类的处所词语，武汉方言则没有这个限制，如例2、例3。武汉方言Ⅰ式V的后面也常带宾语，除非宾语在对话语境中省略，或者V为不及物动词，如最后两例。Ⅰ式V前如果没有"在+N"，还可以再用上副词"在"，构成一种前后复用标记的"体"的表达式。复用式在语意上似比单用式更强调一些。如：在打电话在 | 在做在 | 在睡觉在。

Ⅱ. V+在+处所词+在。例如：

a. 旧报纸放在柜子里在

　　鸡子煨在沙锅里在

　　车子停在门口在

b. 钱包掉在路上在

　　脏衣服丢在盆里在

c. 奶奶躺在床上在

　　爸爸等在办公室在

Ⅱ式表示状态的持续。对Ⅱ式来说，"在+处所词"是必要成分，没有"在+处所词"，Ⅱ式作为持续式就不成立，如不能说"*旧报纸放在 | *钱包掉在 | *奶奶躺在"。句末"在"既表语气，陈明一种事实情况，也表存在，反映一种持续状态。不用"在"，句子虽说也能成立，但只是陈明一种事实情况（如c组），有的还可能转化为祈使句（如a组）；用"在"，则重在表现一种"存在"的持续状态。与Ⅰ式不同，Ⅱ式作为持续式，V的前面不能出现副词"在"。

还值得说明的是，Ⅱ式内部并不单纯，三组例子就分别代表了三种不同的情况。a 组主语是受事，可以说成"处所词＋V＋倒＋N受＋在"和"N受＋在＋处所词＋V＋倒＋在"的形式（"倒"相当于"着"，参见Ⅲ式）。如"旧报纸放在柜子里在"可以说成：

柜子里放倒旧报纸在

旧报纸在柜子里放倒在

b 组主语也是受事，但动词的性质不一样。a 组动词是持续动词，或动作完成后即转化为状态的短时动词；b 组动词都是动作完成后不能转化为状态的短时动词，因此不能像 a 组那样变换，如不能说"＊路上掉倒钱包在｜＊钱包在路上掉倒在"。c 组动词的性质跟 a 组相同，但主语的性质不同，不是受事，而是施事，因此也不能像 a 组那样变换为"处所词＋V＋倒＋N施＋在"的形式，如不能说"＊床上躺倒奶奶在｜＊办公室等倒爸爸在"；但可以说成"N施＋在＋处所词＋V＋倒＋在"的形式。如：

奶奶在床上躺倒在

爸爸在办公室等倒在

前一个"在"是介词，可隐可现；"倒"是助词，是必现成分。

Ⅲ．V／A＋倒＋在。例如：

a. 窗户开倒在

　台灯亮倒在

b. 他坐倒在

　他闲倒在

Ⅲ式也是表示状态的持续。"在"和"倒"配合使用，共同构成持续式。去掉"在"，Ⅲ式或者不能成立，如 b 组例1；或者将由原来的状态句转化为祈使句，如 a 组例1。就内部的差异来说，a 组主语是受事，这是Ⅲ式的常见情形，可以说成"V／A＋倒＋N受＋在"的形式，如"窗户开倒在→开倒窗户在"；b 组主语是施事，不能或不大能像 a 组那样变换。

顺便指出，"V／A＋倒＋N受＋在"作为Ⅲ式的变换式，也是一种持续式，但下面的说法并不是说明一种持续的状态，而是表示一种不满或责难：

你怪倒鬼在

你吓倒哪个在

不过，这些说法习惯性较强，并不具有能产性。

1.3 英山方言

英山方言不像大冶方言和武汉方言那么单纯，呈现一种"兼容"的状况：既用"在"，也用"在这里/那里"和"在里"（也说"在底"）。"在"既可用在动词前面，也可用于句子末尾，还可以在动前和句末同现；"在这里/那里"和"在里"则是互补的，前者只用于动前，后者限用于句末。它们构成的格式主要有：

Ⅰ. 在这里/那里 + V（+O）。例如：

他在那里洗手他在洗手

她在那里哭，百事都不吃她在哭，什么都不吃

大人在这里说话，细伢儿莫接嘴大人在说话，小孩儿不要插嘴

你去把碗洗了，我在这里打衣裳你去把碗洗了，我在织毛衣

Ⅰ式表示动作的进行。V后可以出现宾语，如例1。与前三例比较，例4因为前后分句对举，"在这里"除了表示"进行"外，还带有一定的处所意义。

Ⅱ. V（+O）+在里。例如：

他吃在里，你就莫说了他在吃饭，你就不要责备他了

她舞饭在里，你去接一下细伢儿她在做饭，你去接一下小孩儿

他做作业在里，你莫去惹他他在做作业，你别去打扰他

外头落雨在里，你驮把伞去外面在下雨，你拿把伞去

我有吃饭，我扫地下在里我没吃饭，我在扫地

Ⅱ式也是进行式，上面的例子也可以换用Ⅰ式的说法。比较而言，Ⅰ式更为常用，而且更强调"正在"的意思。

Ⅲ. 在 + V（+O）。据调查合作人介绍，此式乡下人用得多些，城关话则往往用作始发句，单用的时候比较少。例如：

他在割油菜

他得［te⁴］哈在听说书他们都在听说书

我在吃饭，她在那里看电视

例中Ⅲ式的说法也可以换成Ⅰ式的说法，例3就是Ⅲ式和Ⅰ式两种说法前后并用。

Ⅳ. V（＋O）＋在。这是较常见的一种格式。V 前如果不出现"在＋处所词"，还可以用上副词"在"。例如：

妈在门口连衣裳，姐在厨房里舞饭在妈妈在门口做衣服，姐姐在厨房里做饭

他困倒床上看书在他睡在床上看书

细伢儿在玩游戏在小孩儿在玩游戏

Ⅴ. V＋倒（＋O）＋在。Ⅰ－Ⅳ式都是进行式，Ⅴ式是持续式。例如：

a. 墙上挂倒画儿在，挂历不能挂倒这儿墙上挂着画儿，挂历不能挂在这儿

　门口站倒人在，我过不去

b. 她在地上跍倒在，不肯起来他在地上蹲着，不肯起来

　门开倒在，里头有得人门开着，里面没有人

a 组 V 后带有宾语；b 组前例 V 是不及物动词，后例主语是受事，因此都没有宾语。

二　"在"和"在里"的来源及其类型分布

"在"和"在里"等形式作为体标记成分的来源问题，吕叔湘（1941）、萧斧（1957）、俞光中（1986）、刘丹青（1996）等曾进行过探讨。下面我们想就湖北方言的事实，并联系有关的方言再作点申说，也许能为这个问题的深入探讨提供一点线索。

2.1　大冶方言里，"在里"有时是作为一个介宾结构，用在动词前面，表示实在的处所意义，其中"里"是表远指的指示代词③。例如：

王老师冇自家舞饭，每日都在里喫饭王老师没有自己做饭，每天都在那儿吃饭

明日起早你在里等我明天早晨你在那儿等我

"在里"的实指和虚指在语音上和语法上有着不同的表现。实指时读〔tsʻa³³lai⁵³〕，虚指时读〔tsʻa³³·lai〕，或合音为〔tsʻai⁵³〕／〔·tsʻai〕。语法上，实指用法的限制较少，虚指用法的限制较严，如下面例子中的"在里"由于句法上的限制，都只能理解为实指：

渠在里一直是当老师他在那儿一直是当老师（"在里"和 V 之间插有状语）

我在里清好，明日跟你送来我在那儿清理好，明天给你送来（V 带结果补语）

渠在里住了/过五年他在那儿住了/过五年（V 带体成分"了/过"和时量补语）

在里歇要得在那儿住宿可以（"在里 + V"作主语）

我热世界喜个在里乘凉我夏天喜欢在那儿乘凉（"在里 + V"作宾语）

莫在里洗澡，里□［uan^{35}］死了人个别在那儿洗澡，那儿淹死了人的（祈使句）

我不在里做屋我不在那儿做房子（意愿性否定句）

我在底卖水果，渠在里卖衣裳我在这儿卖水果，他在那儿卖衣服（前后对举）

1.1 中的 I 式"在里 + V（+O）"有时是有歧义的，"在里"是作为表处所的介宾结构，还是作为表进行的体标记成分，要看具体的语境。

大冶方言里，"在里"实指和虚指两用并存。显然，作为一种表进行/持续的体标记成分，它是由表处所的介宾结构虚化来的，而这种虚化有其内在的语义基础。从语义上讲，"在里"作为表处所的介宾结构用在谓语动词前面，主要是表示行为或事件发生的处所，但同时也赋予句子一种进行/持续的体意义。其实，状位"在 + 处所词"这种语义功能的双重性，在汉语里有着普遍的反映④。就"在里"而言，由于语境的作用，其双重语义在语用上有可能出现偏移，处所义变得模糊，体意义得以突出，这样频繁使用的结果，使得"进行/持续"的标记意义稳固下来，"在/里"也就由一个介宾结构虚化成一种进行体和持续体的标记成分。有时为了强化"在里"的体意义，就在前面用上副词"正"或"还"（参见 1.1）。当"在里"作为体标记成分时，句首还可以出现处所词语（但处所词语前不能用"在"，即不能是"在 + N"的形式），这也证明这时的"在里"只是表示一种体意义，而不表示处所义。例如：

晒场漏在里打麻狮子禾场上在玩狮子

屋里度在里开会，你耐去远点［ŋan^{53}］说话屋子里面在开会，你们走远点儿说话

殿突漏在里说书，咱［xan^{53}］去听下不啦祠堂里在说书，咱去不去听一下

我们知道，大约在唐代，开始出现处所指代词“这里（这底/这的）、那里（那底/那的）”（吕叔湘 1985，蒋冀骋等 1997）。“这里、那里”的出现，使得“在里”置换为“在这里、在那里”成为可能。英山方言的“在这里”和“在那里”大概就是这种置换的结果。跟大冶方言一样，英山方言的“在这里/那里”也经历了一个由实到虚、由空间概念到时体概念的演化过程，从而形成实指和虚指共存并用的局面。下面就是两个实指的例子：

你得莫在这里说话，我要困了你们别在这儿说话，我要睡了

我在这里有事，你得在那里等一下儿我在这儿有事，你们在那儿等一会儿

“在里”作为体成分用于谓语动词之前，这种现象不只存在于大冶方言和英山方言，湖北省境内属于西南官话和江淮官话的某些方言以及吴语的好些方言中也有分布，只是在不同的方言中，其对应的语音形式有所不同。例如湖北天门方言（邵则遂 1991）：

他在的吃饭

他在的做衣服

湖北浠水方言（詹伯慧 1962）：

他发得写信

我们发得唱歌

苏州方言（汪平 1997；石汝杰，见张双庆 1996）：

勒海吃

勒浪开会

我勒海奔勒，勿觉著冷

为仔葬两日风大仔勒，受仔点点寒，今朝还勒浪吃药勒

杭州方言（游汝杰，见张双庆 1996）：

我来东吃饭，你等一等

她来东哭，啥花头也不吃

温州方言（潘悟云，见张双庆 1996）：

我着搭吃饭，他着搭洗手

外面着搭落雨，着带雨伞

例中“在的”“发得”“勒海”“勒浪”“来东”“着搭”都是“在

（这/那）里"的方言变体。

　　方言中"在里"从实到虚的演化，这应该说是语法史上的一件大事，近代（唐宋）文献里当会有所反映，可是就目前所见到的有关研究资料来看，我们还没有发现"在里"出现在动词前面的用例⑤，所见到的用例都是出现于句子的末尾（参见2.2）。对于这种现象，我们现在还难以作出一个合理的解释。是因为文献反映的只是"通语"的状况，对方言口语缺乏应有的记录，还是因为随着语义的虚化，"在里"的位置出现了变移？孰是孰非，我们还难以推断。

　　2.2　英山方言的"在里"用在句子末尾，而且总是表示体的意义。句末"在里"的来源，似乎可以作两种推测。其一，是动词前面"在里"的后移。就是说，动词前面的"在里"在意义虚化、功能改变，成为体的一种标记成分之后，位置就有可能发生动摇，由前加成分挪移为后附成分。从汉语的句法构造来看，语法成分往往是位于实体语法单位之后的。当然，这种后移也可能是为了区别不同的语义功能而作的一种句法调整（表进行用于动前，表持续用于句末，参见下文）。

　　其二，是动词后面处所介宾结构语义虚化的结果。就是说，作为体标记成分，句末的"在里"和动词前面的"在（这/那）里"有着不同的来源。在唐宋资料里，我们可以见到"在里"出现在句末的用例。下面的例子分别转引自吕叔湘（1941）、曹广顺（1995）和俞光中（1986）：

　　且如某之读书，那曾得师友，专守在里。（朱子语类，卷7）

　　他不是摆脱得开，只为立不住，便放却，忒早在里。（上蔡语录，卷上）

　　既然有这物事，方始具是形以生，便有皮包裹在里。（朱子语类，卷16）

　　为学之道，在诸公自去着力，且如这里有百千条路，都茅塞在里，须自拣一条大底行。（朱子语类，卷115）

　　例中的"在里"都是虚指的。在同期文献中，我们也可以见到"在里"置于句末表示处所的实指用法。例如：

　　若与摩，和尚来时，莫向他说纳僧在里。（祖堂集，卷6）

　　岂有虑君子太多，须留几个小人在里？（朱子语类，卷142）

及重试退黜，唁者甚众，而此僧独贺曰："富贵在里。"（摭言，太平广记卷 224）

古训何消读他做甚，盖圣贤说出道理都在里，必学乎此，而后可以有得。（朱子语类，卷 2）

实指和虚指并用，虚指由实指衍生，这也是容易让人接受的。

同样，"在里"用于句末的也不只是英山方言，如上面提到的天门、苏州、杭州、温州几处的方言也有这种现象。例如（出处同上）：

天门方言：

他站倒在的

我听倒在的

耳朵还敷倒在的

东西还保存在的

苏州方言：

坐勒海

门开好勒海

俚到倷屋里来仔，一直登勒海，我只好陪俚

好端端困勒海，到半夜里，亦有人来敲门哉

墙头浪挂仔一张图画勒海

门口头有三个人立勒海

杭州方言：

电灯开来东，门窗开来东

我帽子戴来东，不怕冷的

他们的照片一直挂来东

温州方言：

门开着搭，屋底没有人

车底有两个外国人坐着搭

需要说明的是，天门、苏州、杭州、温州等地方言的"在（这/那）里"既用于动词前面，也用于句子末尾，这种分布位置的区别，反映在语义上，就表现为标记功能的不同。一般说来，用于动前，表示动作的进行，相当于普通话的时间副词"正在"；用于句末，表示状态的持续，相当于普通话的动态助词"着"。所引方言中只有英山一处例外，"在里"用在句末可以表示动作的进行。

2.3　武汉方言里，"在"一般出现在句末，但有时也能听到用在动词前面（"在＋V"）的说法，只是因为这种说法并不常见，而且说的多为年轻人，老辈人不大说，所以我们没有把它作为一种格式列出。湖北长阳方言就比较单纯，"在"只出现在句末，没有"在＋V"之类的说法。英山方言里，"在"在句末（Ⅳ式）和V前（Ⅲ式）都是可以出现的，但实际上两种说法并不均衡，Ⅳ式占有明显的优势。在湖北宜都方言里，"在"也可以前后两种位置出现，但不能同现（李崇兴1996）。

至于体成分"在"的来源，有学者认为是直接由动词"在"虚化而来⑥。不过我们觉得，把它看成由虚化的"在（这/那）里"脱变而来，似乎更容易理解一些。就是说，"在里"由于语义的虚化，有可能出现结构的简化或成分的脱落，而由其中的一个成分来负载其整体意义。脱落的成分可能是"里"，也可能是"在"。如英山方言句末保留"在"字，这是常见的情况，但同时也有用"咧"表示"进行"的说法⑦。例如：

我洗碗咧，等下儿着_{我正在洗碗呢，先等一下再说}

他等我得咧，快点儿_{他正等我们呢，快点儿}

不过，虚化首先表现为处所意义的弱化甚至消失，使"里"失去指示的功能，成为一种赘余成分，因此"里"是最容易脱落的。这种脱落不仅发生在句末，也发生在动前，从而形成"V＋在"和"在＋V"两种功能相同的不同说法。吕叔湘先生（1941）在考察《景德传灯录》中的"在"时指出："此一语助词，当以在裹为最完备之形式，唐人多单言在，以在概裹；宋人多单言裹。以裹概在。"吕先生这段话是就句末的情况来说的；至于动词前面，由于位置不同，情况有所区别，实际见到的往往是单言"在"的形式⑧。

在现代方言中，我们还可以找到"在（这/那）里"脱变为"在"的踪迹。如湖北仙桃方言⑨，表示进行态也是用的"在里"。引起我们注意的是，"在里"的"里"可以省略，不过省略后"在"必须变调，主元音相对延长。从"在"的变调我们就可以知道，"在"后有一个"里"字省略后留下的空位。例如：

他在里 [tai^{31}·ti] 看书　　他在 [ta：i^{13}] 看书

我在里 [tai^{31}·ti] 写字　　我在 [ta：i^{13}] 写字

又如浙江海盐方言，据胡明扬先生（1996）考察，进行态的形式是在动词前面加"勒/勒霍"或"落/落霍"。例如：

伊拉勒/落（霍）吃饭_{他们在（那里）吃饭}

天勒/落（霍）落雨_{天在（那里）下雨}

心勒/落（霍）跳_{心在（那里）跳}

伊勒/落（霍）苦_{他在（那里）哭}

胡先生指出："'勒霍''落霍'的意思是'在那里'，'勒'和'落'是简缩形式。"完备式和简缩式并用，说明"勒霍/落霍"还处于向"勒/落"演化的过程当中，"勒/落"对"勒霍/落霍"的最终取代，才标志着这一过程的结束。海盐方言里，"落霍"也用于句末，表示持续态，而且句末"落霍"的演化跟动前"勒霍/落霍"的演化是同步的。例如：

台子浪摆起茶杯（落）霍_{桌子上放着茶杯}

墙头浪挂起只钟（落）霍_{墙上挂着一只钟}

门开起（落）霍_{他门开着}

灯亮起（落）霍_{灯亮着}

不同的是，动前脱落的是指代成分"霍"，句末脱落的是介引成分"落"。句末"落霍"的演化，在方向上跟北方的好些方言（如北京话）是一致的，而不同于南方的武汉方言。

2.4　如果把"在里"看作完备形式，把"在"看作省略形式，并根据出现位置的不同把它们区分为 3 种类型：A. 作为前加成分，保留完备形式（即"在里＋V"），B. 作为前加和后附成分，保留完备形式（即"在里＋V"和"V＋在里"），C. 作为前加和后附成分，采用省略形式（即"在＋V"和"V＋在"）；那么从类型的地域分布上，我们大体可以看到：A 型主要分布于赣语区，如湖北大冶方言。又如湖南平江方言（汪平等 1988）：

他还落 ko^3 吃呵_{他还在那儿吃呵}

他还落 ko^3 同人话事_{他还在那儿跟人说话}

我落 i^{3}tɕ·in^{2}呐，还有 tɕ·in^{2}呐_{我在这儿找呢，还没找着呢}

我落 i³ 看书，渠落 ko³ 写字_{我在这儿看书，他在那儿写字}⑩

江西安义方言（万波，见张双庆 1996），基本上也属 A 型⑪。例如：

渠勒许里/个里哭，什哩一下不吃

外脑勒许里落雨，要带把伞

菜勒许里烂呱_{菜正在腐烂}

我勒个里窜，不觉得冷

B 型主要分布于吴语区和江淮官话区，如苏州方言、杭州方言、温州方言、海盐方言、英山方言等。C 型主要分布于西南官话区和闽语区，如属于西南官话的武汉方言、宜都方言、成都方言（张清源1991）；又如属于闽语的泉州方言（李如龙，见张双庆 1996）：

我嘞食，伊嘞洗手噢

伊嘞吼，什么都不食

坐嘞，唔通站起来

门开嘞，里面无侬

海南黄流方言（邢福义 1995）：

他回来了非——否回在

医生给你的药片，还有在么——还有在

当然，情况并不像我们所说的这么单纯。事实上，就某一地域来说，内部不同地点的方言所呈现的体的表达形式并不是完全一致的，而往往表现出不同程度的参差。比如，西南官话里就有 B 型的方言，如天门方言；赣语里也有属于 B 型的方言，如安仁方言（陈满华，见胡明扬 1996）：

妹妹到那里拍手_{妹妹正拍着手}

我到固里做事，莫吵我_{我正在做着事，别吵我}

你看啰，门打开到固里_{你看吧，门开着的}

壁头上写嘎三只字到那里_{墙上写着三个字}

就是某一方言的内部，也不一定只表现出一种类型的特征。如英山方言，既用"在（这/那）里"，也用"在"。这种复杂状况的形成，固然有其历史的原因，但恐怕跟普通话对方言的影响以及方言之间的相互影响也有一定的关系。

附注

①"在"用在动词前面，是副词，因与体有关，本文姑且也看着是体标记成分。

②Ⅱ式不用"在里"或不用"倒"，有的句子还不大能成立。

③跟"里"相对的近指代词是"底"。例如：

底兴苔，里兴油菜这儿种红薯，那儿种油菜

我照护底，你去照护里我照看这儿，你去照看那儿

④如普通话："他在办公室开会。"介宾结构"在办公室"既表示"开会"的处所，也表明"开会"正在进行。

⑤但在晚清和现代作品中，却可以见到"在那里"出现在动词前面的用法（伊原大策，1986）。例如：

这堂客说他就是你的前妻，要你见面，在那里同你家黄氏娘子吵的狠。（吴敬梓《儒林外史》）

大人出来上轿，合城的官都在那里只挺挺的站着候送。（李伯元《官场现形记》）

大家都喊喊喳喳的在那里说闲话。（刘鹗《老残游记》）

他是个活泼的孩子，两颗乌黑的眼珠流转不停，表示他在那里不绝地想他爱想的念头。（叶圣陶《一课》）

两个三个弟兄聚集一起，不很高声地在那里讲些什么。（叶圣陶《金耳环》）

值得注意的是，吴敬梓是安徽全椒人，李伯元是江苏武进人，刘鹗是江苏丹徒人，叶圣陶是苏州人，四地今均属吴语区和江淮官话区。

⑥如俞光中先生（1986）认为："表持续的'在'很可能是从句末表存在的'在'虚化而来的。"

⑦"唎"当看作"里"的变体，参见附注⑧。跟"V（+O）+在"式不同的是，"V（+O）+唎"式往往有后续句。

⑧句末的"在"和"里"由于位置特殊，因此很容易进一步虚化，成为一个纯语气成分。吕先生进一步指出："裹字俗书多简作里，本字既湮，遂更着口。传世宋代话本，率已作哩，或宋世已然，或后人改定，殆未易定。……此哩字今仍保留于北方多处方言之中，而北京语及

其他若干方言则不曰 li 而曰 nə，字作呢。"

⑨材料引自刘云的课程论文《仙桃方言的省略性变调》。

⑩作者指出：上面几个句子里面的"落 i³""落 ko³"的处所意义都比较虚，它们表处所的作用仅仅体现在适用范围的分别上，译文为了突出这种分别，用了直译法。其实，"在什么地方"的意思是不必译出的，而可以径直译作"在"或"正在"。

⑪安义方言里，"勒许里/个里"也有用于句末的时候，但仅限于"处所词 + 有 + 名词 + 动词 + 勒许里/个里"这种"有"字句式，而且这种时候它们仍有比较实在的近指/远指意义，并没有虚化成体标记，如"桌上有两盆花摆勒许里"。安义方言也可以在动词前面用"勒"来表示进行体，这个"勒"很可能就是"勒许里/个里"形式脱变的结果。（参见 2.3）

附记：武汉方言、英山方言和仙桃方言、长阳方言的材料分别是由研究生吴伶、项菊和刘云、宗丽提供的，在此表示感谢。

附录2　大冶方言语法例句

这里共列 248 条例句。每条例句分两项内容：（1）《汉语方言语法调查例句》（中国社科院语言研究所方言室）提供的普通话说法，用括号括起。（2）大冶方言的说法。如果方言说法不止一种，则分别列出，用 a、b、c、d 标示，按常用度排列。斜线"/"表示前后两种说法都行；下加波浪线的表示同音字，第一次出现时标记；需要区别读音的注上音标。

001 （这句话用大冶话怎么说？）

　　带句话用大冶话什抹说啦？

002 （你还会说别的地方的话吗？）

　　a. 你还会说别位子个话吧［pɑ²¹］？

　　b. 你还会说别位子个话不啦？

　　c. 你还会不会说别位子个话欸？

003（不会了，我从小就没出过门，只会说大冶话。）

　　　不会了，我从细时就冇出过门，只会说大冶话。

004（会，还会说黄石话，不过说得不怎么好。）

　　　会，还会说黄石话，不过说得不果好。

005（会说普通话吗？）

　　　a. 说得倒普通话吧［pɑ²¹］？

　　　b. 会说普通话吧？

　　　c. 会说普通话不啦？

　　　d. 会不会说普通话？

006（不会说，没有学过。）

　　　a. 不会说，冇学过。

　　　b. 说不倒，冇学过。

007（会说一点儿，不标准就是了。）

　　　会说一点儿，就是说得不标准。

008（在什么地方学的普通话？）

　　　在哪低学个普通话欸？

009（上小学中学都学普通话。）

　　　读小学中学都学普通话。

010（谁呀？我是老王。）

　　　哪个啦？我是老王。

011（您贵姓？我姓王，您呢？）

　　　你贵姓啦？我姓王，你呢？

012（我也姓王，咱俩都姓王。）

　　　我也姓王，咱两个人哈姓王。

013（巧了，他也姓王，本来是一家嘛。）

　　　果巧，佢也姓王，本来就是一个家门个。

014（老张来了吗？说好他也来的！）

　　　a. 老张来吗［ma²¹］？说好了佢也来个！

　　　b. 老张来冇啦？说好了佢也来个！

015（他没来，还没到吧。）

　　　佢冇来，还冇到吧［pɑ⁴⁵］。

016 （他上哪儿了？还在家里呢。）

　　佢去哪低了？还在屋漏。

017 （在家做什么？在家吃饭呢。）

　　在屋漏做谜欸？在屋漏喫饭。

018 （都几点了，怎么还没吃完？）

　　几点了，什谜还冇喫完欸？

019 （还没有呢，再有一会儿就吃完了。）

　　还冇，再过一儴儿就喫完了。

020 （他在哪儿吃的饭？）

　　佢在哪低喫个饭？

021 （他是在我家吃的饭。）

　　佢是在我漏喫个饭。

022 （真的吗？真的，他是在我家吃的饭。）

　　真个啊？真个，佢是在我漏喫个饭。

023 （先喝一杯茶再说吧！）

　　先喝杯茶了唆 $[so^3]$／着 $[tso^3]$！

024 （说好了就走的，怎么半天了还不走？）

　　说好了就走个，什谜半天了还不走欸？

025 （他磨磨蹭蹭的，做什么呢？）

　　佢七挨八挨的，为谜呢？

026 （他正在那儿跟一个朋友说话呢。）

　　佢正在里跟个朋友说话。

027 （还没说完啊？催他快点儿！）

　　还冇说完个啊？催佢快点儿！

028 （好，好，他就来了。）

　　好，好，佢就来了。

029 （你上哪儿去？我上街去。）

　　a. 你到哪低去欸？我到街漏去。

　　b. 你去哪低哦？我去街漏。

030 （你多会儿去？我马上就去。）

　　你哪帽早去欸？我马上就去。

031 （做什么去呀？家里来客人了，买点儿菜去。）

　　a. 为谜去欤？屋里来客了，去买点菜。

　　b. 去做谜欤？屋里来了客，买点菜去。

032 （你先去吧，我们一会儿再去。）

　　你先去，我耐过懈儿去。

033 （好好儿走，别跑！小心摔跤了。）

　　好生的走，莫跑，招防跶倒。

034 （小心点儿，不然的话摔下去爬都爬不起来。）

　　过细点哝，不是跶下去爬都爬不起来。

035 （不早了，快去吧！）

　　不早了，快点去！

036 （这会儿还早呢，过一会儿再去吧。）

　　带帽早还早，过懈儿再去。

037 （吃了饭再去好不好？）

　　a. 喫了饭再去能不能？

　　b. 喫了饭再去能得不啦？

038 （不行，那可就来不及了。）

　　a. 不能，那就来不及了。

　　b. 不能，那就赶不赢了。

039 （不管你去不去，反正我是要去的。）

　　a. 管了你去不去，反正我是要去个。

　　b. 不管你去不去，反正我是要去个。

040 （你爱去不去。你爱去就去，不爱去就不去。）

　　a. 你爱去不去的。你爱去就去，不爱去就不去。

　　b. 你倘去不去的。你想去就去，不想去就不去。

041 （那我非去不可！）

　　a. 那我非要去。

　　b. 那我非去不可！

042 （那个东西不在那儿，也不在这儿。）

　　那个东西不在里，也不在底。

043 （那到底在哪儿？）

那到底/到独在哪低啦?

044 (我也说不清楚,你问他去!)

我也说不清楚,你去问佢!

045 (怎么办呢?不是那么办,要这么办才对。)

什抹子啦?不是那果做,要果低做才对。

046 (要多少才够呢?)

a. 要几多才够欬?

b. 要几多才做得倒欬?

047 (太多了,要不了那么多,只要这么多就够了。)

太多了,要不了果多,只要带果多就有了。

048 (不管怎么忙,也得好好儿学习。)

管了么样忙,也要好生的学。

049 (你闻闻这朵花香不香?)

a. 你闻下带朵花香吧 [pɑ²¹]?

b. 你闻下带朵花香不香?

050 (好香呀,是不是?)

a. 好香哦,是吧 [pɑ²¹]?

b. 好香哦,是不啦?

051 (你是抽烟呢,还是喝茶?)

a. 你喫烟呢,还是喝茶?

b. 你喫烟还是喝茶?

052 (烟也好,茶也好,我都不会。)

a. 烟啦茶啦,我唅不会。

b. 烟啦茶啦,我唅搞不倒。

053 (医生叫你多睡一睡,抽烟喝茶都不行。)

医生叫你多睏儞儿,喫烟喝茶唅不能。

054 (咱们一边走一边说。)

咱边走边说。

055 (这个东西好是好,就是太贵了。)

带个东西好是好,就是太贵了。

056 (这个东西虽说贵了点儿,不过挺结实的。)

带个东西贵是贵了点，不过蛮扎实个。

057 （他今年多大了？）

　　a. 佢今年几多大了？

　　b. 佢今年好大了？

058 （也就是三十来岁吧。）

　　a. 大概三十来岁吧〔pɑ²¹〕

　　b. 差不多三十来岁吧〔pɑ²¹〕

059 （看上去不过三十多岁的样子。）

　　看上去大概三十多岁个样子。

060 （这个东西有多重呢？）

　　带个东西有几多重欸？

061 （怕有五十多斤吧。）

　　a. 怕有五十多斤吧〔pɑ²¹〕。

　　b. 只怕有五十多斤。

062 （我五点半就起来了，你怎么七点了还不起来？）

　　我五点半就起来了，你什谜七点了还不起来？

063 （三四个人盖一床被。一床被盖三四个人。）

　　三四个人盖一床被窝。一床被窝盖三四个人。

064 （一个大饼加一根油条。一根油条外加一个大饼。）

　　一个饼子加上一根菜果。一根菜果再加上一个饼子。

065 （两个人坐一张凳子。一张凳子坐了两个人。）

　　两个人坐一个凳子。一个凳子坐了两个人。

066 （一辆车装三千斤麦子。三千斤麦子刚好够装一辆车。）

　　一乘车子装三千斤麦。三千斤麦刚好够装一车子。

067 （十个人吃一锅饭。一锅饭够吃十个人。）

　　十个人喫一锅饭。一锅饭喫得倒十个人。

068 （十个人吃不了这锅饭。这锅饭吃不了十个人。）

　　十个人喫不了带锅饭。带锅饭喫不倒十个人。

069 （这个屋子住不下十个人。）

　　带间屋住不倒十个人。

070 （小屋堆东西，大屋住人。）

细屋堆东西，大屋住人。

071（他们几个人正说着话呢。）

　　佢耐几个人正在里说话。

072（桌上放着一碗水，小心别碰倒了。）

　　桌子高头放倒一碗水，过细点莫打泼了。

073（门口站着一帮人，在说着什么。）

　　门口里徛倒一伙人，不晓得在里说点谜。

074（坐着吃好，还是站着吃好？）

　　坐倒喫好，还是徛倒喫好？

075（想着说，不要抢着说。）

　　想好了说，莫抢倒说。

076（说着说着就笑起来了。）

　　说倒说倒就笑起来了。

077（别怕！你大着胆子说吧。）

　　莫怕！你太胆说。

078（这个东西重着呢，足有一百来斤。）

　　带个东西才重，足有百把斤。

079（他对人可好着呢。）

　　a. 佢对人才好。

　　b. 佢对人不晓得几好。

080（这小伙子可有劲着呢。）

　　a. 带个后生家才有劲。

　　b. 带个后生家不晓得几有劲。

081（别跑，你给我站着！）

　　莫跑，你跟我徛倒！

082（下雨了，路上小心着！）

　　落雨了，路上过细点！

083（点着火了。着凉了。）

　　a. 火点着了。受凉了。

　　b. 火点着了。冻倒了。

084（甭着急，慢慢儿来。）

莫着急，慢慢来。

085 （我正在这儿找着呢，还没找着。）

我正在里找，还有找倒。

086 （她呀，可厉害着呢！）

　　a. 佢噢，才狠！

　　b. 佢噢，不晓得几狠！

087 （这本书好看着呢。）

　　a. 带本书才好看。

　　b. 带本书不晓得几好看！

088 （饭好了，快来吃吧。）

饭好了，快来喫啦。

089 （锅里还有饭没有？你去看一看。）

　　a. 锅里还有饭冇啦？你去看下盖。

　　b. 锅里还有冇有饭？你去看下盖。

090 （我去看了，没有饭了。）

我去看了，冇得饭了。

091 （就剩一点儿了，吃了得了。）

就剩倒一点了，喫了算了。

092 （吃了饭要慢慢儿地走，别跑，小心肚子疼。）

喫了饭要慢慢的走，莫跑，招防肚子痛。

093 （他吃了饭了，你吃了饭没有呢？）

　　a. 佢喫了饭了，你喫吗 $[\text{ma}^{21}]$？

　　b. 佢喫了饭了，你喫冇啦？

　　c. 佢喫了饭了，你喫冇喫？

094 （我喝了茶还是渴。）

我喝了茶还是口干。

095 （我吃了晚饭，出去溜达了一会儿，回来就睡下了，还做了
个梦。）

我过夜 $[\text{ku}^{35}\,\text{ia}^{33}]$ 了，出去走动了下儿，回来就睏了，还做
了个梦。

096 （吃了这碗饭再说。）

a. 喫了带碗饭再说。

b. 喫了带碗饭唆。

097 （我昨天照了相了。）

a. 我昨日照了相。

b. 我昨日照相了。

098 （有了人，什么事都好办。）

有了人，管了谜个事都好办。

099 （不要把茶杯打碎了。）

莫把茶杯打破了。

100 （你快把这碗饭吃了，饭都凉了。）

你快点把带碗饭喫了佢，饭哈冷了。

101 （下雨了。雨不下了，天晴开了。）

落雨了。雨冇落了，天晴了。

102 （打了一下。去了一趟。）

打了一下。去了一趟。

103 （晚了就不好了，咱们快点儿走吧！）

晚 ［ŋ Ã³⁵］ 了就不好了，咱耐快点走！

104 （给你三天时间，做得了做不了？）

把你三天功夫，做得了不？

105 （你做得了，我做不了。）

你做得了，我做不了。

106 （你骗不了我。）

a. 你货不倒我。

b. 你货我不倒。

107 （了了这桩事情再说。）

a. 了了带宗事唆。

b. 把带宗事了了唆。

108 （这间房没住过人。）

带间屋冇住过人。

109 （这牛拉过车，没骑过人。）

带条牛拉过车子，冇骑过人。

110 （这匹马还没骑过人，你小心点儿。）

　　带匹马还冇骑过人，你过细点。

111 （以前我坐过船，可从来没骑过马。）

　　之前我坐过船，从来冇骑过马。

112 （丢在街上了。搁在桌上了。）

　　落到街上了。搁到桌子高头了。

113 （掉到地上了，怎么都没找着。）

　　落到地下去了，再什抹找都找不倒。

114 （今晚别走了，就在我家住下吧!）

　　今儿下昼夜莫走了，就在我漏歇!

115 （这些吃得吃不得?）

　　a. 带些喫不喫得得?

　　b. 带些喫得不啦?

116 （这是熟的，吃得。那是生的，吃不得。）

　　带是熟个，喫得得。那是生个，喫不得。

117 （你们来得了来不了?）

　　a. 你耐来不来得了?

　　b. 你耐来得了不啦?

118 （我没事，来得了，他太忙，来不了。）

　　我冇得事，来得了，佢总个忙，来不了。

119 （这个东西很重，拿得动拿不动?）

　　a. 带个东西总个重，驮不驮得起?

　　b. 带个东西总个重，驮得起不啦?

120 （我拿得动，他拿不动。）

　　我驮得起，佢驮不起。

121 （真不轻，重得连我都拿不动了。）

　　真不轻，连我都驮不起。

122 （他手巧，画得很好看。）

　　佢手灵巧，画倒蛮好看。

123 （他忙得很，忙得连吃过饭没有都忘了。）

　　佢忙得很，忙倒连喫冇喫饭都记见了。

124 （你看他急得，急得脸都红了。）

　　　你看佢急倒，把脸都急红了。

125 （你说得很好，你还会说些什么呢？）

　　　你说得蛮好，你还会说些谜欸？

126 （说得到，做得了，真棒！）

　　　说得到，做得了，真不错！

127 （这个事情说得说不得呀？）

　　　a. 带个事说不说得得啦？

　　　b. 带个事能不能得说啦？

128 （他说得快不快？听清楚了吗？）

　　　a. 佢说倒快不快？听清楚吗 [mɑ²¹]？

　　　b. 佢说倒快不快？听清楚冇？

129 （他说得快不快？只有五分钟时间了。）

　　　他说得快不快？只有五分钟个工夫了。

130 （这是他的书。）

　　　带是佢个书。

131 （那本书是他哥哥的。）

　　　那本书是佢哥个。

132 （桌子上的书是谁的？是老王的。）

　　　桌子高头个书是哪个个欸？是老王个。

133 （屋子里坐着很多人，看书的看书，看报的看报，写字的

写字。）

　　　屋漏坐倒好多人，看书个看书，看报个看报，写字个写字。

134 （要说他的好话，不要说他的坏话。）

　　　要说佢个好话，莫说佢个拐话。

135 （上次是谁请的客？是我请的。）

　　　上回是哪个请个客欸？是我请个。

136 （你是哪年来的？）

　　　你是哪年来个欸？

137 （我是前年到的北京。）

　　　我是前年子到个北京。

138（你说的是谁?）

　　你说个是哪个?

139（我反正不是说的你。）

　　a. 我反正不是说个你。

　　b. 我反正冇说你。

140（他那天是见的老张，不是见的老王。）

　　佢那天是见个老张，不是见个老王。

141（只要他肯来，我就没的说了。）

　　只要佢肯来，我就有得说个了。

142（以前是有的做，没的吃。）

　　之前是有做个，冇得喫个。

143（现在是有的做，也有的吃。）

　　姜是有做个，也有喫个。

144（上街买个蒜啊葱的，也方便。）

　　上街买个蒜啊葱啊，也方便。

145（柴米油盐什么的，都有的是。）

　　柴米油盐果些东西，都多个是。

146（写字算账什么的，他都能行。）

　　a. 写字算账果些事，佢哈会做。

　　b. 写字算账果些事，佢哈能得做。

147（把那个东西递给我。）

　　把那个东西把了我。

148（是他把那个杯子打碎了。）

　　是佢把那个杯子打破了。

149（把人家脑袋都打出血了，你还笑!）

　　把别个头都打出血了，你还笑!

150（快去把书还给他。）

　　快去把书还了佢。

151（我真后悔当时没把他留住。）

　　我真失悔当时冇把佢留倒。

152（你怎么能不把人当人呢?）

你什抹子能得不把人家当人呢？

153 （有的地方管太阳叫日头。）

有个位子把太阳叫日头。

154 （什么？她管你叫爸爸！）

a. 什谜哎？佢把你叫父？

b. 什谜哎？佢叫你叫父？

155 （你拿什么都当真的，我看没必要。）

你随么事都当真个，我看犯不着。

156 （真拿他没办法，烦死我了。）

真把佢冇得法，把我烦死了。

157 （看你现在拿什么还人家。）

姜看你驮谜去还人家。

158 （他被妈妈说哭了。）

a. 佢把佢嬭说哭了。

b. 佢嬭把佢说哭了。

159 （所有的书信都被火烧了，一点儿剩的都没有。）

所有个信都把火烧了，一点儿剩个都冇得。

160 （被他缠了一下午，什么都没做成。）

把佢缠了一下昼，随么事都冇做成。

161 （让人给打蒙了，一下子没明白过来。）

把人给糊 [xu³³] 了，一下子冇醒过来。

162 （给雨淋了个透湿）

把雨沰了个透湿。

163 （给我一本书。给他三本书。）

把一本书我。把三本书佢。

164 （这里没有书，书在那里。）

底冇得书，书在里。

165 （叫他快来找我。）

叫佢快点来找我。

166 （赶快把他请来。）

赶快把佢请来。

167（我写了条子请病假。）

我写了条子请病假。

168（我上街买了份报纸看。）

我上街买了张报纸看。

169（我笑着躲开了他。）

我笑倒偏［pʰi³⁵］开了佢。

170（我抬起头笑了一下。）

我抬头笑了一下。

171（我就是坐着不动，看你能把我怎么着。）

我就是坐倒不动，看你能把我么样。

172（她照顾病人很细心。）

佢照顾病人蛮过细。

173（他接过苹果就咬了一口。）

佢接过苹果就呃了一口。

174（他的一番话使在场的所有人流了眼泪。）

佢个一番话把所有在场个人都说倒流了眼泪。

175（我们请他唱了一首歌。）

我耐请佢唱了一首歌。

176（我有几个亲戚在外地做工。）

我有几个亲戚在外地做工。

177（他整天都陪着我说话。）

佢成天都陪倒我说话。

178（我骂他是个大笨蛋，他居然不恼火。）

我骂佢个大笨蛋，冇想到佢不发火。

179（他把钱一扔，二话不说，转身就走。）

佢把钱一丢，二话冇说，调［tɕʰie⁵³］头就走。

180（我该不该来呢？）

我该不该来欸［e³］／呢？

181（你来也行，不来也行。）

你来也行，不来也可以。

182（要我说，你就不应该来。）

要我说，你就不该来。

183 （你能不能来？）

    a. 你能不能来？

    b. 你能得来不？

184 （看看吧，现在说不准。）

    看吧［pɑ²¹］，带帽早说不准。

185 （能来就来，不能来就不来。）

    a. 能得来就来，不能来就不来。

    b. 能得来就来，不能来就算了。

186 （你打算不打算去？）

    a. 你打不打利去？

    b. 你打利去不？

187 （去呀！谁说我不打算去？）

    去啊！哪个说我不打利去？

188 （他一个人敢去吗？）

    佢一个人敢去个吗？

189 （敢！那有什么不敢的？）

    敢！那有谜不敢个？

190 （他到底愿不愿意说？）

    a. 佢到独愿不愿意说？

    b. 佢到独愿意说不？

191 （谁知道他愿意不愿意说？）

    a. 哪个晓得佢愿不愿意说欤？

    b. 哪个晓得佢愿意说不欤？

192 （愿意说得说，不愿意说也得说。）

    愿意说也要说，不愿说也要说。

193 （反正我得让他说，不说不行。）

    反正我要让佢说，不说不能。

194 （还有没有饭吃？）

    a. 还有冇得饭喫？

    b. 还有饭喫冇啦？

195　(有，刚吃呢。)

　　　有，嵌子一喫。

196　(没有了，谁叫你不早来!)

　　　冇得了，哪个不叫你早点来!

197　(你去过北京吗? 我有去过。)

　　　a. 你去过北京吗 [ma²¹]? 我有去过。

　　　b. 你去冇去过北京? 我有去过。

　　　c. 北京你去过吗? 我有去过。

　　　d. 北京你去冇去过? 我有去过。

198　(我十几年前去过，可没怎么玩，都没印象了。)

　　　我十几年前去过，冇么玩，冇得么印象了。

199　(这件事他知道不知道?)

　　　a. 带件事佢晓不晓得?

　　　b. 带件事佢晓得不?

　　　c. 带件事佢晓得吧 [pa²¹]?

200　(这件事他肯定知道。)

　　　带件事佢肯定晓得。

201　(据我了解，他好像不知道。)

　　　根据我个了解，佢信倒/好像不晓得。

202　(这些字你认得不认得?)

　　　a. 带些字你认不认得?

　　　b. 带些字你认得不?

　　　c. 带些字你认得吧 [pa²¹]?

203　(我一个字也不认得。)

　　　a. 我一个字都不认得。

　　　b. 我一个字都认不得/倒。

204　(只有这个字我不认得，其他字都认得。)

　　　a. 只有带个字不认得，其余个我哈认得。

　　　b. 只有带个字认不得/倒，其余个我哈认得。

205　(你还记得不记得我呢?)

　　　a. 你还记不记得我欸?

b. 你还记得我不?

c. 你还记得我吧?

206 (记得,怎么能不记得!)

记得,什抹不记得欵!

207 (我忘了,一点都不记得了。)

a. 我忘见了,一点都不记得了。

b. 我忘见了,一点都记不得/倒了。

208 (你在前边走,我在后边走。)

你在前头走,我在后头走。

209 (我告诉他了,你不用再说了。)

我跟佢说了,你不用再说了。

210 (这个大,那个小,你看哪个好?)

带个大,那个细,你看哪个好?

211 (这个比那个好。)

带个把那个好。

212 (那个没有这个好,差多了。)

a. 那个冇得带个好,差多/远了。

b. 那个冇得带个好,差好多/远。

213 (要我说这两个都好。)

依我说,带两个都好。

214 (其实这个比那个好多了。)

a. 其实带个把那个好多了。

b. 其实带个把那个好好多。

215 (今天的天气没有昨天好。)

今日个天时/天气冇得昨日好。

216 (昨天的天气比今天好多了。)

昨日个天时/天气把今日好多了。

217 (明天的天气肯定比今天好。)

明日个天气/天时肯定把今日好。

218 (那个房子没有这个房子好。)

那个屋冇得带个屋好。

219 (这些房子不如那些房子好。)

    a. 带些屋不及那些屋好。

    b. 带些屋冇得那些屋好。

220 (这个有那个大没有?)

    a. 带个有那个大冇啦?

    b. 带个有冇得那个大?

221 (这个跟那个一般大。)

    带个跟那个一样大。

222 (这个比那个小了一点点儿,不怎么看得出来。)

    带个比那个细一点儿,不么看得出来。

223 (这个大,那个小,两个不一般大。)

    带个大,那个细,两个不一样大。

224 (这个跟那个大小一样,分不出来。)

    a. 带个跟那个大细一样,分不出来。

    b. 带个跟那个一样大细,分不出来。

225 (这个人比那个人高。)

    带个人把那个人长。

226 (是高一点儿,可是没有那个人胖。)

    是长一点儿,但冇得那个人胖。

227 (他们一般高,我看不出谁高谁矮。)

    佢耐一样长,我看不出哪个长哪个矮。

228 (胖的好还是瘦的好?)

    胖个好还是瘦个好?

229 (瘦的比胖的好。)

    瘦个把胖个好。

230 (瘦的胖的都不好,不瘦不胖最好。)

    瘦个胖个哈/都不好,不瘦不胖最好。

231 (这个东西没有那个东西好用。)

    带个东西冇得那个东西好用。

232 (这两种颜色一样吗?)

    a. 带两个颜色一不一样欸?

b. 带两个颜色一样个吗?

233（不一样，一种色淡，一种色浓。）

不一样，一个颜色浅，一个颜色深。

234（这种颜色比那种颜色淡多了，你都看不出来?）

带个颜色把那个颜色浅多了，你看不出来?

235（你看看现在，现在的日子比过去强多了。）

你看下现在，现在个日子比过去强多了。

236（以后的日子比现在更好。）

a. 以后个日子比现在更好。

b. 以后个日子比现在还要好。

237（好好干吧，这日子一天比一天好。）

好好的做，日子一天把/比一天好。

238（这些年的生活一年比一年好，越来越好。）

带些年个生活一年把/比一年好，越来越好。

239（咱兄弟俩比一比谁跑得快。）

咱兄弟两个比下子，看哪个跑得快。

240（我比不上你，你跑得比我快。）

a. 我比不过你，你把我跑得快。

b. 我比不过你，你跑得把我快。

241（他跑得比我还快，一个比一个跑得快。）

a. 佢把我跑得还快，一个把/比一个跑得快。

b. 佢跑得把我还快，一个把/比一个跑得快。

242（他比我吃得多，干得也多。）

a. 佢把我喫得多，做得也多。

b. 佢喫得把我多，做得也多。

243（他干起活来，比谁都快。）

佢做起生活来，把/比哪个都快。

244（说了一遍，又说一遍，不知说了多少遍。）

说了一遍，又说一遍，不晓得说了几多遍。

245（我嘴笨，怎么也说不过他。）

a. 我嘴笨，管什抹说不过/赢佢。

a. 我嘴笨，管什抹说佢不过/赢。

246（他走得越来越快，我都跟不上了。）

佢走得越来越快，我跟不上了。

247（越走越快，越说越快。）

越走越快，越说越快。

248（慢慢说，一句一句地说。）

慢慢的说，一句一句的说。

附录3　大冶（金湖）方言音系*

大冶市地处湖北省东南部，面积 1623 平方千米。东南邻靠阳新县，西北依连鄂城市，西南与武汉江夏区、咸宁市接壤，东北与浠水县、蕲春县交界。境内多丘陵山地，矿藏十分丰富。

大冶方言比较特殊。20 世纪 30 年代，杨时逢、丁声树先生曾做过调查和描写（见《湖北方言调查报告》），但他们只是找了原籍城关、住读武昌的两名学生作为发音人，记录了当时的城关口音，并未对乡间口音作比较全面的实地考察。时隔五十多年，语言有了变化，现在看来，当时的记录与目前的实际有了差别。再者，正如《报告》所言，大冶城关话与乡间话并不一样，"歧异似乎很不小"。要对大冶方言的面貌有一个比较全面的认识，还有待对大冶乡间口音作比较细致的调查。笔者是大冶金湖人。金湖离城关不远。本文记录的就是笔者所说的金湖话，所记字音都找当地人作过核对。如果说，《报告》描写的是 30 年代的大冶城关口音，那么，这里提供的就是一份 80 年代的金湖乡音材料。

一　声韵调

金湖话声母包括零声母在内，有 20 个。

p 爸榜扮博　　　pʻ 披跑怕辟　　　m 貌谋马漫　　　f 方烦废福

t 丹等带达　　　tʻ 度唐坦痛　　　l 论狼老丽

---

ts 真找济捉　　　ts‘字层吵倡　　　z 二然惹热　　　s 席神瘦索

tɕ 鸡煮救决　　　tɕ‘轻强欠曲　　　ɳ 念迎恋狱　　　ɕ 新霞向术

k 阶古干阁　　　k‘刊考扣哭　　　ŋ 饿昂袄爱　　　x 厚孩恨喝

Ø 医耀友艳营伟玩宛问网玉渊韵

以上声母，音值与普通话大致相当。稍有区别的是，［t t‘l］的发音部位比普通话的舌尖中音靠前。［tɕ tɕ‘ɳ］跟开口呼相拼时，实际读成舌面中音［c c‘ɲ］。

韵母 42 个。

ɿ 支迟世日　　　i 希极意铁　　　u 乌扶库骨　　　y 巨主竖域

a 栽核届客　　　ia 挨岩　　　　ua 外怀快获　　　ya 悦捽

ɑ 妈拿打插　　　iɑ 鸦渚亚压　　　uɑ 花娃挂挖　　　yɑ 抓刷

ɔ 抛槽保靠　　　iɔ 校孝

o 坡驼可夺　　　io 学约　　　　uo 窝卧

e 社潮走斗　　　ie 消野笑歇

ai 飞齐背密　　　　　　　　　　uai 威葵轨绘　　　yai 追垂水锐

au 租丑兽录　　　iau 忧流柳蓄

ʌ̃ 办谈散站　　　iʌ̃ 限颜　　　　uʌ̃ 弯环晚惯

ɛ̃ 坚寒省看　　　iɛ̃ 烟贤显厌　　　uɛ̃ 官横缓唤　　　yɛ̃ 专悬远劝

an 村陈本胜　　　ian 星平请辛　　　uan 温魂稳棍　　　yan 军云倾训

aŋ 中朋董送　　　iaŋ 雄拥　　　　uaŋ 翁瓮

ɔŋ 张旁赏畅　　　iɔŋ 样墙抢享　　　uɔŋ 光黄谎逛

ĩ 边泉店选

韵母的音值，有几点需要说明。

1. 圆唇元音的圆唇度较弱，［y o u］都比标准元音唇形要展。其中［o］跟［k k‘ ŋ x］相拼时尤展，接近［ɤ］。只有［u］作韵尾时，才读得较开，接近［ɔ］。

2. 低元音［a ʌ ɑ］和半低元音［ɔ ɛ］读得较闭，只有［a］在［a ia ua ya aŋ iaŋ］六韵中才接近标准元音。

3. 鼻化元音的鼻化，起始和结束都比元音迟，这一点在［ɛ̃ ĩ］以及含［ɛ̃］的韵母中表现得尤为明显，有时读得似乎有点接近［ɛn in］，鼻音也较弱。事实上，有的人（尤其是年轻学生）受普通话影响，常将［ɛ̃ĩ］读成［ɛn in］，并未给人特别异样的感觉。

4.［e］在阴阳上入四声中读得闭些，在去声中读得开些。

5.［i］在鼻化韵［ĩ］中读得较开，接近［ɪ］；在作韵尾时，读得尤开，接近［e］，读音也较轻弱。

声调有 5 个。

阴平 33　诗梯增书今山哥骄先瓜夜败号熟安申天昆
阳平 31　时题台茶模愁圆娘同蚕游条穷年田湖王文
上声 53　使体洒讨妥往起展朽永雨躺浅犬滚醒丑管
去声 35　试趣价套破奏怒泛见趁碰胖气俏秀暗变汉
入声 13　识惜责塔乐杰立促物局杂发落辣隙抹育削

阳平是个低降调［21］，有时也读成中降调［31］，但不区别意义，本文记为［31］。入声在语流中都读成低升调，但单念时有的也读成降升调［213］，因不区别意义，故都记为［13］。

二　声韵配合关系

金湖话声母和韵母的配合关系如表附 – 1。表中声母按发音部位分类，韵母按四呼分类，空格表示声母韵母不能拼合。

表附 – 1　　　　　　　　　金湖话声韵配合关系表

		开口呼	齐齿呼	合口呼	撮口呼
双唇音	p pʻ m	报剖茂	（ĩ 边，i 别）	（u 布）	
唇齿音	f	分		（u 夫）	
舌尖中音	t tʻ l	带塔雷			
舌尖前音	ts tsʻ s z	最挫守日			
舌面音	tɕ tɕʻ ɲ ɕ	疾谦仰	级晴两现		均权语顺
舌根音	k kʻ ŋ x	各开傲红		贵坤　毁	
零声母	Ø		益	围	预

从表附 – 1 可以看出金湖话声韵配合的主要规律：

1. 双唇音和唇齿音能跟开口呼韵母拼合，不能跟撮口呼韵母拼合。双唇音拼齐齿呼限于［ĩ, i］，拼合口呼限于［u］；唇齿音拼合口呼也仅限于［u］。

2. 舌尖中音和舌尖前音只能跟开口呼韵母拼合，不能跟齐合撮三呼韵母拼合。零声母刚好相反。

3. 舌面音能跟开齐撮三呼韵母拼合，不能跟合口呼韵母拼合。

4. 舌根音能跟开合两呼韵母拼合，不能跟齐撮两呼韵母拼合。

上述规律只是说明了金湖话声韵配合的大致情况。至于哪一个声母能跟哪些韵母拼合，具体情况可以查看"同音字汇"。

三　文白异读

金湖话的文白异读字常用的有八九十个。从文白读音的对应情况看，就声母而言，文读不送气声母［p t ts tɕ］与白读送气声母［pʻ tʻ tsʻ tɕʻ］对应；文读舌面声母［tɕ tɕʻ ɕ］与白读舌根声母［k kʻ x］对应；文读齐齿呼［Ø］声母与白读舌根鼻音声母［ŋ］对应。就韵母而言，文读韵母［ae ie yai］，白读为［e ɑ iɑ y］；文读齐齿呼韵母［iɑ iÃ iɛ̃］，白读为开口呼［ɑ ã］。文白读音的声调大多相同，不同的往往是文读的去声入声，白读念作阴平。此外，还有一些规律性不强。下面将文白异读字分类列举，先列例字，次列文读音，后列白读音。

（1）同调同声异韵

舌	se³³	sɑ³³
扯	tsʻe⁵³	tsʻɑ⁵³
蛇	se³¹	sɑ³¹
舍 ~不得	se⁵³	sɑ⁵³
惹	ze⁵³	zɑ⁵³
过	ko³⁵	ku³⁵
那	lɑ³⁵	lɑ³⁵
今	tɕan³³	tɕɑ³³
去	tɕʻy³⁵	tɕʻi³⁵
吹	tɕʻyai³³	tɕʻy³³
锤锤槌	tɕʻyai³¹	tɕʻy³³
你	ȵi⁵³	ŋ̍⁵³
借	tɕie³⁵	tɕiɑ³⁵

挑~是非	tɕʻie³³	tɕʻe³³
夜	ie³³	iɑ⁵³
野也	ie⁵³	iɑ⁵³
写	ɕĩ⁵³	ɕiɑ⁵³
扁	pĩ⁵³	piʻ⁵³
浮~面	fu³¹	fe³¹
还~是	xuÃ³¹	xɑ³¹
拳	tɕʻyɛ̃³¹	tɕʻy³¹
水	ɕyai⁵³	ɕy⁵³

（2）同调异声同韵

摆~摊子	pa⁵³	pʻa⁵³
家稼	tɕɑ³³	kɑ³³
嫁	tɕɑ³⁵	kɑ³⁵
夹甲指~	tɕɑ¹³	kɑ¹³
阿	ɑ³³	ŋɑ³³
敲	tɕʻɔ³³	kʻɔ³³
确的~	tɕʻo¹³	kʻo¹³
角~落	tɕo¹³	ko¹³
撬	tɕʻe⁵³	kʻe⁵³
间房~	tɕÃ³³	kÃ³³
间~断	tɕÃ³⁵	kÃ³⁵
跤	tɕɔ³³	kɔ³³
伸~腰	san³³	tsʻan³³
像	xiɔŋ³³	tɕʻiɔŋ³³

（3）同调异声异韵

大	tɑ³³	tʻa³³
咱	tsɑ⁵³	xan⁵³
地助词	tʻai³	ta³
拣	tɕɛ̃⁵³	kÃ⁵³
的助词	tɕi³	ko³
挨崖岩	ia³¹	ŋa³¹

下虾	ɕiɑ³³	xɑ³³
瞎吓	ɕiɑ¹³	xɑ¹³
丫鸦~雀	iɑ³³	ŋɑ³³
牙芽	iɑ³¹	ŋɑ³¹
哑	iɑ⁵³	ŋɑ⁵³
压鸭	iɑ¹³	ŋɑ¹³
咬	iɔ⁵³	ŋɔ⁵³
陷	ɕiɑ̃³³	xɑ̃³³
眼	iɑ̃⁵³	ŋɑ̃⁵³
淹	iɛ³³	ŋɑ̃³³
完	uɑ̃³¹	xuɛ̃³¹
入收~	y¹³	zʅ¹³

（4）异调同声同韵

猫	mɔ³³	mɔ³⁵
烤	k‘ɔ⁵³	k‘ɔ³⁵
莫	mo¹³	mo³³
摸	mo³³	mo¹³
和暖~	xo³¹	xo³³
和唱~	xo³⁵	xo³³
岸	ŋɛ̃³⁵	ŋɛ̃³³
涂糊~	t‘au³¹	t‘au³³
聋	laŋ³¹	laŋ³³
荡	t‘ɔŋ³⁵	t‘ɔŋ³³
指~头	tsʅ⁵³	tsʅ³³
卜萝~	p‘u³¹	p‘u³³
糊~涂	xu³¹	xu³³
润	yan³⁵	yan³³

（5）异调异声同韵

着用不~	tso¹³	ts‘o³³
背~诗	pai³⁵	p‘ai³³
读	tau¹³	t‘au³³

绝及	tɕ·i¹³	tɕ·ʻi³³
调	tɕie³³	tɕ·ʻie⁵³

（6）异调异声异韵

白	pa¹³	p·ʻe³³
贼	tsa¹³	ts·ʻe³³
媳 ~妇	sai¹³	ɕi³⁵
嚼	tɕio¹³	tɕ·ʻio³³
雁	iɛ̃³⁵	ŋÃ³³
铅	tɕ·ɿ̃³³	iɛ̃³¹
晚	uÃ⁵³	ŋÃ³⁵
了 助词	n̠ie⁵³	le³

（7）异调同声异韵

只 量词	tsɿ³³	tsa¹³
昂	ŋɔŋ³¹	ŋɔ³³
明	mian³¹	mia¹³

四　同音字汇

本字汇先按韵母分类，再按声母、声调排列。韵母以开齐合撮为序，声母以发音部位为序，声调以阴阳上去入为序。一字多音的分别列出。文读音下标“＝”，白读音下标“－”。如前所述，舌面前声母 [tɕ tɕ· n̠] 跟 [a ɔ o e ɛ̃ ɔ̃ ŋ] 等开口呼韵母拼合时，实际读成舌面中音 [c c· ɲ]，但与年老者不同，年轻人有时在一些音节中也读成舌面前音，并在后边带上介音 [i]，这里的记音一律依“老”不依“青”。

ɿ

tsɿ　　[33] 姿资咨兹滋支枝肢只量词知蜘脂指 ~甲之芝

　　　　[53] 子只 ~有紫旨揎¹ ~甲指² ~示止址纸姊

　　　　[35] 至致志痣置制智

　　　　[13] 质汁织职执

ts·ɿ　　[33] 字治差参~柿雌自值植姪

　　　　[31] 祠词饲瓷糍慈磁池驰匙迟辞

　　　　[53] 齿耻此

　　　　［35］次刺翅赐伺

　　　　［13］赤尺吃

ʂʅ　　［33］寺诗侍厕_{茅~}石事士斯撕尸是思私司丝师狮食蚀氏十拾

　　　　［31］时

　　　　［53］史使驶矢始屎死

　　　　［35］视试式恃市示四肆世势逝誓似饰祀

　　　　［13］湿室实识失释适

ʐʅ　　［33］二贰

　　　　［31］儿而

　　　　［53］耳

　　　　［13］日<u>入</u>_{收~}

a

pa　　［53］摆

　　　　［35］拜

　　　　［13］伯百<u>白</u>

pʻa　　［33］败稗

　　　　［31］排牌

　　　　［53］<u>摆</u>_{~摊子}

　　　　［35］派

　　　　［13］迫拍

ma　　［33］卖

　　　　［31］埋

　　　　［53］买

　　　　［35］迈

　　　　［13］麦脉墨默

ta　　　［33］呆_{发~}

　　　　［53］歹

　　　　［35］带戴

　　　　［13］得_{~到}德

　　　　［3］<u>地</u>_{助词}得_{助词}

tʻa　　［33］胎<u>大</u>代袋贷怠

　　　　［31］台抬

　　　　　　［53］□因肥胖走动时肌肉抖动

　　　　　　［35］太态泰

　　　　　　［13］特

la　　　［33］耐奈奶祖母赖

　　　　　　［31］来

　　　　　　［53］乃奶喂~

　　　　　　［35］那

　　　　　　［13］勒肋

tsa　　［33］斋灾栽

　　　　　　［53］宰载三年五~崽

　　　　　　［35］再载~重债

　　　　　　［13］窄宅责折哲浙摘赜

ts'a　［33］差出~在猜

　　　　　　［31］才财材裁柴

　　　　　　［53］采彩採踩

　　　　　　［35］菜蔡

　　　　　　［13］测厕~所侧泽择拆策彻撤册

sa　　　［33］衰腮筛

　　　　　　［35］率~领赛塞边~晒帅

　　　　　　［13］涩涉设塞堵~虱啬骰色瑟摄

za　　　［13］热

tça　　［33］仝

ka　　　［33］该皆阶街

　　　　　　［53］解改

　　　　　　［35］戒械界介芥届

　　　　　　［13］格革隔

k'a　　［33］揩

　　　　　　［53］凯楷

　　　　　　［35］溉慨概

　　　　　　［13］克刻客

ŋa　［33］挨～紧哀艾碍

　　　［31］呆～板癌挨～打崖岩

　　　［53］矮蔼

　　　［35］爱隘

　　　［13］额扼

xa　　［33］害

　　　［31］鞋孩

　　　［53］海

　　　［35］懈

　　　［13］核黑

ɑ

pɑ　　［33］巴粑疤爸扒～车

　　　［53］把～守靶

　　　［35］霸坝把刀～

　　　［13］八拔

p'ɑ　［33］罢耙

　　　［31］爬扒～手

　　　［35］怕

mɑ　　［33］妈骂

　　　［31］麻

　　　［53］马码蚂

　　　［35］□奶

　　　［13］抹

fɑ　　［33］罚伐阀

　　　［35］乏

　　　［13］发法

tɑ　　［33］大

　　　［53］打

　　　［35］妖嫂子

　　　［13］达答搭

t'ɑ　［33］它他她

　　　　［13］塔塌踏

lɑ　［33］拉垃

　　［31］拿

　　［53］哪

　　［35］<u>那</u>

　　［13］腊蜡辣纳

tsɑ　［33］渣遮

　　［53］<u>咱</u>

　　［35］乍诈榨炸_{轰～}蔗

　　［13］闸炸_{油～}扎札轧铡杂<u>只</u>_{量词}

ts'ɑ　［33］差_{～别}叉

　　［31］查茶擦_{～粉}

　　［53］<u>扯</u>

　　［35］岔

　　［13］察擦_{～桌子插}

sɑ　［33］<u>舌</u>沙纱

　　［31］<u>蛇</u>

　　［53］洒傻<u>舍</u>_{～得}

　　［35］啥

　　［13］杀刹

zɑ　［53］惹

tɕɑ　［33］加嘉佳<u>家稼</u>

　　［53］贾假_{～象，～期}

　　［35］价<u>嫁</u>架驾

　　［13］甲¹_{～等}<u>里</u>²_{指～匣}<u>夹</u>浃颊

tɕ'ɑ　［13］恰喫

ȵɑ　［33］□娇惯

　　［53］□腻人

　　［13］□无～（绝情）

kɑ　［33］<u>家稼</u>

　　［31］□～条（油条）

〔53〕嘎

〔35〕嫁

〔13〕夹甲指~

k'ɑ 〔33〕掐~紧

〔31〕□跨

〔53〕卡

〔35〕□大腿之间的部分

〔13〕掐~断

ŋɑ 〔33〕丫鸦~雀阿~爹

〔31〕牙芽

〔53〕哑

〔35〕□象声词

〔13〕压鸭

xɑ 〔33〕下虾哈~欠

〔31〕还~是

〔53〕哈~巴

〔35〕□哑嗓子

〔13〕瞎吓

ɑ 〔33〕阿

ɔ

pɔ 〔33〕包褒

〔53〕宝保堡饱

〔35〕报豹

p'ɔ 〔33〕抱泡灯~霾刨抛

〔31〕跑袍

〔35〕泡水~,~饭砲炮暴爆

mɔ 〔33〕帽貌冇猫

〔31〕矛茅锚毛

〔53〕卯

〔35〕冒猫

tɔ 〔33〕刀

	［53］	岛捣祷倒～塌
	［35］	到倒～立
tˀɔ	［33］	盗滔稻蹈道掏
	［31］	涛焘淘陶逃桃
	［53］	讨
	［35］	套导
lɔ	［33］	闹
	［31］	劳涝捞牢挠
	［53］	恼脑垴老姥
	［35］	□偷
tsɔ	［33］	遭糟皂
	［53］	早枣爪澡找
	［35］	灶噪燥罩
tsˀɔ	［33］	抄钞操
	［31］	曹槽嘈
	［35］	炒吵草
	［35］	造糙
sɔ	［33］	骚搔臊～气捎梢
	［31］	□瞟
	［53］	扫打～嫂稍
	［35］	扫～帚潲哨臊害～
tɕɔ	［33］	交郊胶跤
	［53］	绞狡
	［35］	教较校～对觉睡～
tɕˀɔ	［33］	敲
	［53］	巧
kɔ	［33］	高膏跤羔糕
	［53］	搞稿镐
	［35］	告窖
kˀɔ	［33］	敲
	［53］	考拷烤

[35] 靠<u>烤</u>

ŋɔ　[33] <u>昂</u>

[31] 熬

[53] 袄<u>咬</u>

[35] 傲拗坳奥懊澳

xɔ　[33] 号蒿薅

[31] 毫豪壕嚎

[53] 好_{友~}郝

[35] 好_{爱~}耗

o

po　[33] 波玻

[53] 跛

[35] 播籫

[13] 搏博拨驳剥钵

pʻo　[33] 坡薄

[31] 婆

[53] 剖颇

[35] 破

[13] 泼

mo　[33] 磨_{~子}<u>莫摸</u>

[31] 磨_{~刀}魔模膜馍

[53] 么母_{~亲}

[35] 幕暮慕墓募

[13] 寞<u>莫</u>漠<u>摸</u>没末沫目牧木

to　[33] 多

[53] 朵躲

[35] 剁

[13] 夺

tʻo　[33] 拖

[31] 驼砣驮

[53] 妥

[35] 惰堕

[13] 托脱拓

lo　[33] 糯懦啰～唆

　　[31] 罗箩锣骡螺逻挪

　　[53] 裸

　　[35] □滚动

　　[13] 洛骆络烙落诺乐快～

tso　[33] 啄

　　[53] 左

　　[13] 浊着¹用不～着²～落酌桌斫茁拙捉作镯

ts'o　[33] 着用不～坐座搓凿昨

　　[31] 戳

　　[53] 挫

　　[35] 错锉

　　[13] □性交龊

so　[33] 梭唆

　　[31] □挪动

　　[53] 所锁琐

　　[35] 漱□歪斜

　　[13] 索勺

zo　[13] 弱

tço　[13] 角一～钱脚

tç'o　[13] 却觉感～确

ko　[33] 哥歌戈

　　[53] 果裹

　　[35] 个过

　　[13] 各阁搁鸽割郭葛胳角～落

　　[3] 的

k'o　[33] 柯棵颗科

　　[53] 可

　　[35] 课

　　　　　　［13］渴阔壳扩<u>确</u>磕

ŋo　［33］饿

　　　［31］俄鹅蛾

　　　［53］我

　　　［13］恶_{罪～}鄂

xo　［33］活贺祸合盒和_{暖～，一唱一～}

　　　［31］何禾和¹_{连词}<u>和</u>²_{暖～}

　　　［53］火伙

　　　［35］货和_{～诗}□_骗

　　　［13］喝鹤豁霍

e

p'e　［33］<u>白</u>

　　　［53］呸

me　［33］茂贸

　　　［31］谋

　　　［53］亩某

fe　［31］<u>浮</u>_{～土}

　　　［53］否

te　［33］兜兜

　　　［53］斗_{一～米}抖陡

　　　［35］斗_{～争}

t'e　［33］豆痘偷

　　　［31］头投

　　　［53］透_{～气}

　　　［35］透_{湿～}

le　［33］漏□_{从口袋里掏}<u>了</u>_{助词}

　　　［31］楼

　　　［53］搂篓

tse　［33］朝_{～夕}召招昭邹

　　　［53］走者

　　　［35］这照兆

ts'e 　[33] 车贼赵超□推

　　　[31] 愁朝～代

　　　[53] 扯

　　　[35] 奏凑骤

se 　　[33] 社搜馊舌射绍

　　　[31] 蛇韶苕

　　　[53] 少多～舍～得

　　　[35] 瘦赦少～年舍宿～

ze 　　[31] 饶姚

　　　[53] 惹绕

tɕe 　[33] 浇骄娇

　　　[53] 缴饺剿

　　　[35] 叫

　　　[13] 洁结

tɕ'e 　[33] 轿挑～是非

　　　[31] 乔桥侨

　　　[53] 撬

　　　[35] □弯曲

　　　[13] 怯杰

ȵe 　　[33] 尿

　　　[13] 捏业聂蹑孽

ke 　　[33] 勾沟钩

　　　[53] 苟枸狗给送～

　　　[53] 够购媾彀

k'e 　[33] 抠

　　　[31] 佢

　　　[53] 口撬

　　　[35] 扣寇叩

ŋe 　　[33] 欧殴

　　　[53] 偶藕呕

　　　[35] 怄沤

xe   ［33］ 后厚候

        ［31］ 侯喉猴

        ［53］ 吼

        ［35］ □喘气

ai

pai   ［33］ 卑碑杯悲

        ［53］ 比匕彼

        ［35］ 闭蔽臂辈背[1]~脊誉[2]~诗贝

        ［13］ 必秘~密逼壁毕笔

pʻai   ［33］ 弊毙币被披批坏避鼻备背~诗篦

        ［31］ 皮疲啤培陪赔匹一~布

        ［53］ 鄙痞脾

        ［35］ 配屁佩

        ［13］ 辟劈僻

mai   ［33］ 谜妹

        ［31］ 迷糜梅枚媒煤眉霉弥

        ［53］ 美米每

        ［35］ 眯昧觅

        ［13］ 密蜜泌秘~书

fai   ［33］ 非飞妃

        ［31］ 肥

        ［53］ 匪诽

        ［35］ 废肺费沸

        ［13］ □推拿

tai   ［33］ 堆低

        ［53］ 底抵

        ［35］ 兑帝蒂缔队对

        ［13］ 敌的目~滴嘀

tʻai   ［33］ 弟第梯递地土~推笛

        ［31］ 提题堤啼蹄

        ［53］ 体腿

[35] 替涕剃退褪剔蜕

[13] 迪踢

[3] <u>地</u>助词

lai [33] 泪类隶内累劳~利吏例

[31] 离篱雷擂累积~犁梨黎厘狸

[53] 里理鲤李礼旅馁

[35] 丽厉励虑滤

[13] 立率效~粒历力律

tsai [33] □~子

[53] 挤嘴

[35] 醉最剂济哜尖叫祭际

[13] 迹绩脊即积

ts'ai [33] 疾妻凄聚罪蛆集催崔籍

[31] 齐脐

[53] 取娶

[35] 趣碎翠脆

[13] 七漆戚

sai [33] 席序叙绪须需西犀习虽穗

[31] 随隋徐

[53] 洗髓

[35] 岁婿细絮

[13] 惜析夕息<u>媳</u>~妇锡

au

tau [33] 都

[53] 堵赌肚

[35] 妒

[13] 独牍<u>读</u>毒

t'au [33] <u>读</u>度渡镀杜<u>涂</u>糊~

[31] 徒途<u>途</u>图屠

[53] 土吐~痰

[35] 兔吐呕~

    ［13］突秃

lau ［33］露～水路

    ［31］卢炉芦庐奴

    ［53］鲁橹卤努

    ［35］露¹～水露²～天怒

    ［13］六陆录禄

tsau ［33］周舟租州洲

    ［53］帚阻组肘

    ［35］昼咒做

    ［13］足卒烛祝竹嘱筑粥

tsʻau ［33］抽轴族助

    ［31］酬仇绸稠筹售

    ［53］丑楚础

    ［35］臭

    ［13］促畜牲～触

sau ［33］收寿熟受授梳疏酥苏

    ［53］手数动词首守

    ［35］兽数名词素诉

    ［13］宿～舍缩速属叔赎续俗

zau ［31］柔揉

    ［13］肉辱褥

tɕau ［33］纠赳

    ［53］久灸玖韭九

    ［35］究救

    ［13］菊鞠

tɕʻau ［33］旧舅

    ［31］求球

    ［53］□形容果实结得很多

    ［13］曲

ȵau ［31］牛

    ［53］纽扭拧动

［35］扭拧伤；左右摇动溜语缀；壮～

［13］狱

Ã

pÃ　［33］班斑颁

　　　［53］板版

　　　［35］扮

p'Ã　［33］办攀

　　　［35］盼绊

mÃ　［33］慢

　　　［31］蛮

　　　［35］漫

fÃ　［33］范犯帆风～番翻饭

　　　［31］烦繁凡帆～布樊

　　　［53］反返

　　　［35］贩畈泛

tÃ　［33］丹单担～心

　　　［53］胆

　　　［35］旦担扁～石一～谷

t'Ã　［33］淡滩摊弹子～蛋贪

　　　［31］谈痰谭潭弹～琴檀

　　　［53］坦但毯

　　　［35］炭叹探

lÃ　［33］烂腐～难苦～

　　　［31］兰拦栏蓝篮难困～男

　　　［53］览揽懒

　　　［35］烂灿～滥

ts Ã　［33］□用尖物敲击

　　　［53］斩崭盏攒

　　　［35］站蘸赞栈

ts'Ã　［33］暂搀参～加餐

　　　［31］残惭蚕馋

[53] 产铲惨

[35] 灿

sÃ [33] 三山衫叁删

[53] 伞散 ~文

[35] 散解~

tɕÃ [33] 艰间房~奸

[53] 碱减简柬

[35] 间 ~断涧监鉴

kÃ [33] 间房~

[53] 拣

[35] 间 ~断

k·Ã [33] 刊堪

[53] 坎砍

[35] 嵌勘

ŋÃ [33] 雁淹

[31] □严合

[53] 眼

[35] 晚

xÃ [33] 陷苋

[31] 含函涵咸 ~淡

[53] 喊罕

ɛ̃

pɛ̃ [33] 般搬崩

[35] 半

p·ɛ̃ [33] 潘膨伴

[31] 盘彭

[35] 判叛畔

mɛ̃ [33] □水溢出

[31] 瞒

[53] 满

tɛ̃ [33] 灯登端

　　　　　［53］等

　　　　　［35］断_果 ~ 凳锻

tʻɛ̃　［33］吞断_间 ~ 邓段缎

　　　　　［31］团腾藤誊

　　　　　［35］□_{使平衡：} ~ 头（使两头平衡）

lɛ̃　　［33］乱

　　　　　［31］能

　　　　　［53］冷暖卵

tsɛ̃　［33］沾粘钻 ~ _空子争筝瞻曾_{姓氏}

　　　　　［53］展

　　　　　［35］占战钻 ~ _子

tsʻɛ̃　［33］增赠撑参 ~ _差

　　　　　［31］层曾 ~ _经蝉缠橙 ~ _子

　　　　　［53］□ ~ _{子（一种鱼具）}

　　　　　［35］窜篡

sɛ̃　　［33］善鳝生牲甥闩拴森渗参_人 ~ 酸

　　　　　［31］阐□_{神气十足的样子}

　　　　　［53］省陕闪

　　　　　［35］算蒜扇搧煽涮

zɛ̃　　［31］然燃

　　　　　［53］染

tɕɛ̃　［33］坚肩兼

　　　　　［53］茧拣捡检

　　　　　［35］建见剑

tɕʻɛ̃　［33］谦牵俭件健

　　　　　［31］乾钳

　　　　　［53］遣谴

　　　　　［35］欠倩

ŋɛ̃　　［33］拈砚念谚验酽

　　　　　［31］年严

　　　　　［53］研碾撵

kɛ̃ 　[33] 耕更～改甘柑肝跟羹干～旱竿

　　　[53] 感杆赶敢粳

　　　[35] 干～劲更～加

kʻɛ̃ 　[33] □抚养，喂养

　　　[53] 垦恳肯啃

　　　[35] 看

ŋɛ̃ 　[33] 安鞍恩崖

　　　[53] □给棉花脱籽，使之松软

　　　[35] 按案崖

xɛ̃ 　[33] 汗旱鼾

　　　[31] 寒韩恒衡

　　　[53] 很狠

　　　[35] 汉恨捍

an

pan 　[33] 奔～腾

　　　[53] 本

　　　[35] 奔～头

pʻan 　[33] 拌笨烹

　　　[31] 盆

man 　[33] 闷焖

　　　[31] 门们

　　　[35] □弯腰

fan 　[33] 分份芬纷

　　　[31] 坟焚

　　　[53] 粉

　　　[35] 奋粪愤喷忿

tan 　[33] 敦墩蹲瞪

　　　[53] 吨

　　　[35] 顿盾

tʻan 　[33] 钝

　　　[31] 屯囤疼豚

　　　　[53] 盹

lan　　[33] 论嫩

　　　　[31] 仑轮伦抡棱~角

　　　　[35] 楞

tsan　[33] 尊遵真珍贞侦针正~月征斟

　　　　[53] 诊疹枕整

　　　　[35] 正~确证政症振震镇

ts'an　[33] 郑村阵称~呼皴伸

　　　　[31] 沉存成城诚陈尘承丞呈程辰晨臣橙~黄

　　　　[53] 逞惩

　　　　[35] 寸衬趁秤称~心

san　　[33] 深申伸孙升剩身

　　　　[31] 绳乘神盛~饭

　　　　[53] 审婶沈笋损

　　　　[35] 慎甚盛兴~肾圣胜

zan　　[33] 认任仍扔

　　　　[31] 人仁

　　　　[53] 刃忍

tçan　[33] 京惊荆禁~不住襟巾仐金斤筋经

　　　　[53] 谨境景警紧颈锦

　　　　[35] 竟镜竞敬禁~止劲径兢

tç'an　[33] 轻近

　　　　[31] 勤芹琴禽擒

　　　　[35] 庆仅

ȵan　　[33] □因赌气而站着或坐着不动

　　　　[31] 银迎凝

　　　　[35] □酥脆的东西受潮后变韧

xan　　[53] 咱

aŋ

paŋ　　[33] 绷

　　　　[53] □凸起

　　　　[35] 蹦

p'aŋ　[33] 蚌 ~壳□语缀：~腥

　　　　[31] 朋棚蓬篷

　　　　[53] 捧砰

　　　　[35] 碰

maŋ　[33] 梦孟

　　　　[31] 萌盟蒙朦

　　　　[53] 猛

faŋ　[33] 丰封风疯峰蜂锋烽

　　　　[31] 冯逢缝裁~

　　　　[53] 奉

　　　　[35] 讽凤俸缝裂~

taŋ　[33] 东冬

　　　　[53] 董懂

　　　　[35] 冻栋

　　　　[13] □用脚使劲踩；跺脚

t'aŋ　[33] 洞动通

　　　　[31] 同铜桐筒童瞳

　　　　[53] 桶捅统

　　　　[35] 痛

laŋ　[33] 聋

　　　　[31] 农浓脓隆龙聋笼胧垄

　　　　[53] 垄拢陇

　　　　[35] 弄

　　　　[13] □说悄悄话

tsaŋ　[33] 宗踪综棕鬃中~间忠衷钟盅终春

　　　　[53] 总种~类肿

　　　　[35] 中击~粽种裁~众纵皱

ts'aŋ　[33] 充冲~击仲聪匆葱囱重~量

　　　　[31] 崇虫重~复从丛

　　　　[53] □踩宠

　　　　　［35］冲_{向着或对着}铳

saŋ　［33］诵松颂

　　　　［31］□蠢

　　　　［53］怂耸

　　　　［35］送宋

tɕaŋ　［33］□争吵

　　　　［35］□花~（小丑）

　　　　［13］□走路不稳

tɕʻaŋ　［31］穷穹

　　　　［53］□丢面子：~人

kaŋ　［33］工功攻肛弓躬恭宫龚供~养

　　　　［53］拱巩

　　　　［35］贡供~品

kʻaŋ　［33］空~气共

　　　　［53］恐孔

　　　　［35］空填~控

xaŋ　［33］烘轰

　　　　［31］洪鸿红虹弘宏

　　　　［53］哄

ɔŋ

pɔŋ　［33］邦帮

　　　　［53］榜膀绑

　　　　［35］谤磅棒

pʻɔŋ　［31］庞旁

　　　　［35］胖

mɔŋ　［31］忙芒盲

　　　　［53］莽蟒氓

fɔŋ　［33］方芳

　　　　［31］房防妨

　　　　［53］访仿纺

　　　　［35］放

tɔŋ [33] 当_应 ~裆

　　[53] 挡档党

　　[35] 当_上 ~

t'ɔŋ [33] 汤荡

　　[31] 堂膛唐塘搪糖

　　[53] 淌倘躺

　　[35] 烫荡趟

lɔŋ [33] 浪_波 ~

　　[31] 郎廊狼囊

　　[53] 朗琅

　　[35] 浪 ~_漫

tsɔŋ [33] 章樟庄桩赃脏 ~_物妆张装

　　[53] 掌长_生~涨~_水

　　[35] 葬障壮帐账胀涨 ~_{红了脸}仗

ts'ɔŋ [33] 仓苍疮丈杖藏_{西~}状脏_{心~}

　　[31] 肠场藏_{隐~}长 ~_度

　　[53] 厂敞闯

　　[35] 唱倡畅创

sɔŋ [33] 商伤尚霜上双

　　[31] 尝常

　　[53] 赏偿嗓爽

　　[35] 丧 ~气, ~事

zɔŋ [33] 让

　　[31] 瓤

　　[53] 壤嚷攘

tɕɔŋ [33] 江姜

　　[53] 讲

　　[35] 降_{下~}强_{倔~}犟

tɕ'ɔŋ [33] 腔疆僵

　　[31] 强 ~_大

　　[53] 强_{勉~}

ŋɔŋ　[31]　娘

　　　[53]　仰

　　　[35]　□_{腻人}

kɔŋ　[33]　冈刚钢岗纲缸

　　　[35]　杠

k'ɔŋ　[33]　康慷糠

　　　[31]　扛

　　　[53]　□_{罩住}

　　　[35]　抗炕矿圹

ŋɔŋ　[33]　肮□_{象声词，哀号声、喊叫声}

　　　[31]　昂

　　　[35]　暗

i

pi　[53]　扁

　　　[13]　戾

p'i　[33]　□_{关系弄僵}

　　　[53]　□_{折断}

　　　[35]　鳖

　　　[13]　别撇鳖

mi　[53]　□_瓣

　　　[13]　灭蔑篾

tɕi　[33]　爹鸡几 ~乎机讥饥

　　　[53]　己纪几 ~个姐

　　　[35]　记寄计继系 ~鞋带既季

　　　[13]　激击吉叠蝶谍碟迭跌及级极急绝给供~

　　　[3]　的

tɕ'i　[33]　技妓伎溪绝欺忌倚

　　　[31]　奇骑其期棋旗茄

　　　[53]　启起岂且

　　　[35]　气汽契器弃去

　　　[13]　切截贴帖铁

ȵi [33] 义议艺腻细~

[31] 宜疑尼泥

[53] 你拟蚁

[13] 逆列烈冽裂劣猎腻~人匪

çi [33] 谢系关~牺希稀

[31] 携

[53] 喜

[35] 泻泄戏媳~妇些卸

[13] 协薛雪吸隙

i [33] 衣依医

[31] 移夷姨遗

[53] 已以椅

[35] 意异易亿

[13] 亦译益一壹乙

ia

mia [13] 明

ia [31] 挨~打埃岩崖涯

iɑ

tçia [53] □搭理；亲吻

[35] 借

[13] □湿~（湿湿的）

tç'ia [53] □东西散乱地放着

çia [33] 下虾夏

[31] 霞瑕暇遐肴淆

[53] 写

[35] □偏~（偏僻）

[13] 吓瞎峡狭侠

iɑ [33] 丫鸦夜

[31] 牙芽

[53] 哑雅也野

[35] 亚

　　　　　［13］压鸭押

iɔ

çiɔ　［33］效校

　　　　［35］孝

iɔ　［53］咬

io

tçio　［13］爵嚼

tçʽio　［33］嚼

　　　　［35］□事情不成功

　　　　［13］鹊雀

ȵio　［13］虐掠略

çio　［33］学

　　　　［53］□投篮

　　　　［13］削

io　［13］约药岳乐音~钥

ie

pie　［33］标彪镖

　　　　［53］表婊

　　　　［35］□液态的东西因挤压而溢出

pʽie　［33］飘漂~泊

　　　　［31］瓢飘

　　　　［53］瞟

　　　　［35］票漂~亮

mie　［33］庙妙

　　　　［31］苗描瞄

　　　　［53］秒渺缈杪貌

　　　　［35］乜看（多指窥视）

tçie　［33］调~查蕉椒刁雕

　　　　［35］调音~掉借钓吊

　　　　［13］劫

tçʽie　［33］挑¹~是非挑²~选锹

[31] 调～节瞧条

[53] 调～换悄

[35] 窍俏跳桌

ȵie [33] 料

[31] 辽疗聊

[53] 了¹～解了²助词鸟

ɕie [33] 肖消宵霄硝销萧箫

[53] 小晓

[35] 笑啸

[13] 血歇

ie [33] 夜妖要～求腰邀

[31] 爷摇遥谣窑

[53] 冶也野舀

[35] 要重～耀

[13] 页叶

iau

tɕiau [33] 丢揪

[53] 酒

[35] □拧动

[13] □蜷缩

tɕʻiau [33] 就秋袖衫～

[31] 囚

[35] 袖领～

ȵiau [33] 溜～走

[31] 刘留榴流硫

[53] 柳

[35] 馏

ɕiau [33] 休羞修

[53] 朽

[35] 秀锈绣嗅

[13] 宿星～畜～牧蓄旭

iau　［33］又右佑釉黝优忧悠幽

　　　［31］尤犹鱿由油邮游

　　　［53］友有卣酉

　　　［35］幼诱

　　　［13］育欲浴

iÃ

çiÃ　［33］限陷馅

　　　［31］闲娴咸～宁（地名）

iÃ　［31］颜

　　　［53］眼

iɛ̃

çiɛ̃　［33］现～在县

　　　［31］贤嫌弦

　　　［53］显险

　　　［35］宪献现出～

iɛ̃　［33］烟胭焉奄淹腌

　　　［31］盐炎沿铅延阎檐

　　　［53］演掩衍

　　　［35］宴堰晏焰厌雁燕艳

ian

pian　［33］冰兵宾殡缤斌彬

　　　［53］丙炳秉禀饼

　　　［35］并柄

p'ian　［33］病

　　　［31］平评坪苹萍瓶屏频凭贫

　　　［53］品

　　　［35］拼

mian　［33］命

　　　［31］民明鸣名铭瞑

　　　［53］敏抿～嘴闵悯茗皿

　　　［35］抿～酒

tɕian ［33］津丁盯钉～子晶旌睛精

　　　［53］井顶鼎

　　　［35］订钉～紧进晋俊浸

tɕʰian ［33］定青静清蜻净亲厅尽侵

　　　［31］晴情亭停廷庭秦

　　　［53］请寝挺艇

　　　［35］听沁

ȵian ［33］另令拎

　　　［31］林淋琳菱凌绫灵棂宁伶怜铃玲聆邻零龄临鳞麟磷

　　　［53］岭领凛

　　　［35］吝蔺

ɕian ［33］兴～旺辛新薪星惺欣

　　　［31］形刑型寻行～为旬循巡

　　　［53］醒省反～

　　　［35］兴高～讯迅性姓杏幸信腥衅

ian ［33］音英因茵姻阴荫鹰婴鹦樱殷

　　　［31］寅营萤蝇盈赢淫

　　　［53］引蚓隐瘾影饮

　　　［35］印应映

iaŋ

ɕiaŋ ［33］凶汹兄

　　　［31］雄熊

　　　［35］□身高比别人高

iaŋ ［33］用佣雍臃庸

　　　［31］容溶熔蓉戎绒融

　　　［53］勇涌蛹踊茸

　　　［35］拥

iɔŋ

tɕiɔŋ ［33］将～军浆

　　　［53］奖桨蒋

　　　［35］酱将～领

tɕˑiɔŋ［33］枪匠像

［31］详祥翔墙降投~

［53］抢

［35］呛

ȵiɔŋ［33］亮谅量重~

［31］晾凉良粮梁粱量衡~

［53］两俩

［35］辆

ɕiɔŋ［33］乡相互~箱厢湘香象橡像襄镶

［31］降~服

［53］享想饷响

［35］向相~貌

iɔŋ［33］样央秧殃鸯恙

［31］羊洋杨扬阳

［53］养痒

［35］漾

ĩ

pĩ［33］边

［53］扁匾贬

［35］变

pʻĩ［33］偏编篇辨辩辫便方~鞭

［31］便~宜

［35］遍骗片聘

mĩ［33］面

［31］棉绵眠

［53］免勉冕

tɕĩ［33］尖颠癫

［53］点剪典

［35］煎箭荐电奠店惦踮淀

tɕʻĩ［33］渐添千歼迁天贱垫铅签笺殿

［31］前~方田填泉甜钱潜黔□拔毛、草等物全痊

[53] 浅舔
[35] 溅践
[13] 前前天

ȵĩ [33] 练炼链
[31] 连莲鲢联帘廉镰
[53] 脸敛
[35] 恋

ɕĩ [33] 先宣仙鲜新～
[31] 邪涎
[53] 鲜朝～癣选写
[35] 线□阉割

u

pu [53] 补
[35] 布怖
[13] 不

p‘u [33] 步扑部捕铺～设簿卜萝～
[31] 葡脯蒲卜萝～菩潽
[53] 普谱
[35] 铺床～
[13] 朴仆瀑

fu [33] 父夫肤傅敷服伏～天妇
[31] 芙扶浮俘孵符抚
[53] 府俯腑腐斧釜辅
[35] 富副付附咐负赋赴
[13] 复腹福幅佛伏埋～

ku [33] 姑估菇辜孤
[53] 古鼓股蛊
[35] 故固顾过雇
[13] 谷骨

k‘u [33] 窟箍枯
[31] 跍

[53] 苦

[35] 库裤

[13] 哭酷

xu [33] 户护互乎呼糊~涂

[31] 胡湖糊煳壶狐弧和~牌

[53] 虎唬浒

[35] □用手或棍棒打人

[13] 忽

u [33] 污误悟梧巫诬乌~云务雾戊屋~下（村子）

[31] 无吴吾

[53] 五伍武午舞侮

[35] 恶厌~乌漆~

[13] 勿物屋房~握龌

ua

kua [33] 乖

[53] 拐

[35] 怪

[13] 国

k'ua [53] 块

[35] 快筷会~计脍

xua [33] 坏

[31] 怀槐淮

[53] □两边晃动

[13] 或获

ua [33] 歪外

[53] 崴（脚）扭伤

uɑ

kuɑ [33] 瓜

[53] 剐寡

[35] 卦褂

[13] 刮

kʻuɑ　［33］夸跨

　　　　［53］垮胯

　　　　［35］挂

　　　　［13］□打耳光

xuɑ　［33］话划计~画

　　　　［31］华划~船

　　　　［35］化

　　　　［13］滑猾

uɑ　　［33］哇蛙挖~苦

　　　　［31］娃

　　　　［53］瓦□抢占

　　　　［35］洼

　　　　［13］袜挖~土

uo

uo　　［33］窝锅涡

　　　　［53］□混合

　　　　［35］卧

　　　　［13］□烫

uai

kuai　［33］规归龟闺

　　　　［53］鬼轨诡

　　　　［35］桂贵跪癸

kʻuai　［33］亏柜窥盔魁

　　　　［31］葵逵奎

　　　　［35］溃愧

xuai　［33］挥晖辉徽会开~灰恢诙

　　　　［31］回徊

　　　　［53］毁贿

　　　　［35］汇讳悔晦海惠慧荟烩绘卉秽

uai　　［33］未味威卫位魏巍偎煨

　　　　［31］韦违苇为作~危围唯维微

［53］尾委萎伟

［35］畏喂为 ~什么胃谓尉蔚慰

uÃ

kuÃ　［33］关

　　　［35］惯

k'uÃ　［53］□聊天

xuÃ　［33］患

　　　［31］还¹ ~是还² 归~环

　　　［35］宦幻

uÃ　［33］弯湾万豌

　　　［31］完顽玩 ~ 耍纨

　　　［53］晚挽

　　　［35］玩游山 ~ 水

uɛ̃

kuɛ̃　［33］官观冠衣 ~

　　　［53］管馆

　　　［35］贯灌罐冠 ~ 军

k'uɛ̃　［33］宽

　　　［53］款

xuɛ̃　［33］换欢

　　　［31］横完

　　　［53］缓

　　　［35］唤焕

uɛ̃　［33］□ ~子（掌儿）

　　　［53］宛碗婉腕

uan

kuan　［53］滚磙

　　　［35］棍

k'uan　［33］昆坤

　　　［53］捆

　　　［35］困

xuan ［33］昏婚混~日子荤

　　　［31］魂浑

　　　［53］混~淆

uan 　［33］问温瘟

　　　［31］文纹蚊炆闻

　　　［53］稳吻刎

　　　［35］紊蕴

uaŋ

uaŋ 　［33］翁嗡瓮

uɔŋ

kuɔŋ［33］光

　　　［53］广港

　　　［35］逛

kʻuɔŋ［33］匡框筐

　　　［31］狂

　　　［35］况

xuɔŋ［33］荒慌项巷

　　　［31］黄皇行银~航杭

　　　［53］晃幌谎

　　　［35］□烧水或热流汁食物

uɔŋ 　［33］汪旺望

　　　［31］王亡忘

　　　［53］网往

　　　［35］妄

y

tɕy 　［33］诸猪居朱珠诛蛛株

　　　［53］主举煮矩

　　　［35］注驻蛀据踞锯剧著句

　　　［13］橘拘局

tɕʻy 　［33］住柱区驱巨距拒具惧俱吹

　　　［31］渠厨橱储除槌锤拳~子（拳头）

　　　　[53]　处 ~理杵

　　　　[35]　去处 ~所

　　　　[13]　出屈

ȵy　　[31]　鱼渔

　　　　[53]　女语

çy　　[33]　树 ~木书虚嘘输舒

　　　　[31]　薯

　　　　[53]　许鼠水暑

　　　　[35]　竖树 ~立署曙庶戍恕墅

　　　　[13]　术述殊

y　　　[33]　誉裕预豫喻愉愈逾遇寓

　　　　[31]　于盂芋予愚虞如娱余舆谀

　　　　[53]　宇雨与屿乳吕铝禹禹羽

　　　　[35]　玉御驭

　　　　[13]　疫役域入郁

ya

tçya　[13]　决掘倔

tçʻya [53]　喘揣

　　　　[13]　缺

çya　　[53]　摔甩

　　　　[13]　说

ya　　[13]　月悦阅越

yɑ

tçyɑ　[33]　抓

çyɑ　　[53]　耍

　　　　[13]　刷

yA　　[33]　□哄着小孩不哭

　　　　[53]　□涎水

　　　　[35]　□喊

　　　　[13]　□瞟

yai

tɕyai［33］追锥椎

　　　［35］坠缀赘

tɕʻyai［33］吹炊

　　　［31］垂<u>锤捶槌</u>

ɕyai　［31］谁

　　　［53］<u>水</u>

　　　［35］睡税

yai　［35］锐蕊睿瑞

yɛ̃

tɕyɛ̃［33］专砖捐赚

　　　［53］卷 ~烟转 ~身

　　　［35］卷试~倦传~记转~动绢圈猪~篆撰

tɕʻyɛ̃［33］川穿圈圆~

　　　［31］权拳船传~达颧

　　　［53］犬

　　　［35］串劝

n̺yɛ̃［31］软

ɕyɛ̃［33］掀靴

　　　［31］悬

　　　［35］炫

yɛ̃　［33］冤渊愿院鸳

　　　［31］元园原源袁猿辕员圆缘援

　　　［53］远

　　　［35］怨苑

yan

tɕyan［33］军君均钧谆

　　　［53］准

　　　［35］菌窘

tɕʻyan［33］春椿

　　　［31］群裙唇琼

　　　　　［53］顷倾蠢

ȵyan［33］顺熏勋

　　　　　［31］纯驯

　　　　　［53］瞬

　　　　　［35］舜训

yan　　［33］闰润晕孕

　　　　　［31］云荣匀

　　　　　［53］永尹允

　　　　　［35］咏泳韵熨<u>润</u>

m　　　［53］母_{阿～}（祖母）

ȵ　　　［53］<u>你</u>

五　金湖话与普通话的比较

（一）声母

从量上说，金湖话声母比普通话少两个，从质上说，两者有同有异。就异而言，金湖话没有舌尖中音［n］，普通话的［n］声母字在金湖话中有的读［l］，有的读［ȵ］。金湖话只有舌尖前音［ts ts· s］，没有舌尖后音［tʂ tʂ· ʂ］，普通话的［tʂ tʂ· ʂ］声母字在金湖话大多读［ts ts· s］，少数读［tɕ tɕ· ɕ］。金湖话有［z］无［ʐ］，普通话相反，有［ʐ］无［z］，普通话的［ʐ］声母字，金湖话都读［z］。此外，金湖话还多出两个鼻音声母［ȵ ŋ］，读［ȵ］的是普通话［n l］两声母的部分字和一部分齐撮两呼零声母字；读［ŋ］的是普通话的开口呼零声母字。金湖话声母与普通话声母的对应关系详见表附－2。表中金湖话声母后所标韵母，表示金湖话该声母（部分字）读为普通话相应声母的条件。例字后标注"＊"号，表示例字列举已尽。

表附－2　　　　　　　　金湖话声母与普通话声母对照表

金湖话	普通话	例字
p	p	饱播比标
p·	p·	排蓬批剽
	p	备别病部

金湖话	普通话	例字
m	m	埋冒棉明
f	f	法费风负
t	t	德刀胆栋
t'	t'	特涛体叹
	t	代道淡动
l	l	拉劳类路
	n	耐拿难农
ts	ts	姿责杂组
	tʂ	志找证展
ai	tɕ	际积
ts'	ts	字择坐族
	ts'	次才草错
	tʂ	治状助郑
	tʂ	驰茶场抄
s	s	思晒孙所
	ʂ	诗设慎社
ai	ɕ	席洗
z	ʐ	热惹认让
ɿ	ø	而耳
tɕ	tɕ	价结京箭
	t	掉丢顶点
	tʂ	主朱专准
tɕ'	tɕ	杰旧件技
	tɕ'	巧桥奇青
	t	定*
	t'	贴停填条
y	tʂ	住贮
	tʂ	除吹川春
	ɕ	详溪袖纤

续表

金湖话	普通话	例字
ȵ	n	捏念娘逆
	l	略料领亮
	Ø	狱谚银宜
ç	ç	希宪悬虚
	ş	书说刷水
k　a	k	高故怪光
	tç	届界
	ç	械 *
k·	k	概溉柜共
	k·	凯靠夸昆
ŋ	Ø	哀熬饿案
x	x	害化回唤
a，uɔŋ	ç	鞋懈项巷
Ø	Ø	医炎无玉

（二）　韵母

与普通话比较，金湖话韵母显得复杂一些，表现在量上，普通话只有 39 个韵母，而金湖话有 42 个。从质上比较，显著差异有三：

1. 金湖话有鼻化韵，普通话没有，金湖话的鼻化韵字，分别派入普通话的 ［ɑn iɛn uan yʌɣ ən əŋ］ 六韵。

2. 金湖话没有鼻韵母 ［in iŋ ən əŋ uɛn］，普通话的上述五韵字分化到金湖话的 ［an ian ɛ̃ aŋ uaŋ］ 五韵。

3. 金湖话中与舌面音 ［tç tç· ȵ］ 拼合的开口呼韵母，普通话读为齐齿呼，只有与 ［tç·］ 拼合的 ［o］ 韵普通话读撮口呼 ［yɛ］。

金湖话韵母与普通话韵母的对应关系详见表附 - 3。表中金湖话韵母后所标声母（浪线"＿＿＿"表示部分字），表示金湖话该韵母读为普通话相应韵母的条件。例字后标注"＊"号，表示例字列举已尽。

表附 –3　　　　　　　　　金湖话韵母与普通话韵母对照表

金湖话	普通话	例字
ʅ	ɿ	子自司死
	ʅ	质赤史日
z̩̃	ɚ	儿二
	ai	拜债彩爱
	o	默墨 *
	ɤ	得折策克
a	uai	衰帅率 ~领 *
k x	iɛ	阶蟹
	ei	黑 *
	A	罢酒纳查
ɑ	ɤ	遮蔗 *
	iA	加恰
ɔ	ɑu	矛讨造豪
tɕ tɕʻ	iɑu	交敲
p pʻ m̩̃	o	剥破摸
m̩̃	u	暮木
o	uo	朵拓桌货
tɕ	iɑu	脚角 *
tɕʻ	yɛ	却觉感 ~ *
	ɤ	鸽可鹅何
	ɑu	茂赵韶绕
	u	亩 *
e	ou	谋斗楼愁
	ɤ	者扯社惹
tɕ tɕʻ 舒	iɑu	骄桥
tɕ tɕʻ ȵ 促	iɛ	洁怯业
	ei	辈梅肥泪
ai	i	蔽帝厉西
	uei	队推醉虽
s̩̃	y	需绪

续表

金湖话	普通话	例字
	u	妒突卒促
	uo	做缩 *
au	ou	舟丑受柔
tɕ tɕʻ n̩ 舒	iou	究求牛
tɕ tɕʻ n̩ 促	y	菊曲狱
Ã	an	班反山确
tɕ	iɛn	奸鉴
	an	般判占安
	əŋ	崩灯能更
ɛ̃	uan	团乱窜拴
	uən	吞 *
	ən	森跟恳很
tɕ tɕʻn̩	iɛn	肩牵年
	ən	本愤申仁
	uən	敦论尊村
an	əŋ	仍正承升
tɕ tɕʻ n̩	in	今近银
tɕ tɕʻ n̩	iŋ	京庆迎
aŋ	uŋ	冬同中贡
p pʻ m f	əŋ	绷碰蒙锋
	ɑŋ	榜放堂章
ɔŋ	iɑŋ	江腔仰
tɕ tɕʻ n̩	uɑŋ	庄闯双矿
i	i	计奇戏易
	iɛ	蔑迭劣泻
ia	ai	埃挨 *
	iʌ	崖涯 *
	iɛn	岩 *
iɑ	iʌ	下雅
	iɑu	肴淆 *
iɔ	iɑu	效咬

续表

金湖话	普通话	例字
io	iau	药钥 *
	yɛ	爵鹊虐学
ie	iau	彪苗消谣
	iɛ	借歇冶爷
iau	iou	就柳修优
	y	蓄育欲 *
iÃ	iɛn	限颜
iɛ̃	iɛn	嫌掩
ian	in	品亲新隐
	iŋ	兵井形宁
	yn	俊迅
iaŋ	uŋ	容戎
	yŋ	凶用
iɔŋ	iaŋ	奖凉响央
ĩ	iɛn	变片店炼
	yɛn	泉选
u	u	复股胡武
ua	uo	国或
	uai	乖快怀歪
uo	uo	窝卧
uai	uei	归葵绘卫
uÃ	uan	关环玩
uɛ̃	uan	官款欢婉
	əŋ	横 *
uan	uən	棍困昏温
uaŋ	uəŋ	翁瓮
uɔŋ	ɑŋ	港杭
	iaŋ	巷项 *
	uaŋ	光况皇旺
y	i	疫役 *
	u	诸出殊人
	y	居巨许寓

金湖话	普通话	例字
ya	uo	说 *
	uai	捧甩 *
	uan	喘 *
	yɛ	倔缺阅
yɑ	u ʌ	抓刷耍 *
yai	uei	坠锤谁睿
yɛ̃	uan	专穿
	yɛn	捐权悬原
yan	uŋ	荣 *
	yŋ	永窘
	in	尹 *
	iŋ	顷倾 *
	uən	准春纯
	yn	君唇晕勋

（三）声调

金湖话与普通话在声调上的差异表现在三个方面：

1. 调类的数目不同。金湖话除了有普通话的阴阳上去外，还多出一个入声。

2. 同类的调值不同。金湖话阴平是个中平调 [33]，普通话阴平是个高平调 [55]。金湖话阳平是个低降调，从"2"度降到"1"度（本文记为 [31]），普通话阳平却是个高升调，从"3"度升到"5"度。金湖话上声是个高降调，从"5"度降到"3"度，而普通话上声是个先降后升的曲折调 [214]。金湖话去声是个高升调，与普通话阳平同值，普通话去声则是个全降调，从"5"度降到"1"度。

3. 字调的归并不同。具体字在金湖话和普通话中的调类归属是不一致的，但对应关系比较规整。金湖话阴平字在普通话多数读阴平和去声，少数读阳平。阳上去三调字在普通话仍分别读阳上去，只有上声的个别字普通话读去声。入声字在普通话主要读阳平和去声，少数读阴平，极少数读上声。这一对应关系如表附－4。

表附 – 4　　　　　　　金湖话声调与普通话声调对照表

	阴平 [55]	阳平 [35]	上声 [214]	去声 [51]
阴平 [33]	嘉骚真峰箫	仍愉值食合		币阵尚忌夜
阳平 [31]		提梅涂尘繁		
上声 [53]			努旅损捧碱	但
去声 [35]				势贝诉竟窍
入声 [13]	摘秃瞎屋出	达博洁独福	笔属铁	祝刻纳寞律

附录4　原书序言和后记

一　原书序言

近些年来，我国的汉语语法研究出现了一种值得重视的趋势，这就是加强汉语方言语法的共时研究，并把这种研究同汉民族共同语的语法研究紧密结合起来，因而取得了可喜的成绩，这是令人鼓舞的。方言语法研究无疑是十分重要的，它既丰富了汉语语法学，又发展了汉语方言学。我国的汉语方言语法是一片广阔的处女地，许多重要的语法现象值得深探，诸多复杂的语法问题需要研究。现在这片处女地刚刚开垦，天地广阔，大有可为！有志于此的同行，如到这块宝地好好经营，定能获得丰厚的收益。

在朱德熙先生和邢福义先生的鼓励和指导下，汪国胜同志从1990年开始调查、研究大冶方言语法，首先写出了《大冶金湖话的"的""个"和"的个"》一文，得到朱先生的充分肯定。接着又写了《大冶方言的程度副词"闷"》《大冶话的情意变调》《大冶话里的状态形容词》《大冶话的代词》等十多篇论文。这些论文大多收在这本著作里，现在呈送在读者面前，相信同行和读者们会给予肯定的评价。

一般说，研究语言最好先从研究自己的母语入手，研究语法最有效的也是从研究母语的语法入手。因为研究者所掌握的母语，就是取之不尽、用之不竭的语言资料，而研究者具有丰富、复杂的母语语感，能够分辨语言中的细微差别。汪国胜同志祖籍大冶县，大冶话是他的母语，研究大冶话的语法，是汪国胜同志最有利的条件。他的这种研究路子和方法是正确而有效的，所以对大冶话语法的研究也就比较深入，所得的结论也是靠得住的。

汉语方言语法研究专著目前还不多见，《大冶方言语法研究》的出版是难能可贵的。我看过这本书稿之后，感到这本著作有如下几个主要特点：1. 研究深入，分析细致。有些地方甚至给人有琐碎之感，可是这种"琐碎"正说明对问题研究的深入，这样的描写是必需和重要的，正如朱德熙先生指出的："有些方言语法调查报告看起来好像很琐碎，可是很有用。……语言本身就是那末复杂，不'琐碎'就不足以刻画其细节。我们利用这些报告的时候，甚至于还嫌它不够琐碎。"2. 抓住重点，集中挖掘。作者在考察大冶话词法时，注意抓住一些特殊的助词、代词、物量词、状态形容词、程度副词以及语缀等，集中研究、描写这些问题，作出了客观、合理的解释。这样的研究完全正确，因为这些现象最能体现方言语法的个性，显示方言与普通话之间的语法差异。3. 方法得当，条理清晰。本书特别注重考察语法功能分布反映语法规律，以及通过语法比较揭示语法异同的现象，分析中肯，描写清晰。如对同范畴的不同成分对立用法的描写，对某些词的使用条件的说明，对近义形式在语用上细微差别的揭示，都是值得称道的。4. 最后还要指出，本书占有的材料丰富、可靠，这对语言研究来说是十分重要的。

按说研究一种语言或方言语法，内容应该包括词法和句法两部分，这才比较全面。本书只考察了大冶话的词法，缺少句法部分，这是有所不足的。但据了解，这个不足有其客观原因，作者打算把对大冶话语法的研究分为两步，第一步考察词法，第二步考察句法，现在第二步还未来得及进行，所以暂时空缺。希望本课题的第二步工作早日完成，大冶话句法研究成果早日同读者见面，这恐怕也是读者的希望！同时期望有其他更多的方言语法论著发表！

陈章太

1993 年 10 月 3 日于北京

二　原书后记

这本小书是我的一本论文集，不算附录，共集中收入十篇文章。这些文章都是近三年我在考察我的母语——大冶方言的语法现象时写成的，主要是讨论词法方面的问题，按写作的先后时间排列。它们曾先后在《中国语文》《方言》《语言研究》《华中师大学报》等刊物上发表过。

对于大冶方言语法现象的考察，我是在朱德熙先生和我的导师邢福义先生的引导下开始的。1989 年，朱先生重新研究汉语方言里的"的"字。受朱先生的委托，邢先生让我调查了鄂东南八县（咸宁、通城、嘉鱼、蒲圻、崇阳、通山、大冶、阳新）中与北京话"的"字相当的语法成分的分布情况，并将大冶一点的调查结果整理成《大冶（金湖）话里跟北京话"的"字相当的语法成分》（后在《中国语文》上发表时改题为《大冶金湖话的"的""个"和"的个"》）一文。该文得到了朱先生的肯定，认为"写得周到而且清楚"，并在他的文章中引用了该文中的有关材料；也得到了邢先生的鼓励。朱先生的肯定和邢先生的鼓励，增添了我研究大冶方言语法的信心。1990 年 11 月，"大冶方言语法研究"被国家社会科学基金会批准为国家社会科学基金青年资助课题。

大冶地处鄂东南。鄂东南是湖北省境内唯一划归赣语的方言区。大冶方言不但语音现象复杂，语法现象也很特殊，这已引起学者们的注意和重视。选择"大冶方言语法研究"这一课题，是想通过这一课题的研究描绘出大冶方言语法的基本面貌，使人们对大冶方言语法的特点能有一个比较清晰的认识，并由"点"及"面"，使人们能够观察到整个鄂东南方言在语法上的一些特点。这一课题计划分两个阶段来完成。第一阶段是考察大冶方言中特殊的语法现象，第二阶段是拿大冶方言语法跟鄂东南其他七县的方言语法进行比较。其中第一阶段又分两步来进行，第一步是考察词法方面的问题，第二步是考察句法方面的问题，现在的这个集子就是进行第一步工作所取得的一点初步结果。

考察方言语法现象，首先要保证据以分析的语料必须是真实可靠的，这就要求我们在工作的过程中要对语料进行仔细的甄别，剔除那些似是而非的成分。本集文章的语料主要取自大冶金湖话，具体来源于三个方面：（1）自然谈话录音；（2）依据提纲所作的专题调查；（3）笔者的回忆。语料中遇有疑问，即请家乡人核实。笔者的工作单位离家乡较近，可以随时回乡，家乡也经常有人来访，这为我的工作提供了很多方便。但即便如此，我们还是很难保证文中没有一处语料失实的地方。随着社会的发展，普通话的声望越来越高，对方言的影响也日益增大，有些普通话的成分和说法已渐渐地进入方言。如果不问老辈人，有些个成分和说法确实很难判定究竟是属于普通话的，还是属于方言的，还是普通话和方言所共有的。不过，凡遇上这种情况，文中都如实地作了说明。

关于集中文章，还想作几点说明。（1）这些文章前后大约写了三年，因此在体例上难免有些不一致的地方。（2）有些文章的开头附有几句关于大冶方言基本情况的说明。若就单篇发表的文章而言，这种说明文字是必要的，现在将这些文章汇在一起，若仍在文中复现这种说明文字，就似乎显得不是那么必要了。（3）当初为了排版和行文的简便，有些方言字在有的文章中我们改用了普通话里相应的字（如"佢"改用"他"，"带"改用"这"），不过，我们在改用的普通话字的后边都注明了方言字的实际读音。（4）有一两篇文章篇幅较长，受版面限制，发表时在内容上有些删简。但在这次汇编成集时，我们没有去统一体例，没有删除那些复现的说明文字，也没有将改用的普通话字全部改正为该用的方言字，部分删简的内容也保留下来了。我们这样做是想多保持一点文章的原貌。为了方便阅读，原想列一大冶方言常用词表附于书后的，但因怕过多增加篇幅，也未能实现。

最后，我要感谢我的导师邢福义先生。在研究大冶方言语法的过程中，邢先生除了给我许多鼓励，还给了我许多具体的指导，对有些文章的写作提出了不少很好的意见。可以说，没有邢先生的鼓励和指导，我的这些文章是难以写出来的。我要感谢陈章太先生。陈先生在汉语方言的研究上富有成就，他能在万忙之中为我这本小书写序，体现了前辈学者对晚辈的厚爱和扶持，使我感到莫大的荣幸。

我还要感谢詹伯慧先生。詹先生作为一位汉语方言学的博士导师，热情扶持后学，为本书的出版作了推荐工作，令我难忘。我还要感谢冯方华先生和徐耀明先生。记得1993年华中师大举办"五四"青年科研成果展览时，要求每位参展者写上自己的希望。我只写了一句话："希望社会上有更多的人能像我一样爱好语言学，这样，语言学著作的出版就不会像现在这么困难了。"我深知，在当前讲求经济效益的气候下，出书难，出语言学的书更难，出有关方言的书就特难了。如果没有冯先生和徐先生的帮助，我这本集子的问世是不可想象的。此外，我的妻子张海燕女士对我的工作给予了充分的理解和支持，这也是令我不能忘记的。

当我编成这个集子的时候，朱德熙先生已经离开了我们，这里，我向朱先生表示深深的怀念。

汪国胜

1993 年 8 月 5 日写于武昌桂子山

后　记

　　本书是在原《大冶方言语法研究》的基础上增补修订而成，收入《汉语方言语法研究丛书》再版。原书由湖北教育出版社于 1994 年出版，前面有陈章太先生写的序言。因《丛书》写有总序，根据统一要求，原序不再放在前面，我们把它放到了附录。

　　这次修订，主要做了两方面的工作。一是对原书内容进行了整合。原书是论文集，现以章节的形式呈现。整合不一定很完善，还留有一些论文的痕迹，体例上可能有些不一致的地方。二是增加了部分内容，比如语气词、体貌成分、有定成分、人称代词的变调等。另外附录了 4 份与本书内容相关的材料：(1) 湖北方言的"在"和"在里"，里面涉及大冶方言。(2) 大冶方言语法例句，可以给读者提供一些关于大冶方言语法的感性素材。(3) 原书附有的大冶（金湖）方言音系，因为书中方言词语和例句的注音用的都是金湖话语音，附上音系，可做参照。(4) 原书序言和后记。原书序言体现了前辈学者对后学的关爱和扶持；原书后记说明了原书写作的有关情况，这些说明今天看来仍有必要。

　　从原书出版到这次修订再版，历时将近 30 年。本计划对大冶方言的词法问题多做一些考察，但这多年来因忙于其他工作和自己的懈怠，考察工作一直未能推进，深感惭愧。

　　本书的修订，王莹莹博士帮助做了体例的加工和书稿的校对工作，中国社会科学出版社张林先生给予了大力支持，在此一并表示感谢。

汪国胜

2023 年 3 月 8 日

《汉语方言语法研究丛书》书目

石城方言语法研究
山西方言语法研究
固始方言语法研究
海盐方言语法研究
临夏方言语法研究
祁门方言语法研究
宁都方言语法研究
上高方言语法研究
襄阳方言语法研究
苏皖方言处置式比较研究